本书出版受到

“中国政法大学研究生联合培养”

科研项目的资助

FAKESHENG
ZHIYE SHENGYA
FAZHAN YU GUANLI

法科生
职业生涯发展与管理

陈维厚◎编著

中国政法大学出版社

2022 · 北京

目　录

第一章 ｜ 法科生职业生涯规划概论

【学习目标】

1. 理解职业生涯规划的概念和意义。
2. 掌握职业生涯规划的步骤。
3. 了解法科生职业生涯规划的原则。

【案例导入】

A同学："以前看律政剧，一直向往律师这个职业，高考填志愿选了法学。大学入学以来，我却十分焦虑。自己的性格偏内向，似乎不太适合做律师。我很迷茫，不知道现在该怎么办。"

B同学："自己的家庭条件不是很好，所以没有打算考研，想直接工作，找一份工资待遇比较高的工作。但家人都建议我考公务员，认为公务员更适合我……"

C同学："我是法律硕士，目前研二在读，但越来越不想从事法律相关的职业了。我看很多类似于自媒体工作者的自由职业者，他们做着自己热爱的事情，相对自由。我是否可以去尝试呢？可是学了六年的法学知识，一旦放弃从事法律职业工作，就会慢慢丢了这些东西，是不是不值当？"

以上在校同学的迷茫与困惑也是现实中大多数法科生经常

面临的，你是否对以上情况感同身受呢？在求学阶段，我们很少思考未来的职业生涯发展，只是按部就班地完成既定的升学任务，或者有了目标但不确定这个目标是否适合自己，就算适合自己但对达到目标缺乏信心。对于即将毕业的法科生来说，他们都将面临着抉择：是继续求学还是寻找工作？什么职业是适合我的？是考公还是选择律师行业？这困惑可以概括为三个问题：未来是怎么样的？我自己的目标是什么？我如何达成目标？

其实这些迷茫与困惑在很大程度上来源于对自我认知与职业世界认知不足。职业生涯规划就是对自我和职业世界的探索过程。法科生在校学习阶段是承接职业生涯的重要节点，法科生应认识到职业生涯规划的重要性，重视在校期间的学业与职业规划，为职业生涯发展打下良好的基础，职业生涯规划则是帮助我们构建梦想并实现梦想的过程。本章将围绕职业生涯规划的基本问题展开，明晰职业生涯规划的作用与意义，把握职业生涯规划的原则，提高职业生涯规划的意识与质量，提升个人与职业的匹配度，为职业发展与幸福人生奠定基础。

第一节　认知职业生涯规划

一、职业生涯规划的概念

（一）职业生涯相关概念

1. 职业

职业是人类社会分工的产物，有一系列丰富的内部构成和外部关系。对职业的定义，中外学者也给出了不同的看法和解释。美国学者泰勒在《职业社会学》一书认为职业是一套成为模式的与特殊工作经验有关的人群关系，另一位美国学者杜威则认为，职业是可以从中获得利益的一种活动。我国学者则综合这两种看法，认为职业是个人通过参与社会劳动分工，而获得主要生活来源的工作，包含三个层面的内容：一是有工作，二是有收入，三是有时间限度。用通俗的解释说，职业是指由一系列相似的职位所组成的特定的专业领域，泛指一系列的工作，例如律师、法官、检察官等。人们在相应的职业上运用专业的知识和技能创造物质或精神财富满足个人需要的同时，也能满足社会发展的一般需要。

职业的特点主要包括几个方面：其一，专业性。每一种职业或多或少都有其相应的知识和技能要求，不同的职业对专业性的要求也有着差异性。其二，经济性。通过职业活动，我们可以获得相应的经济报酬，以满足个人的生存发展需要。其三，群组性。职业是一组类似的职位，独立于个人存在于某个行业和机构中。律师职业中包含了刑辩律师、民事律师、知识产权律师等。其四，社会性。每种职业对推动社会的发展都有着不可忽略的意义，同时职业也能够使我们以特定的角色更好地进入社会。

2. 生涯

生涯在《辞海》里有三种解释：一是指一生的极限；二是指生活；三是生计。可见，《辞海》对于生涯的解释既有时间向度，又有内容向度。从时间上看生涯持续人的一生；从内容上看，指出了生涯的范围既包括生活，又包含生计（工作）。[1]目前多数学者认可的定义是美国心理学家舒伯（Donald E. Super）的观点：生涯是生活里各种事态的演进方向和历程，它统合了人一生中的各种职业和生活角色，由此表现出来个人独特的自我发展形态。

---

〔1〕 陈夏初主编：《大学生职业生涯规划与管理》，江苏人民出版社 2013 年版，第 3 页。

生涯是个性化，也是动态化的人生发展历程。第一，因为每个人的家庭环境和成长经历有所不同，个人生涯也会有一定的差异。即使是生在同一时代或者在同一城市成长的人，也会因为生涯发展中不同因素的影响而拥有独特的生涯。第二，生涯相伴人的一生，不仅仅只是发生于人生的某一个阶段，它是动态化的人生历程。

【生涯故事】

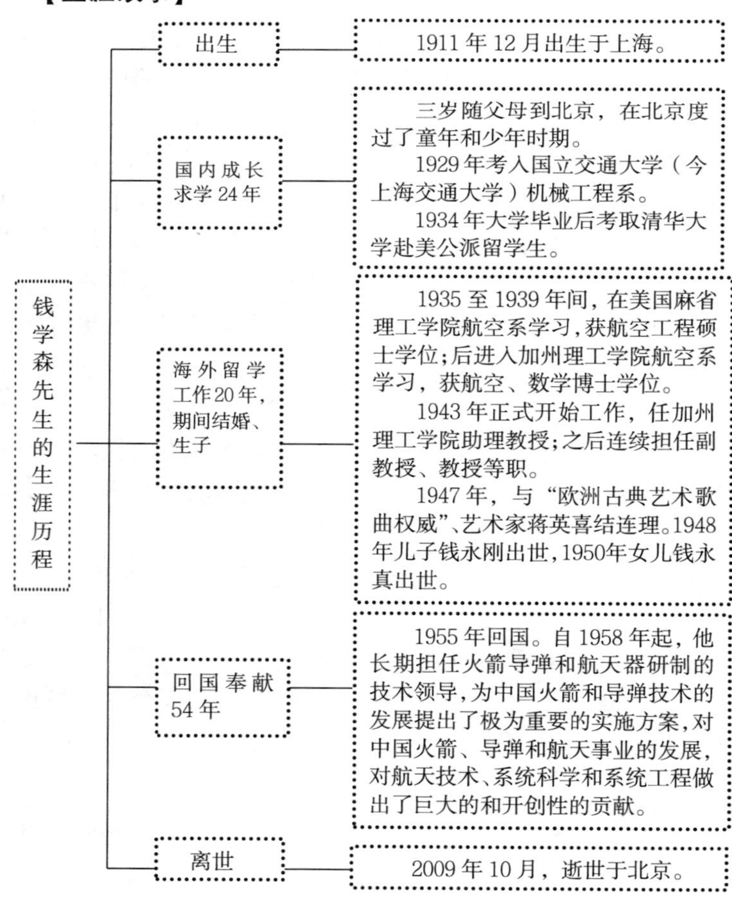
钱学森先生的生涯历程
出生
1911 年 12 月出生于上海。
国内成长求学 24 年
三岁随父母到北京，在北京度过了童年和少年时期。
1929 年考入国立交通大学（今上海交通大学）机械工程系。
1934 年大学毕业后考取清华大学赴美公派留学生。
海外留学工作20年，期间结婚、生子
1935 至 1939 年间，在美国麻省理工学院航空系学习，获航空工程硕士学位；后进入加州理工学院航空系学习，获航空、数学博士学位。
1943 年正式开始工作，任加州理工学院助理教授；之后连续担任副教授、教授等职。
1947 年，与“欧洲古典艺术歌曲权威”、艺术家蒋英喜结连理。1948 年儿子钱永刚出世，1950年女儿钱永真出世。
回国奉献 54 年
1955 年回国。自 1958 年起，他长期担任火箭导弹和航天器研制的技术领导，为中国火箭和导弹技术的发展提出了极为重要的实施方案，对中国火箭、导弹和航天事业的发展，对航天技术、系统科学和系统工程做出了巨大的和开创性的贡献。
离世
2009 年 10 月，逝世于北京。

这是我国“航天之父”“导弹之父”“火箭之王”“自动化控制之父”钱学森先生的生涯历程。从钱老的生涯轨迹中，我们可以看出他的人生不是线性的，而是立体的。

生涯长度：钱老活了 98 岁，这是他的生涯长度。

“生涯长度”指的是生命从开始到结束两个端点之间的跨度。当然，生涯长度不仅是绝对的长度，还包括人生一段一段的“阶段性”边际。钱老的生涯长度为 98 年，国内成长求学 24 年，海外留学工作 20 年，回国奉献 54 年，回国奉献的这 54 年也是他最辉煌的阶段。这些就构成了他阶段性的生涯长度。

生涯宽度：钱老在不同的生涯阶段承担了各种人生角色。

第一，子女角色。三岁随父母到北京，在北京度过了童年和少年时期。

第二，学生角色。1929 年考入交通大学机械工程系。1934 年大学毕业后考取清华大学赴美公派留学生。1935 至 1939 年间，在美国麻省理工学院航空系学习，获航空工程硕士学位；后进入加州理工学院航空系学习，获航空、数学博士学位。

第三，工作者角色。1943 年正式开始工作，任加州理工学院助理教授；之后连续担任副教授、教授等职。

第四，丈夫角色。1947 年，与“欧洲古典艺术歌曲权威”、艺术家蒋英喜结连理。

第五，父亲角色。1948 年儿子钱永刚出世，1950 年女儿钱永真出世。

第六，中国公民角色。1955 年回国。自 1958 年起，他长期担任火箭导弹和航天器研制的技术领导，为中国火箭和导弹技术的发展提出了极为重要的实施方案，对中国火箭、导弹和航天事业的发展，对航天技术、系统科学和系统工程做出了巨大的和开创性的贡献。这个时期是钱老最辉煌、最重要的时期，钱老用他的一生诠释了生命中最重要的角色——“中国公民”。

第七，休闲者角色。钱老爱好艺术，他经常与夫人蒋英女士去听音乐会、看美术展。困苦时两人在家吹笛、弹琴相互鼓励，这时他承担的主要是休闲者的角色。艺术的灵感与火花激发了他对于科学的思考，可见休闲者的角色对其工作者的角色起到了很好的调剂、补充与启发的作用。

生涯厚度：个体在不同角色上投入的深度。

通过对钱学森一生的了解，我们可以看到钱老在不同角色上做出了不同程度的努力，尤其是他作为中国公民的角色，科学与忠诚是他的人生答卷。他不仅是科学巨匠，更是民族脊梁，他的人生厚度超越了生命的九十八载。钱学森精神所散发的光芒，也不断地照耀着后来人的路，指引着我们走向更好的未来。

启发点：

从钱学森的生涯历程中，我们可以看到：首先，人生的每个阶段都有当下最重要的角色及任务，因此角色安排要有轻重缓急。其次，人生的大部分阶段都不会只有单一的角色，因此，要学会角色的调配与平衡，像钱老一样，活出多姿多彩的人生。最后，工作者角色发生在人生最精华的年龄段（25 岁以后至 65 岁左右），从长度、宽度、厚度来看，都占据了极其重要的部分。因此，职业角色是我们一生的核心角色，需要特别关注。

3. 职业生涯

职业生涯是职业的拓展，主要是指个人一生中与职业有关的发展道路或发展路径。[1] 罗斯威尔、思莱德（Willian J. Rothwell & Henry J. Sredl，1992）指出，职业生涯是人一生中与工作相关的活动、行为、态度、价值观、愿望的有机整

〔1〕 党亚莲主编：《大学生职业生涯规划》，清华大学出版社 2022 年版。

体。[1] 舒伯（D. E. Super）认为职业生涯是一个人终其一生的职业变迁，以及由此带来的全部生活。这一定义被很多学者认同和引用。我国学者也认同和引用舒伯的定义，普遍认为职业生涯是一个人的职业历程。具体地讲，它是一个人一生中所有与职业相联系的行为与活动，以及相关的态度、价值观等连续性经历的过程。它不仅包括过去、现在和未来那些可以实际观察到的职业发展过程，还包括个人对职业生涯发展的见解和期望。[2] 也就是说，职业生涯是一个人一生中职业、职位的变迁及职业理想的实现过程。职业生涯是以个人职业发展为中心的概念，在每个人的生涯中，职业生涯时期占据着大部分的时间，对个人的生存和职业发展也产生着不可忽视的影响。

职业生涯三个特点：

一是差异性。职业生涯强调个性与差异，它是基于特定的个性和环境所产生的个人职业经历。如马龙和武大靖有着共同的职业身份——运动员，但他们有着不同的特质和工作内容，马龙是乒乓球队的佼佼者，武大靖是短道速滑的佼佼者。即使他们都是运动员，但基于特定的个性和经历，他们的具体职业是有差异的。此外，每个人的经历和观念不同，即使从事相同的职业，由于一个人的思想、价值观等主观因素存在不同，在处理工作时就会有着不同的方式和感受，进而影响着自己的职业生涯。

二是阶段性与发展性。职业生涯一般分为四个阶段，分别为准备期、初期、中期、后期。不同的阶段，有不同的生涯目标与任务。在准备期阶段，就是求学阶段，我们需要练就本事，

---

〔1〕 孔春梅、杜建伟："国外职业生涯发展理论综述"，载《内蒙古财经学院学报（综合版）》2011 年第 3 期。

〔2〕 陈夏初主编：《大学生职业生涯规划与管理》，江苏人民出版社 2013 年版，第 3 页。

积累本领，提高就业竞争力和职业能力。在职业生涯初期，处于职场起步阶段，忙于生计的同时需要向前辈、同事学习，进一步提升职业能力。在职业生涯中期，能力与心态进入较好状态，工作业绩与成果也不断增加。在职业生涯后期，完成自我实现。从整体上来看，不同阶段之间也会存在着接续性。随着每一阶段的成长，个人会在自己的职业生涯中或多或少地得到发展。

三是内外性。职业生涯分为外职业生涯与内职业生涯。外职业生涯是指从事职业时的工作单位、工作时间、工作地点、工作内容、工作职务与职称、工作环境、工资待遇等因素的组合及其变化过程。[1] 内职业生涯是指从事一项职业时所需具备的知识、观念、经验、能力、心理素质、身体健康、内心感受等因素的组合及其变化过程，是主观的职业变迁。对于法科生而言，求学阶段是发展内职业生涯的重要阶段，这一阶段重要的任务即提升个人的综合素养。

（二）职业生涯规划

职业生涯规划是指个人在生涯发展历程中，对自身各种特质以及职业环境进行探索，以逐渐形成职业生涯决策，并制定全面长远的发展计划，拟定行动方向、行动时间和行动方案的活动。[2] 职业生涯规划与职业发展相关，但不能简单地等同于找工作，或者仅仅与工作相关。具体来说，是以“职业”为核心导向，将职业与个人奋斗目标、理想和个人价值相融合，形成对自我的充分认知，详细考量内外环境的优劣势，有效地对职业世界进行探索，确定个人的职业生涯发展方向，实施具体

---

〔1〕 姚颖超主编：《大学生职业生涯规划》，北京航空航天大学出版社 2010 年版，第 28 页。

〔2〕 陈夏初主编：《大学生职业生涯规划与管理》，江苏人民出版社 2013 年版，第 4 页。

的计划，并对规划进行调整与完善的动态过程。对此，我们可以通过金字塔模型图（见图 1-1）进一步阐释职业生涯规划的内涵。

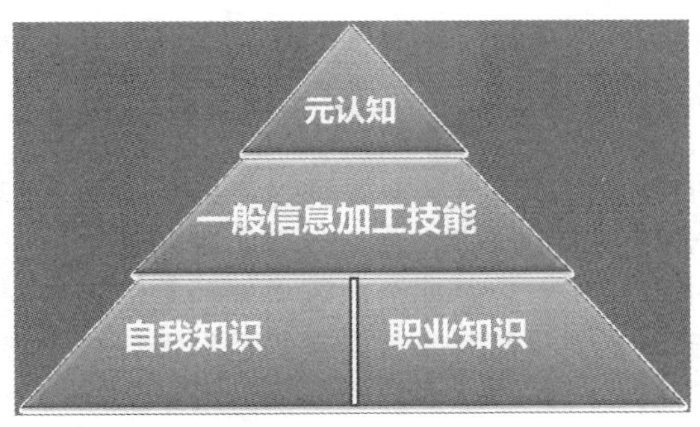

图 1-1　金字塔模型图

金字塔的底层是知识领域，涵盖了自我知识和职业知识。可以理解为计算机存储器的数据文件。这些存储文件可以帮助我们对信息进行处理和加工。例如，在职业知识模块，我们对律师这一职业了解更多更完善，我们就会形成关于律师行业的更多信息并存储。同样我们如果做过人格测试就会对自己有更清晰深入的了解。金字塔的中层是决策规划领域，该领域是基于对自我和职业的探索所获得的认知等进行决策，这一决策包括沟通、分析、综合、评估和执行，需要大量的信息储备来完成。金字塔的顶层则是执行加工领域，告诉中层形成的决策将以何种排列方式继续运作。这一部分好比排兵布阵的球队主教练。比如你可能会先考虑自己喜欢的生活方式，然后再去进行职业选择，亦或你优先考虑专业的匹配度，再去选择何种职业。

这些想法主宰着我们决定为实现自己目标而奋斗的时间和方式。[1] 执行加工中包含元认知技能，主宰着我们如何思考职业生涯问题和决策制定。在以上三个部分中，金字塔的底层（知识领域）是职业生涯规划的信息系统，中间层（决策规划领域）是进行职业生涯规划的信息处理系统，而顶层（执行加工领域）是整个规划过程的指挥系统。[2]

舒伯的生涯发展理论将人生阶段的15~24岁划分为探索期，这个阶段的主要生涯发展任务是通过不断的学习和积累，从理论学习和实践机会中探索自我，逐渐明晰职业方向。对于法科生而言，求学的各个阶段都是职业生涯的重要探索时期，我们必须意识到职业生涯规划的重要性，尽早进行自我探索与职业世界探索，积极做好职业生涯规划，为未来的职业生涯发展做好准备。

【课堂练习】

「职业生涯规划问题知多少」

职业生涯规划是个人不断持续探索自我的过程，因此我们需要从兴趣、性格、价值观、能力等方面去对自我进行分析与定位，慢慢地形成较为清楚的与职业相关的自我概念。在这样的过程中，评估个人目标和现状的差距，激发自己前进的动力。

接下来做一个练习，如果觉得答案为“是”就点头，答案为“否”就摇头。

1. 你知道自己喜欢什么吗？
2. 你知道自己擅长做什么吗？

---

〔1〕［美］里尔登等著，侯志瑾等译：《职业生涯发展与规划》，中国人民大学出版社2010年版。

〔2〕陈夏初主编：《大学生职业生涯规划与管理》，江苏人民出版社2013年版，第4页。

3. 你知道自己想要什么吗?
4. 你清楚自己适合干什么吗?
5. 你了解你向往的行业吗?
6. 你了解心仪职业的具体工作内容吗?
7. 你清楚心仪职业对人的要求吗?

如果四个以上问题的答案都为否，那么你就非常有必要进行职业生涯规划了。

二、职业生涯规划的意义

【案例分享】

考研族说：我毕业准备考研，不准备找工作，现在做职业生涯规划还早着呢，跟我没关系。

考公族说：我一毕业就考公务员，考上公务员就是我的目标，职业生涯规划对我没意义。

留学族说：我要出国留学，对我而言最重要的事情就是语言。职业规划等留学以后再说吧。

就业族说：现在就业压力这么大，对我而言哪个单位要我我就去哪个，职业规划是给那些有很多 offer 的人准备的，和我无关。

面对未来，我们有很多选择，例如考研、留学、就业等，其中又涉及考研专业的选择、留学学校的选择、就业方向的选择等。面对这些选择，大部分学生秉持着师兄师姐传承下来的“有用没用先有了再说”的经验，考着各种证书、准备着各种上述提到的“选择”，而最后往往是这些选择让我们措手不及、兵荒马乱。不少的考研族、考公族和留学族，到了找工作的阶段也依然迷茫，还是拿着简历到处海投。考研族也有可能突然决定不考研了，留学族可能决定工作了。于是他们说计划永远赶不上变化，规划有何意义呢?

【案例点评】

古人云："凡事预则立，不预则废。"这一道理背后所强调的则是计划的重要性。职业生涯规划的目的绝不只是为了找到合适的工作，更重要的是，"衡外情，量己力"，了解和认知自我，为自己规划未来，制定人生事业发展方向。同时，正因为职业生涯是个动态的过程，职业生涯规划也需要根据不同的情况作出相应的调整。因此，职业生涯规划虽不能告诉我们什么时候实现目标，但它会帮助我们更有效地接近目标。

职业生涯规划是在了解自我与职业世界的基础上，对自己要从事的职业做出理性、稳定、高度认同的决策并寻找合理实施方案的过程。职业生涯规划具有很强的现实意义。职业生涯规划的意义体现在以下四点：

（一）明确目标

职业生涯规划是为生涯设定目标并为达成目标采取行动的过程，而目标制定是一个自我探索与职业探索的过程，这个过程帮助我们逐渐厘清个体生命的价值与意义，并用行动实现它。当个人具有明确的奋斗目标时，往往会对自我有着较高的要求，也会具有强烈自我实现的心理需求，而这种需求会不断推动其向着既定目标努力，在收获中不断获得成就感，进而继续积极创造条件以实现目标，形成努力实现职业理想的良性循环。简而言之，目标可以帮助我们设定方向、集中能量，人所有的资源、信息、能量，便可以围绕这个目标集中起来，引领行动。[1]

（二）开发潜能

当前社会日新月异，在社会发展中职业分工向着专业化方

---

〔1〕陈夏初主编：《大学生职业生涯规划与管理》，江苏人民出版社2013年版，第5页。

向迈进，对求职者提出了更高的要求。要想在竞争中把握机会，就必须提前做好自己的职业生涯规划，把握职业发展机会。想要找到一份好的工作，最重要的是个人的专业和综合能力。职业生涯规划要求对自我和职业世界进行探索，因此我们会对自身的个性特质、现有与潜在的资源优势有着充分的了解，通过不断认识自我，促使我们运用科学的方法，采取可行的措施，充分挖掘自身潜力，积累更多的本领，不断接受新的挑战，让自己可以从事更适合自己的职业。在这样的过程中，不断展现自己的优势，规避自己的劣势，以此开发自己的潜能，增强我们的职业竞争力。

（三）突破障碍

第一，突破内在障碍。在生涯发展过程中，很多法科生对职业目标充满了迷茫、疑惑。学生不知如何确定职业理想，不敢追求职业目标的原因之一是内在的障碍。内在的障碍一般是因为个人内心的感受和评价等主观因素的影响，如对自己不自信、对自己不够了解等，常常用自己的不足和挫败与他人的优势和成就做比较，产生自卑的心理，进而放弃了一些机会。正是基于对自我认识的匮乏，无法正确把握自己的个性特点、兴趣爱好、职业价值观等，使得职业选择时也一味地盲目从众。职业生涯规划可以帮助我们更好地认识个人的优缺点，正确地评估自我，以全面地了解和接纳自己，避免负面认识与评价对追寻职业理想的影响，选择适合自己从事的职业。

第二，突破外在障碍。影响学生确定职业目标和追求职业发展的第二个原因是外在障碍。一个没有职业生涯目标的人，很容易受外界客观因素的影响，社会需求、父母意愿等多方面因素都会对学生职业发展产生了不小的影响。不清楚职业选择时应该把握的关键价值标准，就容易在职业选择中随波逐流或者顾此失彼。学习职业生涯规划可以帮助学生正确地认识职业世界，合理地选择职业，明智地就业。同时可以避免对职业不切实际的幻想，在遇到困难时寻求外界帮助，及时做出积极应对，减少外在因素对职业发展的负面影响。

（四）减少路径依赖

根据路径依赖理论，一旦人们选择了某一路径，惯性的力量会使得这一选择不断自我强化，从而对这一路径产生较强的依赖。现实中，很多法科生没有进行系统的职业生涯规划，抱着“试一试”的心态寻找工作，或者跟随习惯认知迷茫地进入了律师或法官的职业领域，产生了一定的“路径依赖”。职业生涯规划可以帮助我们减少这种路径依赖，在开始把自己的路设置得宽一点、高一些，为职业生涯的转换、为路向的多种发展，做好铺垫和准备。[1]

职业作为个体追求和实现理想的平台，对于人生价值的实现有着重要的意义。科学有效的职业生涯规划可以帮助我们尽早认清形势，实现自我定位和职业定位，引导我们树立明确的职业发展目标，评估个人目标与现实之间的差距，积蓄足够的力量以探索更多可能的职业机会，提升就业成功的几率，最终实现自己的职业目标。

三、职业生涯规划的步骤

职业生涯规划有一套系统而成熟的步骤，是一个长期且连续性的过程，每个环节都需要认真对待。综合国内外学者的观点，职业生涯规划的具体步骤概括起来主要有以下五个方面（如图 1-2 所示）：

---

〔1〕 陈夏初主编：《大学生职业生涯规划与管理》，江苏人民出版社 2013 年版，第 7 页。

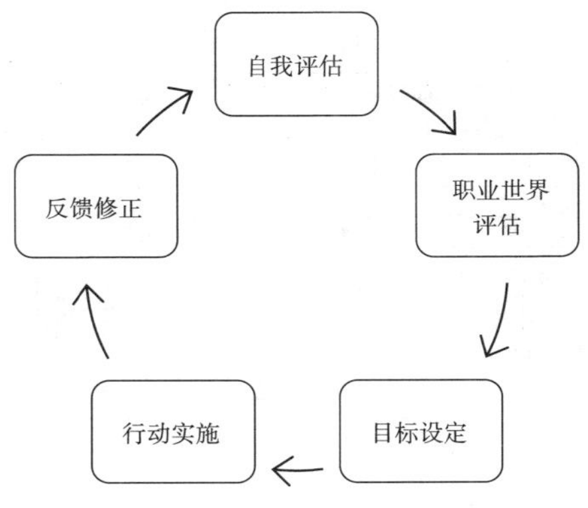

图 1-2　职业生涯规划步骤

（一）自我评估

自我评估的目的是认识自我、了解自我。充分的自我认知是选择职业的依据，只有在认识自我的前提下，才能对职业做出科学选择，才能确定哪些职业适合自身发展，才能对个人职业生涯目标做出合理决策。

自我评估包括以下五大方面：表显自我（年龄、性别、外貌等），发展自我（专业、成绩、学校、经验等），动力自我（需要、价值观、兴趣等），个性自我（气质、能力、性格等），品德自我（忠诚度、责任感、进取心等）。[1] 概括来说，即你喜欢做什么、你能做什么、你适合做什么、你看重做什么。

〔1〕 陈夏初主编：《大学生职业生涯规划与管理》，江苏人民出版社 2013 年版，第 10 页。

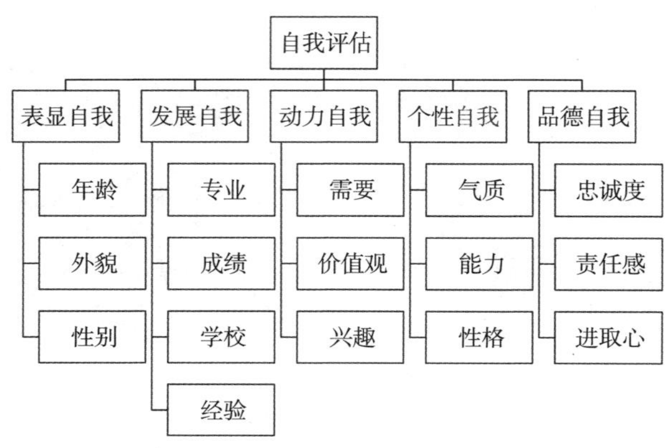

图 1-3　自我评估结构图

1. 兴趣

探索职业兴趣的重要理论之一就是霍兰德兴趣理论，具体内容详见本书第二章。必须注意的是，任何理论的测评结果和报告并不意味着绝对的正确，最重要的是用现实生活的个人事件证明自己具有某方面的兴趣特征。此外，这一兴趣是以职业为导向的职业兴趣，而非生活兴趣（如看电影、唱歌等）。

2. 性格

了解自己的性格，并分析与之匹配的职业类型，有助于我们做出科学的职业选择。对于性格特征的探索，我们通常使用 MBTI 测试工具来帮助我们了解自己的性格。同样，该测评只是一个供参考的外源性描述，更深层次的性格探索需要我们在个人的现实经历中去证实。

3. 能力

对于职业生涯规划，我们不仅需要了解自己喜欢做什么样的工作、适合做什么样的工作，更要清楚地了解我们能够做什么样的工作。能够从事何种工作，能否胜任自己的工作，取决于我们的“能力”。关于能力探索的详细内容见本书第四章。

4. 职业价值观

职业价值观是一个人面对职业生涯的内心信念，能够为其选择职业领域、职业岗位、职业发展路径等提供足够的理由。[1] 在本书第五章中，我们详细介绍了职业价值观的类型，可以对照职业价值观测评初步评价个人的职业价值观。选择职业的过程是探索自己职业价值观的过程，也是更加客观真实地了解自己的过程。

（二）职业世界评估

通过以上四个方面的自我认知，我们已经对自己有了充分的认知。基于自我了解的把握，进而有针对性地进行职业世界评估。

1. 职业评估

职业评估不仅需要我们了解这项职业的工作内容、工作方式、工作待遇、工作环境等信息，还需要了解这项职业所要求的工作能力与技能。只有对职业有着充分的了解，我们才能将其与自我进行匹配，同时在求学阶段锻炼发展自己尽早达到相应的职业要求。

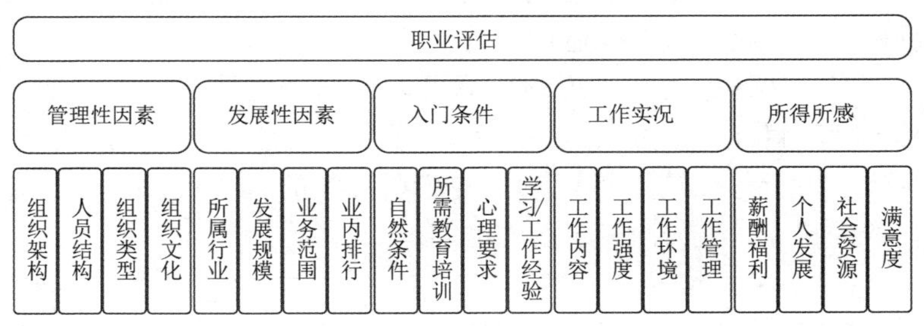

图 1-4　职业评估结构图

---

[1] 李凯、周建立主编：《职业生涯发展与规划》，华南理工大学出版社 2020 年版，第 23~24 页。

2. 环境评估

职业生涯规划，一般需要考虑我们所处的环境条件特点、环境发展变化、自我与环境关系、自身的个性特质与职业的匹配情况以及内外环境与职业之间的匹配度，目的是帮助我们在复杂的环境中趋利避害，使我们的职业生涯规划更具有实际意义。我们可以通过网络、相关书籍、人物访谈、实习等方式获取相关的环境信息。

（三）目标设定

在知己知彼的基础上，就可以做出初步的职业定位，即职业生涯目标的设定，这是职业生涯规划的核心步骤。一般而言，进行职业生涯决策应遵守以下四个原则：择己所爱，择己所能，择世所需和择己所利。根据这几条原则系统思考确定职业生涯目标。[1] 职业生涯目标可以分为短期目标、中期目标、长期目标和人生目标。这些目标的设定需要建立在自我认知和职业世界评估的基础上，职业生涯目标的制定必须客观。确定了职业之后，就要选择职业生涯路线。职业生涯路线的选择需要综合考量进入途径、胜任标准等探索结果，以确定最佳路线。不同的职业生涯路线，对职业发展的要求也不尽相同。

对于法科生而言，短期目标可以根据个人情况分为学期目标、学年目标，也可以精确到月、周目标，这些目标应该明确、具体且可行。在制定目标时，要注意目标的可实现性，并结合自身的特点，充分激发自己的潜能。

（四）行动实施

确定了职业生涯目标和路线后，行动变成了关键的环节。没有行动，理想只能停留在“想”，目标永远遥遥无期。行动计划是具体落实相应目标的措施，可以分为长期计划和短期计划。

---

〔1〕 党亚莲主编：《大学生职业生涯规划》，清华大学出版社 2022 年版。

法科生应该根据自身情况在长期计划下，制定具体的短期计划，并逐步朝着既定目标前进。

行动度量方法（TAR 度量法）可以帮助我们在具体计划中有效落实行动。[1] TAR 度量法包括时间、行动、结果三个方面。首先，确定行动的具体时间段；其次，明确是否采取了行动；最后，对行动的结果进行判断。

例如：小王是法学专业研二的学生。

目标：每天精读一篇法学核心期刊的论文。

标准：写出自己的心得（500 字以上）。

时间：2022 年 9 月 5 日～2022 年 9 月 9 日，共 5 天。

表 1-1　小王的行动度量

星期一	星期二	星期三	星期四	星期五
行动了且满意	行动了且满意	行动了不满意	未行动	行动了且满意

从上表可知小王一周的行动结果，5 天有 4 天行动，其中 3 天满意，1 天不满意。对行动满意的那天，可以采取奖励措施强化自己的动力。

职业生涯规划的实施必须注意几个要点：

首先，行动应以职业生涯目标为中心。制定行动时必须围绕目标，根据职业生涯目标以及自己与目标之间的差距，有的放矢，有针对性地采取措施。

其次，根据目标需求确定行动策略。确定行动策略时，要围绕目标职业和目标职位的要求进行选择，比如根据目标对个人的知识、技能和人际交往等方面的要求，确定自己的行动策

[1] 孙凌主编：《职业规划与就业实务》，北京师范大学出版社 2011 年版，第 96 页。

略和方案。对于法科生来说，在校期间主要是进行知识的积累和能力的锻炼，在毕业初期则要完成从学生到职业人的转变。[1]

最后，职业生涯规划的行动实施应当充分发挥自己的优势，弥补个人的劣势，以加强个人的职业竞争力。不同时期的计划应有所区分。近期计划应当做到具体详实，中期计划则需要兼顾明确性与灵活性，而长期计划应把握目标和方向。

（五）反馈修正

职业生涯规划行动后的反思和再认知是更重要的步骤。执行职业规划是一个实践、认识、再实践、再认识的过程。时代在变，人也在变，要在具体的规划中做出适当的调整，反思自己的不足，对自己进行再次认知。

职业生涯规划定终身的想法是一种错误的理念。现代社会纷繁复杂又充满了变数，就业观念也在日新月异地变化着，影响职业生涯规划的因素有很多，有些是可控的，有些却是不可控的。因此，要使职业生涯规划行之有效，应始终保持动态思维，及时对职业生涯规划进行调整与修正，使其更加贴合实际。职业生涯规划是一个不断完善和循环的过程，我们需要在生涯过程中不断探索。

【课后习题】

「画出自己的生命线」

请拿出一张空白纸，在一张空白纸的中央画一条直线段，这条直线段代表了你的生命长度。在线的起点标写0，代表自己的出生年龄，在线的最右边标写自己所期望可以活到的年龄，

〔1〕 陈夏初主编：《大学生职业生涯规划与管理》，江苏人民出版社2013年版，第261页。

在中间标写现在的年龄。然后回顾生命经验中的里程碑或者是特殊的事件，按年月日的顺序，用一个点表示并标注当时的年龄，正面经验的点标在线的上半部分，负面经验的点标在线的下半部分。

回顾这些事件带给自己的影响，分析、总结正面与负面事件发生的原因和经验，并预想现在年龄点到结束年龄点的期间段，自己期望要发生的事情，也就是说你将如何继续度过此后的人生。最后，把所有的时间按顺序连接起来，从中体会自己生涯的每一个篇章。

第二节　法科生的职业生涯规划

【案例导入】

随着社会法治的不断完善，法学专业的需求量不断增加。从公务员、律师、法官到企事业单位的法务部门，法学专业人才无疑备受追捧。越来越多的学生选择法学专业，立志为中国特色社会主义法治事业做出贡献。但很多法科毕业生在面临法律职业的选择时，依然感到迷茫。

“现在的就业单位到底需要什么样的法学毕业生？现在身边人纷纷考研考博，招聘岗位的学历要求也越来越高，或许我是不是也应该再读个博？”

“面对疫情影响，作为正在求学的法科生，我在学校应该努力做些什么才能成功拿到自己心仪的offer？就目前的就业形势看，我是否应当降低自己的择业标准？”

“为什么读研后，我发现找工作比之前更难了？身边很多本科毕业后就业的同学已经完成了工作的前期积累，甚至获得了晋升，而我读完研后还面临着找不到理想工作的难题。”

以上种种，正是大部分法科生心中困惑和焦虑的写照。2022年考研人数457万，2023年考研人数达到474万人，同比增长17万，再创历史新高。就业市场对学历门槛的要求越来越高，越来越多的学生希望通过学历升级能获取更好的职业发展前景，然而现实却告诉他们，研究生越来越多，工作还是依然难找。

作为法科生是否正处在这样的焦虑与困惑中？面对以上种种问题，我们到底应该怎么办？无论是对职业选择的迷茫，还是对未来职业前景的担忧，都传递出了一个信息，那便是我们需要提前了解职业生涯规划。本节将主要介绍法科生的学涯与职业生涯规划，进一步了解当前的职业世界，以及职业生涯规划中应当遵循的基本原则。

一、法科生的学涯规划

学涯规划是职业生涯规划重要组成部分。学涯阶段作为职业发展的准备期，对于我们实现职业生涯目标有着重要的作用。求学阶段应当尽早知道职业生涯规划的重要性，早规划早积累，自觉地把学业与职业规划紧密联系起来，提高个人职业竞争力，更好地促进职业发展。

（一）法科生的学涯任务

从幼儿园到小学、初中、高中直至大学，每一段学涯都具有转衔性，具有承上启下的作用。每一次转衔，都需要学生脱离旧的学习模式，适应新的生活。[1] 但法科生学涯所要完成的转变与以往有所不同。法科生学涯结束后，他们将从学校走向职场世界，会面临着从相对单一的学生角色、子女角色到多重

---

〔1〕 陈夏初主编：《大学生职业生涯规划与管理》，江苏人民出版社2013年版，第15页。

复杂角色（如工作者、配偶、父母等）的转换。为了更好地完成角色的转换，法科生学涯阶段的任务除了积累专业和综合知识，还应当注重综合素质的扩展、人际关系的维护等。

1. 积累知识

（1）专业知识。在校期间，法科生首要的就是重视法学基础和系统理论的学习，这些知识是我们解决法律实践问题的理论基础。通过法律基础理论的学习，能够熟悉运用法学理论分析解决法律问题，具备撰写法律文书的能力。

（2）应用型知识。在职业活动中，应用型知识是非常重要的一种职业工具，掌握良好的应用技能可以使我们在工作中达到事半功倍的效果。作为一名法科生，在校期间应该掌握以下几种技能知识：

其一，外语能力，尤其是英语能力。法科生应当具备良好的英文表达能力、阅读和写作能力，并掌握一定的法律英语知识，如能够阅读本专业的外文文献和资料。

其二，计算机操作能力，包括计算机操作常识和 ppt、Word、Excel 的制作等。自媒体时代，还应该掌握新媒体的相关知识。

其三，信息收集能力，包括文献、案例、法律条文检索，常用资料查询等。

（3）知识的拓展。法律是一门综合性的科学，因此我们不能忽视对政治学、社会学、哲学、心理学、历史学等相关学科的学习。跨学科、多领域的复合型知识结构，有利于我们塑造个人竞争优势。

个人可以根据自己的职业发展方向和个人的兴趣点进行学习。例如你对经济金融比较感兴趣，关注财经新闻，也有意向朝着证券方向发展，那么可以有针对性地对经济学、金融学、会计学的相关知识进行学习。这些知识的掌握可能会在我们今后的职业发展中起到关键性作用。同时，通过学习和接触其他学科，我们也有更多机会对职业选择进行自我审视。

2. 拓展素质

素质的拓展主要指的是通过参与不同的学习与实践活动以培养实践能力，提升个人的综合素质。面对竞争激烈的职业世界以及越发饱和的法律人才市场，法科生只有不断地提高个人的综合素质，增强各方面的能力，才能更好地进入职业世界。

（1）思想道德素质。思想道德素质拓展包括积极参加学校相关部门的理论学习活动以及形势与政策的学习，认真学习思政课程，参加校园精神文明创建活动，参加爱国主义主题教育活动，以及参加班级和班级团支部组织的主题教育活动。通过参加以上活动，提升个人的思想境界，提高思想道德修养水平。

（2）人文修养素质。人文素质作为大学生成才的基础和必备素质，对其他素质的形成和发展具有着重要的影响。提升人文素质的方式和途径多种多样，主要有阅读经典书籍、观看经典优秀影视作品，积极参加一些演讲、辩论，以及具有人文艺术精神的讲座活动，学习一些礼仪文化，掌握基本的礼仪知识。

（3）身心健康素质。“身心健康素质”指的是两个方面的素质，其一是心理健康素质，其二是身体健康素质。身心健康是我们正常学习、工作、生活的必备条件。如果身心处于不健康的状态，那么我们就难以发挥出个人潜能。

在心理健康层面，可以参加一些心理健康知识讲座，通过书籍、网络等途径，了解心理健康知识，多参加集体活动，学会与人交流。此外，当个人心理处于不健康的状态时，积极向学校、老师、同学、家人寻求帮助，进行心理咨询。

在身体健康层面，关注个人的身体情况，认真对待体育课程，积极参与学校的体育活动。学会休闲与放松，养成定期运动的好习惯。此外，应当规律作息，合理饮食。

（4）实践创新素质。第一，实践素质方面的拓展。我们可以在不同时期根据不同的需求参与相应的实践活动。这些实践活动可以分为社会实践类、学科竞赛类、其他竞赛活动三个类别。

对于社会实践类，主要有社团工作、学生工作、志愿者服务工作、支教等相关实践活动。此外，针对法科生的社会实践还有校法律援助中心志愿服务，大学生下乡普法志愿服务，公安局、检察院、法院（以下简称为“公检法”）实习，公司法务实习，律所实习等。

对于学科竞赛类，法科生可以参加 JESSUP 国际法模拟法庭大赛、国际刑事法院模拟法庭竞赛、“贸仲杯”国际商事仲裁模拟仲裁辩论赛、法科生写作大赛、全国法律英语大赛、全国大学生模拟法庭竞赛、“理律杯”全国高校模拟法庭竞赛等。

其他竞赛活动则包括各种征文、演讲、辩论等比赛。例如“外研社杯”全国英语辩论演讲写作大赛、“21 世纪杯”英语演讲比赛等。

第二，创新素质方面的拓展。随着时代的发展、科技的进步，创新能力显得尤为重要。创新能力是一个新时代优秀青年人才的应有素质，也是各大企业招聘优秀求职者的重要考察标准。因此，我们应当注重对个人创新素质的培养。

在校期间，法科生可以参加法学专业交叉学科和新兴学科的学术讲座，进一步扩展法学领域内的视野，也可以参加一些创新型竞赛活动，比如“挑战杯”全国大学生课外学术科技作品竞赛、大学生创新创业大赛等。

3. 维护人际

斯坦福研究中心曾经发表一份调查报告，结论指出：一个人赚的钱，12.5%来自知识，87.5%来自关系。[1] 事实上，在法科生学涯阶段之前，我们的人际交往相对简单，也不需要过多考虑人际的维护。但不得不承认的是，进入法科生的学涯阶段后，人际关系的处理与维护成为职业生涯的一项重要任务。

对此，我们不仅要学会维护既有的人际关系，同时还需要学会建立各类新的人际关系。在法科生的学涯阶段，我们或多或少会参与社团组织、社会实践、实习兼职等活动，在这些活动中，我们会与其他人建立起新的人际关系，这些关系的处理是人际维护中很重要的方面。对于任何一段人际关系，我们都应该保持真诚，学会尊重和理解。维护良好的人际关系不仅对个体的发展有着极为重要的作用，同时也能为将来走向职场、走向社会打好基础。

（二）法科生学涯阶段

法科生学涯阶段是进入职场前的重要准备时期。这一阶段我们需要完成诸多任务：学习好专业知识、通过英语四六级考试、国家法律职业资格考试等，参加学生、社团工作，锻炼自己的表达沟通能力、协调组织能力等方面的综合素质，为进入职场做好准备。如果在学涯阶段荒废自我、虚度光阴，那么毕业可能就面临着“失业”。因此在学涯阶段，我们必须做好充足的积累。

法科生的学涯也有着不同的时期，不同阶段有着不同的特点与任务，我们需要根据具体的情况来进行相应的规划。

以大学本科阶段为例：

---

〔1〕 陈夏初主编：《大学生职业生涯规划与管理》，江苏人民出版社2013年版，第17页。

表 1-2　本科生的学涯规划

阶段	目标与措施
大一： 试探期	**阶段目标：适应大学生活，制定四年规划** 具体措施： 1. 认真学习专业课程，保证良好的学习成绩； 2. 积极参加学生工作、学校集体活动，多与学长学姐交流，了解学校的奖惩制度、保研制度； 3. 开始自我和职业的初步探索，通过职业测评工具、相关专业课程的学习，结合职业生涯规划的方法，撰写职业生涯规划书，科学制定大学四年的计划。
大二至 大三上： 定向期	**阶段目标：夯实专业基础，提升综合素质** 具体措施： 1. 夯实专业基础知识，建构合理的知识结构体系，参与专业相关的讲座、学科竞赛等活动； 2. 积极参加学生会或社团工作，提高组织协调、人际交往等综合性能力； 3. 增强英语能力和计算机应用能力，考取英语四六级和计算机等级证书； 4. 在寒暑假期间，参加一些社会实践活动，根据个人的职业定位在相关单位进行实习。
大三下至 大四上： 拼搏期	**阶段目标：提升职业技能，选择毕业方向** 具体措施： 1. 巩固专业基础知识，通过国家法律职业资格考试； 2. 完成大学的学分要求，撰写本科毕业论文； 3. 根据不同的方向，有针对性地具体安排。
	（1）保研/考研 保研：保证绩点和英语成绩，做好准备参加目标学校的夏令营、推免考试。 考研：进行考研资讯，确定考研专业和学校，尽早准备笔试和面试的复习。

续表

大三下至大四上：拼搏期	（2）出国留学 关注留学咨讯，参与留学系列活动，通过托福/雅思考试，准备留学申请的一系列材料。
	（3）就业：考公 or 秋招 考公：了解考公信息，准备行测和申论的复习。 秋招：了解往年的学校求职情况，主动找寻校友沟通经验；搜集工作信息的渠道，掌握更多的求职途径；制作简历和求职信，参加实习招聘会。
大四下：过渡期	**阶段目标：总结四年学习，制定下一阶段的计划** 具体措施： 1. 针对个人的四年规划，重新进行审视和反思，总结经验和教训； 2. 针对下一阶段的目标，提前做好新的规划。

以硕士研究生（三年学制）为例：

表 1–3　硕士研究生的学涯规划

研一	**阶段目标：明晰方向，制定职业规划** 具体措施： 1. 认真学习专业课程，保证良好的学习成绩； 2. 积极参加学生会或社团工作，提高组织协调、人际交往等综合性能力； 3. 初步确定个人的职业生涯目标，并根据该目标，有针对性地制定硕士研究生计划。

续表

研二	**阶段目标：巩固技能，完成毕业论文** 具体措施： 1. 完成培养方案要求，确定论文选题，撰写硕士毕业论文； 2. 根据自身情况选择在法院、律所、互联网公司等实习，增加职业体验，探索适合自身的职业； 3. 根据不同的方向，有针对性地具体安排。
	（1）国内读博/出国深造 根据目标院校官网公告准备相关材料，充分了解心仪导师的研究方向以及导师历年招生名额和考察方式，可尽早着手联系导师。
	（2）公务员/选调生 了解考公信息，初步确定考公目标，准备笔面试的复习。
	（3）律所/法务 了解往年的学校求职情况，主动找寻校友沟通经验；搜集工作信息的渠道，掌握更多的求职途径；制作简历和求职信，参加招聘会。
研三	**阶段目标：通过答辩，做出职业选择** 具体措施： 1. 根据学校要求，完成硕士毕业论文，并通过答辩； 2. 明确职业选择，针对下一阶段的目标，提前做好新的规划。

【课堂练习】

“我的大学/研究生法学学习生涯”

我的理想职业：

我的榜样人物：

我要发展的一项兴趣爱好：

我要提高的一种能力：
我想组织、策划、参加的一项集体活动：
我想参加的社团：
我想参与的一项课题研究：
我想参与的实习：

表 1-4　「我的大学学涯规划」

阶段		目标	具体行动
大一	第一学期		
	第二学期		
大二	第一学期		
	第二学期		
大三	第一学期		
	第二学期		
大四	第一学期		
	第二学期		

表 1-5　「我的研究生学涯规划」

阶段		目标	具体行动
研一	第一学期		
	第二学期		
研二	第一学期		
	第二学期		
研三	第一学期		
	第二学期		

二、法科生的职业选择

法科生可以选择的职业还是很多的，公检法机关、律师、公司法务涵盖了大部分法科生的职业选择，部分法科生选择了从事法学研究、法学教育、法律实践应用的相关职业，也有部分法科生选择了与法律专业关联性不太强的职业，如会计师、审计师、证券从业人员、销售人员、房地产咨询等行业。

职业选择没有对错之分，重要的是适合自己，每一种职业都有其价值，也有其不同的职业要求、工作场景、职业逻辑和规范等。作为法科生，无论选择何种法律职业类型，都可以从中获得职业成长和发展，最重要的是要找准自己的定位，选择适合自己的职业。无论最后选择哪条职业道路，我们都应该保持积极乐观的心态，用心对待自己的职业。

法律职业前景光明且市场潜力巨大，人们越来越相信法治的力量，法治在经济、政治、文化等多个领域，包括在日常生活当中的地位和作用也日益重要。中国特色社会主义法治体系日益完善，社会法治观念明显增强，这些都在向当代青年人昭示着法律职业光明的前景。随着现代科学技术的广泛应用，职业分工越来越细，种类越来越多，知识、信息、科学技术含量高的现代职业将迅速发展。与此同时，现代职业对从业人员的任职要求也将越来越高。因此，选择职业类型时不仅要考虑个人职业发展意愿，还要考虑社会需求趋势的变化。职业环境和职业的发展趋势是相互影响、相互制约的，我们需要对职业环境作出合理清晰的分析，抓住关键信息，对职业发展趋势作出合理正确的判断，这样才能更好地把握未来的就业机会与方向。

法律行业仍然是很多人眼中的热门职业，但法科生的就业方向较过往已发生变化，职业选择越来越多样化，不再局限于传统的法律职业。就当前法律职业发展来看，职业出现新趋势，“互联网+法律”的职业元素越来越火热，“法律+”成必然趋势，复合型法律人才的需求越来越大，如法律知识工程师、法律技术专家、跨学科法律人才、法律流程分析师、法律项目管理师、法律数据科学家、在线纠纷解决师、法律管理咨询师、法律风险管理师等。因此，法科生在职业选择过程中，要用前瞻性的眼光对未来职业的需求和发展进行分析。

三、法科生职业生涯规划的原则

（一）匹配性原则

职业生涯规划的核心是“人职匹配”，即关于人的个性特征与职业性质一致的理论。[1] 个体差异是普遍存在的，每个人都有自己的个性特征，而每一种职业由于其工作性质、环境、条件的不同，对求职者的能力、价值观、形象等有不同的要求。进行职业决策时，要根据一个人的个性特征来选择与之相对应的职业。用人单位选拔人才的标准是把合适的人用在适当的位置上，如果匹配得好，则个人的特征与职业要求协调一致，工作效率和职业成功的可能性就大为提高；反之，则可能性就很低。对于组织和个体来说，坚持匹配法则，进行恰当的“人职匹配”具有非常重要的意义。

（二）长期性原则

首先，法科生职业生涯规划是一个长期过程，应贯穿于整个学习期间。如果说高中时期的职业规划是帮助同学们结合学科兴趣和专长，选择理想大学和专业。那么大学期间的职业生涯规划则是从大一开始就进行的探索与规划，建立职业愿景和阶段性目标，并根据职业目标去规划自己的学习内容、寻找学习和实践的资源，提升个人的综合素质、培养职业能力。随着学习的深入，职业目标和规划就会越来越清晰、越来越具体化。

---

〔1〕 晏才清、谢婧：“职业生涯工具——‘人职需求互换模型’探索”，载《中国就业》2021 年第 10 期。

其次，法科生职业目标的实现需要长期积累。法科生在学习过程中，应主动通过不同的途径探索法律职业，尤其是对于法治实践和职业生态要有所了解。霍姆斯大法官说过，“法律的生命不在于逻辑而在于经验”。法学作为一门理论与应用紧密相关的学科，法科生学习必须重视实践，法科生职业生涯规划也必须重视实践和经验，而这种经验需要长期的积累。

最后，法科生职业规划要从长远的发展着眼，与时俱进，不能仅看重眼前。由于技术革命特别是人工智能的蓬勃发展，职业世界正在发生巨大的变化，传统行业不断衰退甚至消失，新兴行业不断出现。关注长期价值主要包括行业发展潜力、个人发展潜力与职业上升空间、职业的获得与认同感、职业的可持续性等。职业生涯规划需要长期探索、考量和坚持。

（三）开放性原则

随着社会与科学技术的快速发展，职业的专业化越来越强，职业的转换也愈发频繁，不排除当前我们从事的职业会有慢慢消失的可能，因此不要有职业规划定终身的想法。同时，更加开放、包容、多元的社会环境为新职业的快速发展提供了土壤。法科生应始终以一种包容开放的态度面对社会发展和职业发展变化。不少法科生对于是否要从事专业对口工作存在顾虑，对此不应抱着过于僵化的思想，而应该根据自身实际情况作出调整与安排。不要僵化于“专业对口”的求职思维，这种固化思维会限制职业发展的更多可能性。如果个人与法律职业不匹配——性格、兴趣、价值观及知识技能与职业不匹配，却仍然坚持从事相关职业，反而是一种束缚与折磨。

法科生在校期间学习也要更开放，尽可能涉猎不同领域的知识，在掌握专业知识的同时，积极参加社会实践活动，增强应对职业世界的能力，同时也要根据个人情况和现实变化及时调整理想与实践中的偏差，更加自信地应对人生道路上的职业变动与风险。

（四）取舍原则

职业生涯规划具有“专一化”的特征，意味着各种行动之间的“协同”，不得不作出取舍，选择接受一些目标并放弃其他目标。一个人的精力是有限的，法科生要学会权衡取舍，在具体规划中作出适当的调整，否则得不偿失。只有学会“战略性放弃”，才能做成更重要的事情。选择一个最重要的目标，集中资源进行攻克，其他不重要的目标可以暂时搁置，这在本质上是对自己资源的再次调配。总之，学会取舍能够帮助我们在个人的职业生涯中走得稳妥长远。

【课后习题】

1. 2020 年~2022 年，疫情席卷全球。你能否感受到身边有哪些行业或职业被影响了？对我们的职业生涯规划有何影响？谈谈你的看法。

2. 数据显示，目前法科生群体中女性占比较大，社会上也存在着女性在工作中比男性更感性、情绪化的刻板印象，认为女性不适合从事法律这项严谨的工作，你如何看待这一现象？谈谈你的看法。

3. 结合所学的知识，谈谈自己在大学本科/研究生阶段就职业规划可以作出哪些努力，并制定自己的《职业生涯规划书》。

第二章 | 兴趣探索

【学习目标】

1. 认识自我，探索兴趣。
2. 运用霍兰德职业倾向测验表评估兴趣。
3. 培养与提升职业兴趣。

【案例导入】

孙某是某大学法学院的一名研一新生。在本科期间酷爱读书，但对法学专业书籍涉猎不多。每每学校组织讲座，一定抢占第一排座位，十分崇拜各位学术专家，加之看到教授们可自由支配时间较多，于是确定了职业目标——大学老师。他打算硕士毕业后继续攻读博士学位。后来，他发现导师们除了日常上课之外，还在做课题、写文章，日常十分忙碌。自己的学期论文早早开始着手，却迟迟不知从何下笔，最后卡着截止时间匆匆提交。孙某陷入了困惑和迷茫，自己到底是否适合做学术，如果此时转变职业目标，是不是比其他同学晚了一步。到这时，还不知道什么职业才是自己最喜欢、最适合自己的。

案例中的情况在法科生中比较普遍，一直以为自己感兴趣的职业，却在实际接触后，发现过去的喜欢只是自己设想的假象。实践是检验真理的唯一标准，进行职业生涯规划，首先要进行探索、考察和体验，明确自己的兴趣。本章节我们就来讨论什么是兴趣、什么是职业兴趣，兴趣与职业之间有什么直接关系，兴趣如何影响职业选择。

第一节　兴趣概述

一、兴趣的概念

（一）兴趣的含义

了解自我、认识自我是职业生涯规划的基础，是个人选择职业生涯的出发点。只有了解自己、认识自己，才能规划出适合的职业生涯道路，才能实现职业理想。我们对兴趣多少有所了解，但并不一定能够明确兴趣的真正内涵及职业兴趣，请先看看下面几位同学的发言。

小王："我喜欢看《今日说法》，每一集我都准时收看，这是兴趣吗？我可以学习法律做律师吗？"

小郭："我喜欢听音乐、看电视剧，每天在这上面花费大量时间，通过这些能给我带来快乐，这是兴趣吗？"

小张："我喜欢看书，为了读书可以忘记吃饭和睡觉，书中的故事情节、人物的起承转合，让我看完后十分过瘾，这是对阅读的兴趣吗？我可以做作家吗？"

以上是他们的兴趣吗？答案是并不全是，从这三位同学的发言中可以看出，有的属于短暂的快感，有的属于乐趣，有的属于爱好。那么兴趣究竟是什么呢？探索兴趣对我们的人生有什么意义呢？

兴趣是一个人力求认识某种事物或从事某项活动的心理倾向，表现为个体对某事或从事某种活动的选择性态度和积极的情绪反应。[1]。兴趣[2]，是人对事物的特殊心理活动。不同学科对“兴趣”的定义因侧重点不同而有所差别。在心理学中，“兴趣”一般被看作社会性动机的一种。其一般性定义是：“人们力求认识某种事物和从事某项活动的意识倾向。它表现为人们对某件事物、某项活动的选择性态度和积极的情绪反应。”“兴趣以需要为基础。”“兴趣可以使人集中注意，产生愉快紧张的心理状态。这对人的认识和活动产生积极的影响，有利于提高工作的质量和效果。”[3] 有的心理学教科书，将“兴趣”界定为“在探究反射基础上形成的对事物或活动的心理倾向，是推动人们认识事物、探求真理的重要动机”。[4] 在教育学中，赫尔巴特认为，“兴趣”是指人“内在的和明显地表露出来的活动力与积极性的总和”。[5]“兴趣就是主动性”。[6] 人直接感受到的兴趣，也就是说不是为了别的目的产生兴趣，是人的精神生活的源泉。在哲学中，兴趣对于人具有存在论（或称本体论）的意义。范梅南认为：“兴趣不是那种需要时就能获得或产生的心理状态。‘兴趣’可以说是用来描述人在这个世界上的存在方式的一个词，感兴趣就是热烈地投入到某事或某活动当中去。当我精力集中于某一感兴趣之事时，那种集中使我能够全神贯

---

〔1〕 陈夏初主编：《大学生职业生涯规划与管理》，江苏人民出版社 2013 年版，第 26 页。

〔2〕 党亚莲主编：《大学生职业生涯规划》，清华大学出版社 2022 年版。

〔3〕 中国大百科全书总编辑委员会《心理学》编辑委员会、中国大百科全书出版社编辑部编：《中国大百科全书 · 心理学》，中国大百科全书出版社 1991 年版，第 468~469 页。

〔4〕 全国十二所重点师范大学联合编写：《心理学基础》，教育科学出版社 2002 年版，第 64~65 页。

〔5〕［德］赫尔巴特著，李其龙译：《普通教育学、教育学讲授纲要》，浙江教育出版社 2002 年版，第 397 页。

〔6〕［德］赫尔巴特著，李其龙译：《普通教育学、教育学讲授纲要》，浙江教育出版社 2002 年版，第 25 页。

注。因此，热烈地投入到某事或某人，让我意识到了该主题的开放性、不可定义性和各种可能性。令我感兴趣之事就是对我而言重要之事。"[1] 综上所述可以概括为，兴趣就是你心里喜欢、长时间并且深入研究过的事情。你对你喜欢的事情有过较长时期的付出和努力。

（二）兴趣的特征

兴趣具有四个特征：

1. 沉浸式投入

兴趣能够使人不自觉地完全投入某种事物或某项活动中，而不靠主观意志努力。[2] 美国心理专家萨克维斯对兴趣这样解释，"兴趣就是人与其所接触的事物合二为一的感觉"。美国芝加哥大学心理学教授米哈里曾提出，人们专心致志地从事某种活动，甚至忘我地完全沉浸在这种活动之中时，他们感到最为愉快和满足的状态是"flow"——心流状态[3]。就像古有陶渊明"好读书不求甚解，每有会意便欣然忘食"成就"采菊东篱下，悠然见南山"的田园派诗人鼻祖，王羲之"馒头蘸墨汁"练字练到入木三分，浑然忘我。当读书读到心动时，连吃饭都忘记了；当练字练到忘我时，馒头蘸了墨汁吃也是甜的。这些都是忘我、不知时间、不知身在何处、充满喜悦、有成就感、

---

〔1〕［加拿大］马克斯·范梅南著，李树英译：《教学机智——教育智慧的意蕴》，教育科学出版社 2001 年版，第 257 页。

〔2〕陈夏初主编：《大学生职业生涯规划与管理》，江苏人民出版社 2013 年版，第 26 页。

〔3〕flow，又称心流、涌流，是一种特殊的心理状态。米哈里将心流（flow）定义为一种将个人精神力完全投注在某种活动上的感觉，心流产生时会同时有高度的兴奋及充实感。米哈里认为心流是"一种几乎是自动的、不须花力气的但又高度集中的感觉状态"。flow 状态与兴趣的概念十分相似，即人们做一件事情时进入一种专注忘我的精神状态。在这种状态下，人们没有考虑到做这样的事情是否会带来理想的结果，只是整个人沉浸在活动所带来的快乐之中。

物我合一等高度投入的“高峰体验”的感觉。

2. 满足感体验

做感兴趣的事情时，事情本身会让人有愉悦、兴奋的满足感，为自己的行为本身感到骄傲，而并不是因为他们所带来的酬劳。在心理学中，有直接兴趣与间接兴趣之分。直接兴趣来源于个体的内在需求和兴趣，是对事物本身感兴趣，而间接兴趣则来源于外部的影响和激励，是对事物的结果感兴趣。[1] 比如有的法科生喜欢做律师，是因为在办案中写出漂亮的答辩状带来的乐趣，是在法庭上据理辩论带来的满足感，是对律师这个身份所负担的行为的兴趣，而不是因为案件结果的酬劳，这就是这位同学对律师职业有着直接兴趣。事实上，直接兴趣与间接兴趣很多时候是可以通过一些刺激相互结合、相互转化的。这个刺激可能是偶发事件，也可能是鼓励、酬劳等。比如某位同学在上小学时写下了一首打油诗，受到了老师的称赞，在全班朗读，让这位同学因为老师的称赞而喜欢上了写作，主动探索阅读，久而久之，真的对写作产生了兴趣。

3. 形成良好循环

兴趣的导向一定是向上的、积极的。对一件事情或者爱好感兴趣，投入较多的时间和精力去钻研和练习，获得能力的提升，因为能力的提高，得到的能量是正面积极的评价，更好的兑现了价值。因为得到正向回报，所以对兴趣更加坚定热爱。这是一个良性循环。在开头三位同学的发言中，小郭同学喜欢听音乐，看音乐视频，在听和看的时候刺激到感官，产生愉悦之情，但是这种“乐趣”并不会持续下去，看完后便产生了浪费时间的内疚之情，这不是真正的兴趣。但若小郭对音乐、电

---

〔1〕 陈夏初主编:《大学生职业生涯规划与管理》，江苏人民出版社 2013 年版，第 26 页。

视剧非常感兴趣，因此激发出对音乐鉴赏、影视鉴赏的热情，从乐评、影评开始，获得能力的提升，进而收获大量粉丝的阅读和点赞，阅读量的增加让小郭逐渐成长为一名粉丝上万的 自媒体人，这更加坚定了他对这一兴趣的热爱。这便以“乐趣”为契机，投入足够的时间去练习，获得能力的提升，进而获得价值，再反馈给“乐趣”，使得“乐趣”获得积极向上的发展成为稳定的兴趣。

4. 基于实际生活

兴趣是基于对事物或活动的认知或体验，而不是出自凭空的想象。在职业生涯规划中，我们强调的是“落地的兴趣”，“落地”体现在对于喜爱事物的真正了解上。这种了解可以基于直接经验，也可以来自于间接经验。直接经验即自己亲身去感受、实践，间接经验来自于观察学习或听人介绍。很多同学对事物的“兴趣”并不是来源于经验，而是出自于自己的想象，那么对其到底是真的喜欢，还是为了逃避现实的压力而为自己找到的“别处的生活”——其实质是一种兴趣的假象，就值得思考了。[1]

二、兴趣与职业

（一）兴趣与职业兴趣

职业兴趣是指个体积极评价和希望从事某种职业活动的心理倾向，是兴趣在职业活动中的体现，反映了一个人偏好的职业活动领域。职业兴趣和兴趣既有关联，也有区别。

首先，兴趣不同于职业兴趣，二者并非等同关系，是包含与被包含的关系。我们通常都会有一两个运动兴趣，例如打羽毛球或者跑步等，完全符合上文所说的兴趣的含义及特征，但

---

〔1〕 参见陈夏初主编：《大学生职业生涯规划与管理》，江苏人民出版社 2013 年版，第 26 页。

用在职业上则相差远矣。因此，一般职业兴趣不等于兴趣，但我们兴趣爱好中隐含的特质，则是引导我们探索职业兴趣的基石。

其次，从兴趣中探索职业兴趣。刚刚说到虽然兴趣不同于职业兴趣，但兴趣其中所隐含的那些特点，正是探索职业兴趣的切入点。例如，有的同学喜欢踢足球，足球不仅涉及体力的强弱，更能从队员配合中反映一个人是否有良好的团队协作能力，最终输赢结果反映一个人是否有较强的承压能力等。再例如有的同学的兴趣是钓鱼，与他相处的过程中就会发现他具有强于常人的专注力，这就可以应用到职业选择中去。如果我们观察一个人的非职业兴趣，往往会发现几乎每一种兴趣都能与职业相关联。

最后，兴趣是职业兴趣的有益推动。当自身兴趣与职业相协调时，兴趣爱好会成为职业的有益调剂和补充。著名刑法学家张明楷先生在接受采访时曾说："在我看来，如果能把事业和兴趣爱好结合起来，每天的工作就变成一种享受和快乐了。这也是我经常跟学生们讲的，学生应当从学习中找到真正的快乐。毕业后一定要从自己的工作中寻找到真正的快乐。如果你抱怨你现在的工作，你就换一个你喜欢的工作。"〔1〕当自身兴趣与职业不匹配、不平衡，甚至发生冲突时，兴趣无法在自身的职业中得到满足，但可以通过兼职、志愿活动、业余爱好等其他方式来实现，当中关键在于不同生活角色之间的平衡与协调，以及工作与爱好的统一。〔2〕所以，闲暇时间的管理，也逐渐发展为生涯规划的重要部分。

---

〔1〕清华大学法学院研究生会："张明楷：从务农到知名教授"，载明理资讯公众号文章。

〔2〕钟谷兰、杨开编著：《大学生职业生涯发展与规划》，华东师范大学出版社2016年版，第18页。

（二）兴趣与职业规划

约翰·霍兰德曾说："虽然我们做了几十年研究，但预测个人职业选择最有效的方法却是询问这个人自己想做什么。"实践证明，在影响职业生涯发展的众多因素当中，兴趣所起的作用十分重大。

首先，兴趣对职业生涯规划具有引导、促进的意义，可以让我们审视现有的职业生涯规划方向。在世界上，大多数有效的工作都是以某种兴趣为先决条件。在职业生涯规划系统中，兴趣属于核心动力系统，为自身工作源源不断提供能量，指引我们朝向喜欢的工作。

其次，兴趣可以充分探索自身才能，提高工作积极性。爱迪生沉迷于发明创造，即使失败一千次，也会再实验一千零一次。凭借着对事业的兴趣与向往，让他在坚持中成功，成为永垂千史、造福世界的"电灯大王"。在兴趣的指引下，再枯燥的工作都会变得有意义起来，对职业的满意度和愉悦感也会不断增强。对个人来说，如果从事自己喜欢、感兴趣的工作，就会更有干劲、更努力，而努力又会助推工作的成功。有人研究过，如果人从事自己感兴趣的职业，则能发挥全部才能的80%~90%，且长时间不会感到疲劳；反之则最多能发挥全部才能的20%~30%。从某种意义上来说，找到符合自己兴趣的工作，在工作中会事半功倍。

再次，兴趣是保障职业稳定的重要因素。大量研究表明，兴趣是影响人们工作满意度、职业稳定性的重要因素。当人们对某方面的工作感兴趣时，枯燥的工作也会变成一种享受，这种愉悦赋予工作的意义感。而同时人们也乐于在自己感兴趣的工作上花费更多的时间和精力，从而培养出更强的能力，更强的能力则让人们在工作中更加游刃有余，工作和生活也会愉快，从而增强了工作的兴趣，形成良性循环。调查研究表明，大部分大学生对自己的第一份工作不满意，半年内的离职率曾一度高达33%。同时根据调查发现，33%的大学生“先就业后择业”，认为第一份工作仅仅是由学校到社会的跳板；16.3%的人“没有考虑太多”就“跟着感觉走”地选择了第一份工作，而仅仅不到五分之一的人在择业时同时考虑了“兴趣（爱好）”和“未来发展空间”这两个因素。[1] 因此可探得高流动率的原因之一在于没有选择符合自身兴趣的职业。选择一份兴趣所在的职业，不仅能使职业生活更加愉快，而且也会让自己持续成长，在职场中获得成功。

第二节　职业兴趣类型理论

一、霍兰德理论概述

美国心理学家约翰·霍兰德在1959年提出霍兰德职业兴趣理论。职业兴趣理论的研究已有九十多年的历史，国内外学者从不同角度对职业兴趣理论进行了大量的研究。比较早的、相对系统的职业兴趣测验是1927年的“斯特朗职业兴趣调查表”，斯特朗首次将个人兴趣测试与职业能力倾向测试结合在一起。1959年，霍兰德编制“职业爱好问卷”，整合近两百余种职业名称，之后又进行了改进，于1971年首次出版《职业自我探索量表》。截至1998年，全球已有超2100万人使用该测量工具。

霍兰德理论是建立在四个基本假设的基础之上的。

第一，大多数人都可以被归为六种兴趣类型的一种。六种

〔1〕 钟谷兰、杨开编著：《大学生职业生涯发展与规划》，华东师范大学出版社2016年版，第18页。

兴趣类型为：现实型（realistic type，简称 R）、研究型（investigative type，简称 I）、艺术型（artistic type，简称 A）、社会型（social type，简称 S）、经营型（enterprising type，简称 E）与事务型（conventional type，简称 C）。

大量研究表明，霍兰德所提出的这六种类型是一种既有用又有效的兴趣分类方法。我们的兴趣基本上就是由这六种类型的不同组合所构成的，也可以根据这六种不同类型对兴趣进行有效的测量。

第二，对应六种兴趣类型，同样有六种环境类型的存在，名称与性质同兴趣类型的分类一致。但“环境”的定义比较广泛，可以是一种职业、一种休闲工作、一个学习领域等。

第三，一个人的行为由自身个性与所处环境之间的相互作用所决定。霍兰德认为，人们在生活中往往对职业抱有固定乃至刻板的印象。人格与职业是相互印证的，从事同一种类型职业的人往往兴趣中有着相似之处。

第四，人们总是在不断寻找匹配自身兴趣的职业环境。人们不断跳槽的动机往往与兴趣相关，总是在不断的变化中修正，不自觉地一直在寻找与自身兴趣、人格等特质相匹配的职业类型。

二、霍兰德职业类型特点

个人的职业兴趣会影响职业的适配度。霍兰德把职业兴趣分为六种类型，我们每个人都属于其中的一种或几种类型。接下来，让我们一起测一测自己属于哪种职业类型吧！

【课堂练习】

「测一测你心中的桃花源」

在一切都正值繁茂的春天，如果你刚好有一个月的空闲时间，正在计划着前往远方一处新开发的岛屿群度过这段时光。

岛屿群一共有6个各具特色、各具风情的岛屿，你可以选择其中任何一个。你仔细浏览旅游手册上记载的这6个岛屿的特色：

A岛：美丽浪漫的岛屿，岛上有美术馆、音乐馆，弥漫着浓厚的艺术文化气息。同时，当地的原住民还保留了传统的舞蹈、音乐与绘画，许多文艺界的朋友都喜欢来这里找寻灵感。

S岛：温暖友善的岛屿，岛上居民个性温和，十分友善、乐于助人，社区均自成一个密切互动的服务网络，人们多互助合作，重视教育，弦歌不辍，充满人文气息。

E岛：显赫富庶的岛屿，岛上的居民热情豪爽，善于企业经营和贸易。岛上的经济高度发达，处处是高级饭店、俱乐部、高尔夫球场。来往多是企业家、经理人、政治家、律师等，衣香鬓影，夜夜笙歌。

C岛：现代化的岛屿，岛上建筑十分现代化，是进步的都市形态，以完善的户政管理、地政管理、金融管理见长。岛民个性冷静保守，处事有条不紊，善于组织规划。

R岛：自然原始的岛屿，岛上保留有热带的原始森林、自然生态保护甚佳，也有相当规模的动物园、植物园、水族馆。岛上居民以手工见长，自己种植花果蔬菜、修缮房舍、打造器物、制作工具。

I岛：深思冥想的岛屿，岛上人迹较少，建筑物多僻处一隅、平畴绿野，适合夜观星象。岛上有多处天文馆、科博馆以及科学图书馆等。岛上居民喜好沉思、追求真知，喜欢和来自各地的哲学家、科学家、心理学家等交换心得。

如果只能选择一个岛屿，你会选择哪一个？____

如果可以选择第二个岛屿，你会选择哪一个？____

如果可以选择第三个岛屿，你会选择哪一个？____

你最不愿意去哪一座岛屿？____

请将以上问题的答案按照顺序排列成一个三个字母的代码：____。请记住这个代码，它的第一个字母代表了你的职业兴趣类型，请参照下文对应选择自己最适合的职业吧！

（一）霍兰德职业兴趣类型特点

霍兰德把职业兴趣类型划分为六种，对应上述测试中的六种类型岛屿，现实型（realistic）、研究型（investigative）、艺术型（artistic）、社会型（social）、经营型（enterprising）、事务型（conventional），它们的相关位置就像是一个正六边形。绝大多数人都可以被归类到六种类型中的一种。根据霍兰德的观点：一个人的职业兴趣会极大影响职业的适配度。当他从事的职业与兴趣相吻合时，就可能发挥最佳水平，容易做出成就；反之，则可能感到极不适应或者毫无兴趣，难以获得成就感。

1. 艺术型（A）

具有此类倾向的个体，对具有创造、想象及自我表现空间的工作显示出明显偏好。他们和具有研究型倾向的个体的相同之处在于创造倾向明显，对结构化程度较高的任务及环境都不太喜欢，对机械性及程式化的工作了无兴趣。特立独行，乐群性低。但两者所不同的是，艺术倾向明显的个体好自我表现，具有丰富的想象力，直觉力较好，敏感而开放。

2. 研究型（I）

具有此类倾向的个体，喜欢理论思维或偏爱数理统计工作，能对解决抽象问题投入极大的热情。他们通常倾向于通过思考、分析解决难题，而不一定落实到具体操作。他们多半是好奇的、聪明的、内省的、具有批判性的，喜欢具有创造性、挑战性的工作，不太喜欢固定程式的任务。

3. 现实型（R）

具有此类倾向的个体，往往身体技能及机械协调能力较强，沉浸于工具与技术的世界。稳健、务实的他们喜欢从事规则明确的活动及技术性工作，甚至热衷于亲自动手进行创造，具有比较强的实践性。不善言谈，对人际交往及人员管理、监督等活动不太感兴趣。

4. 经营型（E）

具有此类倾向的个体，喜欢制定新的工作计划、事业规划以及设立新的组织，并为有效发挥组织作用而积极地进行活动。他们自信，精力充沛，支配欲和冒险性强，具有较高的成就动机，但不喜欢具体精细或需要长时间集中心智的工作。

5. 事务型（C）

具有此类倾向的个体，喜欢高度有序、要求明晰的工作，对于规则模糊、自由度大的工作不太适应。不喜欢承担领导者的责任，习惯于服从，一般较为忠诚、可靠，偏保守。在工作中与人交往会保持一定的距离。工作仔细、有毅力、有条理、责任心强。对社会地位、社会评价比较在意，通常愿意在大型机构做一般性工作。

6. 社会型（S）

具有此类倾向的个体，喜欢以人为对象的工作。他们通常言语能力优于数理能力，善于表达，随和，乐于与人相处、给人提供帮助，具有人道主义倾向，责任心也较强。习惯于与人商讨或调整人际关系来解决面临的问题。不太喜欢以机械和物品为对象的工作。适合从事咨询、培训、辅导、说劝类工作。

表 2-1　霍兰德职业兴趣类型

兴趣类型	类型特点	职业倾向	代表职业
现实型 R	愿意使用工具从事操作性工作，**动手能力强**，做事手脚灵活，动作协调。偏好于具体任务，不善言辞，做事保守，较为谦虚。缺乏社交能力，**通常喜欢独立做事**。	喜欢**使用工具、机器**，需要基本操作技能的工作。对要求具备机械方面才能、体力或从事与物件、机器、工具、运动器材、植物、动物相关的职业有兴趣。	法学图书编辑、法学大数据分析人员
研究型 I	**抽象思维能力强**，求知欲强，肯动脑，善思考，不愿动手。**喜欢独立的和富有创造性的工作**。知识渊博，有学识才能，不善于领导他人。考虑问题理性，做事喜欢精确，**喜欢逻辑分析**和推理。	喜欢智力的、抽象的、分析的、独立的定向任务，要求具备智力或分析才能，并将其用于观察、估测、衡量、形成理论、最终解决问题的工作，并具备相应的能力。	法学专业科研人员、刑侦实验室实验人员
艺术型 A	有**创造力，乐于创造新颖、与众不同的成果**，渴望表现自己的个性，实现自身的价值。做事理想化，追求完美，不重实际。具有一定的**艺术才能**和个性，善于表达。	不善于事务性工作，喜欢的工作要求具备艺术修养、创造力、表达能力和直觉，并将其用于语言、行为、声音、颜色和形式的审美、思索和感受，具备相应的能力。	法律小说家、剧作家、法律题材电视剧编剧

续表

兴趣类型	类型特点	职业倾向	代表职业
社会型 S	喜欢**与人交往**，不断结交新的朋友，**善言谈**，愿意教导别人。关心社会问题，渴望发挥自己的社会作用。寻求广泛的人际关系，比较看重社会义务和社会道德。	喜欢要求**与人打交道的工作**，能够不断结交新的朋友，从事提供信息、启迪、帮助、培训开发或治疗等事务，并具备相应能力。	律师、法律援助律师、高校法学院行政人员、公务员
经营型 E	具有**领导才能**。敢冒风险、有野心、有抱负。为人务实，习惯以利益得失、权利、地位等来衡量做事的价值，做事有较强的目的性。	喜欢要求具备**经营、管理、劝服、监督和领导才能**，以实现机构、政治、社会的工作，并具备相应的能力。	法官、检察官、政府官员、高级法务总监、高级律师
事务型 C	**尊重权威和规章制度**，喜欢按计划办事，细心、有条理，习惯接受他人的指挥和领导，自己不谋求领导职务。喜欢关注实际和细节情况，通常较为谨慎和保守。	喜欢要求**注意细节、精确度**、有系统、有条理，有记录、归档、根据特定要求或程序组织数据和文字信息的职业，并具备相应能力。	公务员、公证员、青少年援助中心服务人员、券商公司法务人员

（二）六大类型之间的关系

霍兰德用六边形表示六种兴趣类型之间的关系，掌握六边形模型是理解其理论工具和分类系统所不可缺少的。从下图可以看出：每一种类型与其他类型之间存在不同程度的关系，大体可描述为三类：

1. 相邻关系

如 RI、IR、IA、AI、AS、SA、SE、ES、EC、CE、RC 及 CR。属于这种关系的两种类型的个体之间共同点较多，例如现实型 R、研究型 I 的人都不太偏好人际交往，这两种职业环境中也都没有太多机会与人接触。

2. 相隔关系

如 RA、RE、IC、IS、AR、AE、SI、SC、EA、ER、CI 及 CS，属于这种关系的两种类型个体之间共同点较相邻关系少。

3. 相对关系

在六边形上处于对角位置的类型之间即为相对关系，如 RS、IE、AC、SR、EI 及 CA。相对关系的人格类型共同点少，因此，一个人同时对处于相对关系的两种职业环境都兴趣很浓的情况较为少见。

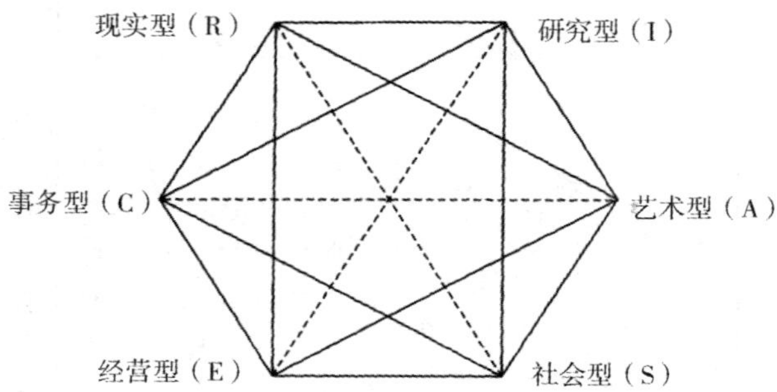

如图所示，六边形的六个角分别代表霍兰德所提出的六种类型。六种类型之间具有内在的联系，它们按照彼此的相似性程度定位。相邻两个维度之间在各种特征上最接近，相关程度最高；距离越远，两个维度之间的差异越大，相关程度越低。因而，每种类型与其他五种类型之间存在着三种相关关系，我们分别用高、中、低来表示。可以依据这个六边形模型来理解人与职业的不同匹配方式。[1] 详细职业匹配可见本章附录二：职业兴趣代码。

第三节　兴趣评估与提升

职业生涯规划咨询中，职业指导师往往通过霍兰德职业兴趣测试来对咨询者的兴趣进行评估，霍兰德职业兴趣测试已经成为权威的职业测试工具。

一、兴趣评估

（一）正式评估：霍兰德职业兴趣测试

目前无论在课堂教学中还是在职业咨询中，教师和咨询师均倾向于使用霍兰德职业兴趣测试来对咨询者的职业兴趣和职业倾向进行测验。霍兰德职业兴趣测试包括两个部分，分别是评价手册与职业分类表，在评价手册完成测试后，在职业分类表可以找到最适合自己的职业。测试的具体内容在本章的附录之中，请大家给自己留出半个小时左右的时间，在安静、不受打扰的环境中进行测验，每一个问题不需要思考太久，尽量凭

〔1〕 最为理想的职业选择就是个体选择与其兴趣类型相一致的职业环境。如研究型的人在研究型环境中学习和工作，这称为“人职协调”，因为在这种环境中工作，个人最可能充分发挥自己的才能并具有较高的工作满意感。如果个体选择与其兴趣类型相近的职业环境，例如，现实型的人在研究型或事务型环境中工作，由于两种类型之间有较高的相关关系，则个人经过努力和调整也能适应职业环境，这属于“人职次协调”。最坏的职业选择是个人在与其兴趣类型相斥的职业环境里工作。在此情况下，个人很难适应职业也不太可能从工作中得到乐趣，这称为“人职不协调”。例如，研究型的人在经营型环境中工作。总之，兴趣类型与职业类型的相关程度越高，个体的职业适应性越好；相关程度越低，个体的职业适应性就越差。因而，六边形模型的提出有助于人们更好地理解和进行职业选择。

第一感觉作出选择。

做完这个测试后，你可以得到自己在六大类型中分数最高的前两种，或前三种类型，然后根据分数的高低依次排列字母，便可得到霍兰德职业兴趣代码，再与本章「测一测你心中的桃花源」练习结果相对照，看看代码是否一致。

（二）非正式评估

非正式评估的方法较多，主要包括问答式的谈话方式和运用网上测试工具自测的方式。通过谈话交流找到自己生活中的幸福、快乐、专注感的源泉，进而发现自己的兴趣点，再从中找到重合的部分，对其进一步分析，以此来帮助自己澄清职业兴趣。也可以通过对自己经历进行盘点来认识兴趣，找出最吸引自己的那些东西，而其中共性较多的，就是兴趣所在。通过非正式评估，虽然无法做到正式评估中的全面性和普适性，但可以在一定程度上较好地避开迷惑选项，聚焦自身可以想到并且亲身经历的幸福与快乐，找到自己的兴趣和职业倾向。

【课堂练习】

「兴趣探索练习」

请具体、详细地回答下列问题。回答时特别注意问题的第二部分，即“为什么”感兴趣的部分。如有可能，请与一位同伴相互讲述自己对问题的思考和回答。同伴可以提问、帮助讲述的人发掘细节和原因。这个练习的目的是帮助你回忆并梳理日常生活中有关个人兴趣的一些代表性事件、增进自我觉察，因此仔细思考和讲述的过程非常重要。

1. 我的白日梦：请列举出三种你非常感兴趣的职业（摒除所有现实的考虑）。这些工作中的哪些特征吸引着你？

---

2. 请回忆三个从事某件事情时令你感到快乐（满足）的经

历。请详细地描述这三个画面，是什么令你感到如此快乐（满足）？

____

3. 你最崇拜（敬佩）的人是谁？他对你产生了什么影响？你最像他的是什么地方？最不像他的是什么地方？

____

4. 除了单纯的娱乐放松以外，你最喜欢看哪几类电视节目？节目中什么吸引着你？

____

5. 你喜欢浏览哪类网站？你喜欢看网站的哪部分内容？它们属于哪个专业或领域？

____

6. 休闲的时候，如果只是出于兴趣的考虑，你最想做什么或学什么？这里面又是什么吸引着你？

____

7. 你的答案里有什么共同点？是否可以归纳为什么主题或者关键词？这些主题或关键词可能和霍兰德的哪种类型相对应？你如何能够让这样的主题在你今后的生活中得到更充分的彰显？

____

喜欢做的事情，可能分为不同的种类，也有不同的原因。比如同样是做运动，有人喜欢有氧运动，长时间挥洒汗水，有人喜欢无氧运动，分块集中训练，增强耐力；有些人喜欢的是在游戏中和他人聊天，一起合作，还有些人仅仅是喜欢操纵键盘的感觉。因此对上述最后一个问题的回答将有助于你总结和归纳前面所有的问题，并将你在日常生活中的一些表现与本章所讲的职业兴趣类型联系起来。

综合来看，不同的兴趣背后，可能会存在一些共同的特征。比如都是和人相关的，或者都是和资料、数据分析相关的。找一下你平时喜欢做的事情的共同特征，所归纳出的主题或关键词就是你今后作职业决策时需考量的关键因素。

二、兴趣提升

通过练习和职业兴趣测试我们会发现，同一职业包括了不同的工作方向，同一个兴趣也可对应着不同职业，当我们将兴趣与职业相结合时，我们的选择是非常多元的。兴趣是职业选择的基石，职业环境好像不同的建筑材料，是摩天大楼还是精美别墅，是兴趣和职业的共同选择。在房屋建设中，有一点是普遍认同的，就是根基越深，建筑越牢固。因此，在人生中建造出属于自己那栋最稳固最适合自己的建筑，首先需要对自己的兴趣进行提升和巩固。

（一）职业与兴趣相互促进

兴趣与职业兴趣是相互促进的，一个人对某职业越感兴趣，他对该职业的了解就越全面。同样，一个人对该职业了解越深刻，那么他对该职业的兴趣就会越强，也会对自己是否适合该职业有比较准确的判断。因此，我们全力以赴投入感兴趣的领域，用心体会整个职业过程，可进一步提升强化自身的职业兴趣。

（二）制定计划提升职业兴趣

个人感兴趣的事物有些可以发展为职业兴趣，有些则是属于我们日常生活的娱乐调剂。让自己的兴趣转变成职业兴趣，与职业发展相互促进，需要从多方面提升自己的兴趣深度、广度、宽度。那么如何制定兴趣提升计划，提升自身兴趣呢？下面将提供一种企划思路。

【课堂练习】

「兴趣提升企划书」

制定科学的提升计划，有助于增强对兴趣的理解和认识。

请回想一下：你一般采取什么样的方式来满足自己的兴趣？或者你计划用什么样的途径来培养这些兴趣？请从你喜欢的事情中挑出三项最喜欢的，然后针对每一项写出未来你进一步发展该项兴趣的方式或计划。例如喜欢法学学术研究的人，会通过如下方式来满足这项兴趣，不断地阅读法学书籍，自觉学习充实专业知识，去自己感兴趣的讲座听法学前沿问题研究内容，积极参加校内外学术活动等。

表 2-2　兴趣提升企划书

兴趣一：	
满足兴趣的方法：	1. ________ 2. ________ 3. ________
兴趣二：	
满足兴趣的方法：	1. ________ 2. ________ 3. ________
兴趣三：	
满足兴趣的方法：	1. ________ 2. ________ 3. ________

附录一　霍兰德职业兴趣测试

霍兰德职业兴趣测试

霍兰德（Holland）职业兴趣测试，有助于我们发现和确定自己的职业兴趣和能力特长，从而更好地确定职业方向，选择一个恰当的职业目标，做出更适合自己的择业决策。测试共有七个部分，每部分测试都没有时间限制，但要求尽快完成。

第一部分：您心目中的理想职业（专业）

对于未来的职业（或升学进修的专业），您得早有考虑。它可能很抽象、很朦胧，也可能很具体、很清晰。无论是哪种情况，现在都请您把自己最想做的三种工作或最想读的三个专业，按顺序写下来。

1. ________
2. ________
3. ________

下面列举了若干种活动，请就这些活动判断您的好恶。喜欢的，请在该项后打“√”；不喜欢的，在该项后打“×”。请按顺序回答全部问题。

R：现实型活动

1. 装配、修理电器或玩具
2. 修理自行车
3. 用木头做东西
4. 开汽车或摩托车
5. 用机器做东西
6. 参加木工技术学习班

7. 参加制图描图学习班
8. 驾驶卡车或拖拉机
9. 参加机械和电气学习班
10. 装配修理机器

统计打“√”的个数，得分计______

A：艺术型活动

1. 素描、制图或绘画
2. 参加话剧或戏剧
3. 设计家具或布置室内
4. 练习乐器或参加乐队
5. 欣赏音乐或戏剧
6. 看小说或读剧本
7. 从事摄影创作
8. 写诗或吟诗
9. 进艺术（美术或音乐）学院培训
10. 练习书法

统计打“√”的个数，得分计______

I：研究型活动

1. 读科技图书和杂志
2. 在实验室工作
3. 改良水果品种，培育新的水果
4. 调查了解土和金属等物质的成分
5. 调查了解十字路口交通路况和人流状况
6. 解算术或玩数学游戏
7. 物理课
8. 化学课

9. 几何课
10. 生物课
统计打“√”的个数，得分计______

S：社会型活动

1. 学校或单位组织的正式活动
2. 参加某个社会团体或俱乐部活动
3. 帮助别人解决困难
4. 照顾儿童
5. 出席晚会、联欢会、茶话会
6. 和大家一起出去郊游
7. 想获得关于心理方面的知识
8. 参加讲座或辩论会
9. 观看或参加体育比赛和运动会
10. 结交新朋友

统计打“√”的个数，得分计______

E：经营型活动

1. 说服鼓动他人
2. 卖东西
3. 谈论政治
4. 制订计划、参加会议
5. 以自己的意志影响别人的行为
6. 在社会团体中担任职务
7. 检查与评价别人的工作
8. 结交名流
9. 指导有某种目标的团体
10. 参与政治活动

统计打“√”的个数，得分计______

C：事务型活动

1. 整理好桌面和房间
2. 抄写文件和信件
3. 为领导写报告或公务信函
4. 检查个人收支情况
5. 打字培训班
6. 参加算盘、文秘等实务培训
7. 参加商业会计培训班
8. 参加情报处理培训班
9. 整理信件、报告、记录等
10. 写商业贸易信

统计打“√”的个数，得分计______

第二部分：您所擅长的活动

下面列举了若干种活动，其中你能做或大概能做的事，请在该项后打“√”；反之，在该项后打“×”。请按顺序回答全部问题。

R：现实型能力

1. 能使用电锯、电钻和锉刀等木工工具
2. 知道万用表的使用方法
3. 能够修理自行车或其他机械
4. 能够使用电钻床、磨床或缝纫机
5. 能给家具和木制品刷漆
6. 能看建筑设计图
7. 能够修理简单的电器用品
8. 能修理家具

9. 能修理收录机

10. 能简单地修理水管

统计打“√”的个数，得分计______

A：艺术型能力

1. 能演奏乐器
2. 能参加二部或四部合唱
3. 独唱或独奏
4. 扮演剧中角色
5. 能创作简单的乐曲
6. 会跳舞
7. 能绘画、素描或书法
8. 能雕刻、剪纸或泥塑
9. 能设计板报、服装或家具
10. 写得一手好文章

统计打“√”的个数，得分计______

I：研究型能力

1. 懂得真空管或晶体管的作用
2. 能够列举三种蛋白质含量高的食品
3. 理解铀的裂变
4. 能用计算尺、计算器、对数表
5. 会使用显微镜
6. 能找到三个星座
7. 能独立进行调查研究
8. 能解释简单的化学
9. 理解人造卫星为什么不落地
10. 经常参加学术会议

统计打“√”的个数，得分计______

S：社会型能力

1. 有向各种人说明解释的能力
2. 常参加社会福利活动
3. 能和大家友好地相处与工作
4. 善于与年长者相处
5. 会邀请人、招待人
6. 能简单易懂地教育儿童
7. 能安排会议等活动顺序
8. 善于体察人心和帮助他人
9. 帮助护理病人和伤员
10. 安排社团组织的各种事务

统计打“√”的个数，得分计______

E：事务型能力

1. 担任过学生干部并且干得不错
2. 工作上能指导和监督他人
3. 做事充满活力和热情
4. 有效利用自身的做法调动他人
5. 销售能力强
6. 曾作为俱乐部或社团的负责人
7. 向领导提出建议或反映意见
8. 有开创事业的能力
9. 知道怎样做能成为一个优秀的领导者
10. 健谈善辩

统计打“√”的个数，得分计______

C：经营型能力

1. 会熟练地打印文字
2. 会用外文打字机或复印机
3. 能快速记笔记和抄写文章
4. 善于整理、保管文件和资料
5. 善于从事事务性的工作
6. 会用算盘
7. 能在短时间内分类和处理大量文件
8. 能使用计算机
9. 能收集数据
10. 善于为自己或集体做财务预算表

统计打“√”的个数，得分计______

第三部分：您所喜欢的职业

下面列举了多种职业，请逐一认真地阅读。如果是你有兴趣的工作，请在该项后打“√”；如果是你不太喜欢、不关心的工作，请在该项后打“×”。请按顺序回答全部问题。

R：现实型职业

1. 飞机机械师
2. 野生动物专家
3. 汽车维修工
4. 木匠
5. 测量工程师
6. 无线电报务员
7. 园艺师
8. 长途公共汽车司机
9. 火车司机
10. 电工

统计打“√”的个数，得分计______

S：社会型职业

1. 街道、工会或妇联干部
2. 小学、中学教师
3. 精神病医生
4. 婚姻介绍所工作人员
5. 体育教练
6. 福利机构负责人
7. 心理咨询员
8. 共青团干部
9. 导游
10. 国家机关工作人员

统计打“√”的个数，得分计______

I：研究型职业

1. 气象学或天文学学者
2. 生物学学者
3. 医学实验室的技术人员
4. 人类学学者
5. 动物学学者
6. 化学学者
7. 数学学者
8. 科学杂志的编辑或作家
9. 地质学学者
10. 物理学学者

统计打“√”的个数，得分计______

E：经营型职业

1. 厂长
2. 电视片编制人
3. 公司经理
4. 销售员
5. 不动产推销员
6. 广告部部长
7. 体育活动主办者
8. 销售部部长
9. 个体工商业者
10. 企业管理咨询人员

统计打“√”的个数，得分计______

A：艺术型职业

1. 乐队指挥
2. 演奏家
3. 作家
4. 摄影家
5. 记者
6. 画家、书法家
7. 歌唱家
8. 作曲家
9. 电影、电视演员

统计打“√”的个数，得分计______

C：事务型职业

1. 会计师
2. 银行出纳员

3. 税收管理员
4. 计算机操作员
5. 簿记人员
6. 成本核算员
7. 文书档案管理员
8. 打字员
9. 法庭书记员
10. 人口普查登记员

统计打“√”的个数，得分计______

第四部分：统计和确定您的职业兴趣

请将第二部分和第三部分的全部测试分数按前面已统计好的6种职业倾向（R型、I型、A型、S型、E型和C型）得分填入下表，并作纵向累加。

测试	R型	I型	A型	S型	E型	C型
第二部分						
第三部分						
总分						

请将上表中的6种职业兴趣按总分大小顺序依次从左到右排列：

______型______型______型______型______型______型

以上全部测验完毕。

现在，将你测验得分居第一位的职业类型找出来，对照下表，判断一下自己感兴趣的职业类型。

附录二 职业兴趣代号与对应职业对照表

职业兴趣代号与对应职业对照表

下面介绍与你得分最高的三种类型代码一致的职业表，对照的方法如下：首先根据你的职业兴趣代号，在下表中找出相应的职业，例如你的职业兴趣代码是RIA，那么牙科技术人员、陶工等是适合你兴趣的职业。然后寻找与你职业兴趣代码相近的职业，如你的职业兴趣代码是RIA，那么，其他由这三个字母组合成的编号（如IRA、IAR、ARI等）对应的职业，也较适合你的兴趣。

一、R型主导

RIA：牙科技术员、陶工、建筑设计人员、制造模型、家具复制、制作链条等。

RIS：厨师、林务员、跳水员、潜水员、染色员、面包师傅、电器修理、眼镜制作、电工、纺织机器装配工、报务员、装玻璃工人、发电厂操作工人、焊接工。

RIE：建筑和桥梁工程、环境工程、航空工程、公路工程、电力工程、信号工程、电话工程、一般机械工程、自动工程、矿业工程、海洋工程、交通工程技术人员、制图员、家政经济、计量员、农民、农场工人、农业机械操作、清洁工、无线电修理、汽车修理、手表修理、管子工、线路装配、盖（修）房子、电子技术员、伐木工、机械师、锻压操作工、造船装配工、工具仓库管理员。

RIC：船上工作人员、接待员、杂志保管员、牙医助手、制帽工、磨坊工、石匠、机器制造、机车制造、火车头制造、农业机器装配、汽车装配工、缝纫机装配、钟表装配和检验、电动器具装配、鞋匠、锁匠、货物检验员、电梯机修工、托儿所所长、钢琴调音员、装配工、印刷工、钢铁工人、卡车司机。

RAI：手工雕刻、玻璃雕刻、制作模型、家具木工、制作皮革品、手工绣花、手工钩针纺织、排字工作、印刷拼版工作、图画雕刻、装订工。

RSE：消防员、交通巡警、警官、门卫、理发师、房间清洁工、屠宰工人、锻工、开凿工人、管道安装工、出租汽车驾驶员、仓库管理员。

RSC：汽车驾驶员、货物搬运工、送报员、勘探员、娱乐场所服务员、起卸机操作工、灭害虫者、电梯操作工、厨房助手。

RSI：纺织工、编织工、农业学校教师、某些职业课程教师(诸如艺术、商业、技术、工艺课程)、雨衣上胶工人。

REC：抄表员、保姆、实验室动物饲养员、动物管理员。

REI：轮船船长、航海领航员、大副、试管实验员、矿业管理、调度。

RES：旅馆服务员、家畜饲养员、渔民、渔网修补工、水手长、收割机操作工、搬运行李工人、公园服务员、救生员、登山导游、火车工程技术员、建筑工人、铺轨工人。

RCI：测量员、勘测员、仪表操作者、农业工程技师、化学工程技师、民用工程技师、石油工程技师、资料室管理员、探矿工、煅烧工、烧窑工、矿工、保养工、磨床工、取样员、样品检验员、纺纱工、烧筒子工、漂洗工、电焊工、锯木工、刨床工、制帽工、手工缝纫工、油漆工、染色工、按摩师、木匠、农民、建筑工人、电影放映员、勘测员助手。

RCS：公共汽车驾驶员、一等水手、游泳池服务员、裁缝、建筑工人、石匠、烟囱修理工、水磨石工、泥水匠、车工、混凝土工、电话修理工、爆炸手、邮递员、矿工、裱糊工人、纺纱工。

RCE：打井工、吊车驾驶员、农场工人、邮件分类员、铲车司机、拖拉机司机。

二、I型主导

IAS：经济学研究人员、农业经济学研究人员、财政经济学研究人员、国际贸易经济学研究人员、实验心理学研究人员、工程心理学研究人员、心理学研究人员、哲学研究人员、内科医生、数学研究人员。

IAR：人类学研究人员、天文学研究人员、化学研究人员、物理学研究人员、医学病理学研究人员、动物标本剥制者、化石修复者、艺术品管理者。

ISE：营养学家、饮食顾问、火灾检查员、邮政服务检查员、地质专家、地理物理学专家、药剂师、药房营业员。

ISC：侦探、电视播音室修理工、电视修理服务工、验尸室人员、编目录者、医学实验室技师、市场调查员。

ISR：水生生物学者，昆虫学研究人员、微生物学研究人员、配镜师、矫正视力者、细菌学研究人员、牙科医生、骨科医生。

ISA：实验心理学研究人员、普通心理学研究人员、发展心理学研究人员、教育心理学研究人员、社会心理学研究人员、临床心理学研究人员、皮肤病学研究人员、神经病学研究人员、妇产科医师、眼科医生、五官科医生、医学实验室技术专家、民航医务人员、护士。

IES：细菌学研究人员、生理学研究人员、化学研究人员、地质学研究人员、物理学研究人员、纺织技术专家、医院药剂师、工业药剂师、零售药商。

IEC：档案保管员、保险统计员。

ICR：质量检验技术员、地质学技师、工程师、法官、图书馆技术辅导员、计算机操作员、医院听诊员、家禽检查员。

IRA：地理学研究人员、地质学研究人员、水文学研究人员、矿物学研究人员、古生物学研究人员、石油地质学研究人员、地震学研究人员、声学物理学研究人员、原子和分子物理学研究人员、电学和磁学物理学研究人员、气象学研究人员、设计查对员、人口统计学者、数理统计学者、外科医生、城市规划研究人员、气象员。

IRS：流体物理学研究人员、物理海洋学研究人员、等离子体物理学研究人员、农业科学研究人员、动物科学研究人员、食品科学研究人员、园艺学研究人员、植物科学研究人员、细菌学研究人员、解剖学研究人员、动物病理学研究人员、作物病理学研究人员、药物学研究人员、生物化学研究人员、生物物理学研究人员、细胞生物学研究人员、临床化学研究人员、遗传学研究人员、分子生物学研究人员、质量控制工程师、地理学研究人员、兽医、放射性治疗技师。

IRE：化验员、化学工程师、纺织工程师、食品技师、渔业技术专家、材料和测试工程师、电气工程师、土木工程师、航空工程师、行政官员、冶金专家、原子核工程师、陶瓷工程师、地质工程师、电力工程师、口腔科医生、牙科医生。

IRC：飞机领航员、飞行员、物理实验室技师、文献检查员、农业技术专家、动植物技术专家、生物技师、油管检查员、工商业规划者、矿藏安全检查员、纺织品检验员、照相机修理者、工程技术员、计算机程序编制者、工具设计者、仪器维修工。

三、C型主导

CRI：会计、计时员、铸造机操作者、打字员、按键操作工、复印机操作工。

CRS：仓库保管员、档案管理员、缝纫工、讲解员、收款员。

CRE：标价员、实验室工作者、广告管理员、自动打字机操作员、电动机装配工、缝纫机操作工。

CIS：记账员、顾客服务员、报刊发行员、土地测量员、保险公司职员、会计师、估价员、邮政检查员、外贸检查员。

CIE：打字员、统计员、支票记录员、订货员、校对员、办公室工作人员。

CIR：校对员、工程职员、海底电报员、检修计划员、发报员。

CSE：接待员、通讯员、电话接线员、卖票员、旅馆服务员、私人职员、商业学校驾驶、旅游办事员。

CSR：货运代理商、铁路职员、交通检查员、办公室通信员。

CSI：出纳员、银行财务职员、记账员。

CSA：秘书、图书管理员、办公室办事员。

CER：邮递员、数据处理员、航空邮件检查员。

CEI：推销员、经济分析家、股票经纪人、市场调查员。

CES：银行会计、记账员、法院秘书、速记员、法院报告人。

四、E 型主导

ECI：银行管理工作人员、审计员、信用管理员、地产管理员、商业管理员。

ECS：信用办事员、保险商、各类进货员、海关服务经理、零售商、购买员、会计。

ERI：建筑物管理员、工业工程师、农场管理员、护士长、农社经理。

ERS：仓库管理员、房屋管理员、货栈监督管理员。

ERC：邮政管理人员、渔船船长、机械操作领班、木工领班、瓦工领班、驾驶员领班。

EIR：技术市场管理员、信息咨询员、期刊等出版物编辑人员。

EIC：专利代理人、运输服务检查员、安全检查员。

EIS：警官、侦察工作人员、交通检验员、安全咨询员、合同管理者、商人。

EAS：法官、律师、公证人。

EAR：展览室管理员、舞台管理员、播音员、驯兽员。

ESC：理发师、裁判员、政府行政管理员、财政管理员、工程管理员、职业健康指导者、售货员、商业经理、办公室主任、人事负责人、调度者。

ESR：家具售货员、书店售货员、公共汽车的驾驶员、日用品售货员、护士长、自然科学和工程的行政领导。

ESI：博物馆管理员、图书馆管理员、古迹管理员、饮食业经理、地区安全服务管理员、技术服务咨询者、超级市场管理员、零售商品店售货员、批发商、出租汽车服务站经理。

ESA：博物馆管理人员、报刊管理员、音乐器材售货员、广告商、卖画商、导游、（轮船或班机上的）事务长、飞机上的服务员、船员、法官、律师。

五、A 型主导

ASE：戏剧导演、舞蹈教师、广告撰稿人、报刊专栏作者、记者、演员、英语教师、翻译。

ASI：音乐教师、器乐教师、美术教师、管弦乐指挥、合唱队指挥、演奏家、哲学家、作家、广告经理、时装模特。

AER：新闻摄影师、电视摄影师、艺术指导、录音指导、丑角、魔术师、木偶戏演员、骑士、跳水员。

AEI：音乐指挥、舞台指导、电影导演。

AES：流行歌手、舞蹈演员、电影导演、广播节目主持人、舞蹈教师、口技表演者、喜剧演员、模特儿。

AIS：画家、剧作家、编辑、评论家、时装艺术大师、家具设计师、包装设计师、布景设计师、服装设计师、新闻摄影师、演员、文学工作者。

AIE：花匠、皮衣设计师、工业产品设计师、剪影艺术家、复制雕刻品大师。

AIR：建筑师、画家、摄影师、绘图员、环境美化工、雕刻家、包装设计师、陶瓷设计师、绣花工、漫画家。

六、S 型主导

SEC：社会活动家、退伍军人服务官员、工商会事务代表、教育咨询者、宿舍管理员、旅馆经理、饮食服务管理员。

SER：体育教练、游泳指导。

SEI：大学校长、学院院长、医院行政管理员、行政管理人员、历史学家、家政经济学者、职业学校教师、资料员。

SEA：娱乐活动管理员、国外服务办事员、社会服务助理、一般咨询者、宗教教育工作者。

SCE：部长助理、福利机构职员、生产协调员、公共卫生管理人员、戏院经理、餐馆经理、售票员。

SRI：科医生助手、医院服务员。

SRE：体育教师、职业病治疗者、体育教练、专业运动员、房管员、儿童家庭教师、警察、引座员、传达员、保姆。

SRC：护理人员、医院勤杂工、理发师、学校儿童服务人员。

SIA：社会学者、心理咨询者、学校心理学者、政治科学家、大学或学院的教育学教师、大学农业教师、大学工程和建筑课程的教师、大学法律教师、大学数学、物理、医学、社会科学和生命科学的教师、研究生助教、成人教育教师。

SIE：营养学家、饮食学家、海关检查员、安全检查员、税务稽查员、校长。

SIC：描图员、兽医助手、诊所助理、体检检查员、监督缓刑犯的工作者、娱乐指导者、学生活动咨询人员、社会科学教师。

SIR：理疗员、救护队工作人员、手足病医生、职业病治疗助手。

SAC：理发师、指甲修剪师、包装艺术家、美容师、整容专家、发型设计师、房屋装饰人员。

SAE：听觉病治疗者、演讲矫正者、五官科医生。

SAI：图书馆管理员、小学教师、幼儿园教师、学龄前儿童教师、中学教师、教育学院的教师、盲人教师、智力障碍人的教师、聋哑人教师、牙科助理、警官、飞行指挥人员。

第三章 | 性格探索

【学习目标】

1. 了解性格的概念、特征、构成要素。
2. 了解性格探索的方法，性格探索的原理。
3. 学会利用 MBTI 指标探索性格。
4. 学习性格提升的方法，克服性格障碍和冲突。

【案例导入】

小 A 是某政法院校的应届毕业生，毕业后在某著名律所做非诉业务，他的专业能力过硬，但是工作却无法给他带来幸福感，因为他所接触的业务大都需要团队协作、沟通协商来共同完成。而小 A 的性格类型是 INFJ 型，他常痴迷于自己的观点，难以接受他人的观点，在团队合作中，他对于同事的看法十分敏感。面对性格与职业的冲突，小 A 应该辞职另谋出路还是调整自己的性格继续工作呢？

了解个人性格并探索与之匹配的职业类型，有助于法科生作出科学的职业生涯规划。本章主要介绍性格与性格探索的理论，我们要学会使用 MBTI（迈尔斯-布里格斯类型指标）工具来认识自己的性格，思考自己性格所适合的法律职业、个人性格优劣势和提升方法。

第一节　性格概述

一、性格的概念

从“认识你自己”到“性格是一种副产品，它产生于完成日常事务的过程之中”，再到各大社交论坛中关于“星座、血型和生肖等与性格关联”的讨论，人们对于性格的探索从未停止。我们常说的性格究竟是什么？人的性格又是如何形成的呢？

（一）性格的定义

“性格”一词有诸多英文表述，相近且易混淆的是“character”和“personality”。根据《牛津英语词典》（OED），“character”衍生于希腊语，意为“标记和雕刻工具、印记、印章、独特的标记、特质”，[1] 指一个人固有的、永久的内在本质，常与道德有关；而“personality”侧重于人们外在的、日常表现出来的性格。性格心理学认为，性格是指个人对客观现实稳定的态度和与之相适应的习惯化的行为方式，[2] 包括思想和行动两个方面，个体都具有一个支配性的特征，并因此而各具特色，通过一个人的言行举止、谈吐思想甚至是兴趣、笔迹可以推测出其性格倾向。

【课堂练习】

“别人眼中的我 vs. 我眼中的自己”

向小组的同学介绍一下自己（包括但不限于自己的姓名、

---

〔1〕 Joel J. Kupperman, *Character*, New York, Oxford University Press, 1991, p. 3.

〔2〕 通识教育规划教材编写组编：《大学生职业生涯规划：慕课版》，人民邮电出版社 2019 年版，第 44 页。

家乡、兴趣特长），并写下自己的座右铭与同学分享，小组同学根据其他同学的个人简介、座右铭、笔迹以及日常表现，推测该同学的性格特征。小组成员眼中的自己和自己眼中的自己相似度高吗？

（二）性格的特征

语言无法完全准确地定义性格，性格常具有以下特征：

1. 普遍性与独特性

从摇篮到坟墓，性格与生命同在，每个具备思考能力的个体都拥有性格，在一定历史背景下，性格受当时政治、经济、文化和社会环境的影响，具有一定的共性，开放包容的社会环境往往造就具有活力和创造力的个人，而规矩和保守的文化氛围之下，个体的性格通常倾向于按部就班和计划性。然而，性格又依附于个体得以呈现，其揭示了个人生活的特殊性，是使一个人区别于众人的品质的集合[1]。

2. 倾向性和整体性

性格揭示个体在思考和行为时的某一倾向和偏好，比如一些法科生在面对法律争议问题时倾向于激烈地争论和不停地提问，而另一部分学生则会选择沉思和独立分析，选择不同路径去思考和解决同样的问题，这就是性格倾向。性格具有倾向性并不意味着，对立的偏好就一无可取，即使是同一个体，在考量法律问题时，也会掺杂感性和理性的判断，只是两种模式运用的比重不同，性格是各种偏好因素的综合和平衡。

3. 解释性和实践性

性格是描述个人行事风格和思考方式的工具之一，在职业生涯规划中性格具有解释性的特点，切忌作为自己逃避责任、

---

〔1〕 Joel J. Kupperman, *Character*, New York, Oxford University Press, 1991, p. 5.

行事跋扈等不端行为和习惯的借口；性格是借由人的言谈举止得以外化的，实践是观察和检验性格的重要方式，同时实践中面临的客观情况需要判断、分析和决策，个体在适应环境中所积累的经验也会影响自身的性格。

4. 稳定性和可塑性

性格一经形成就相对稳定，一个判断型（J）的法科生，在绝大多数情况下会倾向于井井有条的工作和生活方式，而感知型（P）的法科生，更偏好灵活、具有挑战性的工作和生活；然而，性格并非一成不变，生活环境和人际交往会引起性格的后天改变，法学院校学术氛围浓厚，法学类讲座和活动丰富，交流、辩论机会多，即使是一些原本内向的法科生，在上述环境的影响下，也能变得更善于表达和沟通。

二、性格的构成要素和形成

（一）性格的构成要素

1. 性情

“性情”一词一般用来表示原始构成的特性。[1] 个体的性情并非生来就完全成形，它的生成需要一个过程，在环境和其他事物的带动下，模糊、弱小的倾向逐渐清晰和强大，通过表现而得以加强。拥有均衡性格的法科生，性格多表现为快乐与平和，其行为和心态常规而和缓，而某种倾向过于强势，便会呈现出胆怯、野心、秩序感和好交际等特质。

2. 气质

“气质”是身体对精神生活所有化学影响的结果，个体思维和行为最重要的气质区分是内向型气质和外向型气质，人们总能在特别内向和特别外向的区间内，找到自己的气质定位。同

---

〔1〕［美］威廉·麦独孤著，肖剑译：《性格的力量》，中国友谊出版公司 2019 年版，第 19 页。

样的情境下，偏外向的法科生情绪变化明显，交涉轻松，容易成为“与每个人都相处甚好的人”，他们善于行动，但可能缺乏思考、过于草率；而偏内向的法科生不轻易表达感情，所有的情绪反应都流向内心，容易成为“团队里存在感较低的沉默者”，他们善于思考，自知程度高，但可能会被过度的思考束缚手脚。

3. 脾气

脾气具有高度遗传的品质，后天的训练几乎无法改变，但可以通过自我注意和克制，更好地发挥这些特质。一个热情活泼的法科生，往往容易感受到职业和专业带来的快乐和痛苦，他们对事业充满热爱但可能不善于坚持；而一个脾气冷静的法科生，不容易受到上述影响，他们的思维和行动往往更为舒缓与平和。

（二）性格的形成

性格并非天生不变，是我们成长过程中逐渐获得的，性格的形成往往贯穿人们的一生，主要受遗传基因和环境条件的影响。尚在襁褓的婴儿性格可塑性就非常强，通过鼓励或者批评等微妙的情感反馈，他们的性格基础得以建立；随着私人接触的扩展以及自我意识的不断强化，人们开始形成对自己以及他人批判的态度，开始接触公正、善良、耐心等道德品质，并逐渐形成对他们的支持或反对的态度。

法学专业有这样两名同学：A 同学父母对他悉心照顾，采取鼓励教育，支持其兴趣爱好，了解并关心他的需求，尊重他的意见，家庭氛围是协商、和睦、充满亲情的，A 同学耳濡目染，长大后也具备了豁达、尊重、进取和关爱、沟通的特质；B 同学父母过于干涉其生活，挑剔他做的每一件事，该同学长期处于一种迷茫的状态，不知道怎么做才能让父母满意，长此以往，B 同学在重大抉择面前焦虑、犹豫，没有办法独立作出判断。

以上案例说明了家庭环境对人性格的作用非常明显，除此之外，人际环境、社会形势以及重大突发事件都会或多或少地影响、改变人的性格。

三、性格与职业的关系

（一）性格影响职业选择

个体的性格偏好往往影响个体职业决策和职业体验。个体在了解自己性格特质后，选择与之吻合的职业类型和工作方式，个体才能会得到充分发挥，工作效率提高，比较容易取得事业上成功，在工作中也容易获得乐趣和满足感；反之，当自己的性格与职业选择冲突对立时，才能可能会被浪费，无法从工作中获得乐趣和满足感，需要付出更大的努力才能获得事业上的成功和自我认同。

（二）职场可能改变性格

性格与职业并非一一对应，百分之百的匹配十分罕见，了解自己的性格和理想职业的偏差，可以有意识地、有针对性地修正和提升，使两者更加匹配；另外，人和环境互相影响，进入职场后，职场环境、人际关系以及工作方式都会潜移默化地作用于个体，使个体习惯于一定的生活方式，进而在一定程度上改变性格。

【案例分享】

「性格内向不容易成功吗?」

某政法院校的法科生小李性格较为内向，各种班级聚会、部门聚餐、竞选活动常常让她感到手足无措，她害怕自己的言行无法令周边的人满意，这种想法也加剧了她与人沟通时的紧张感，虽然渴望被认可，希望能努力争取机会，但她总是迈不出那一步，久而久之，她便产生了这样的想法：我这种性格似乎很难取得成就。

在各大社交平台的提问栏目下，也常涌现出这样的问题："我的孩子十分内向，不爱与人交流，要怎么改变他内向的性格?""我是一个不善言语的学生，遇到了XX情况，该怎么转变自己的性格，做到XX?""我的同事善于社交、为人处世圆滑，深受老板喜欢，相比之下，我内向的性格无法引起老板的注意……"性格内向似乎成为一种阻碍成功的缺点和劣势，真的如此吗?

【案例点评】

性格的内向和外向并无高下之分，社交活动和人际交往是外向的人获得能量的重要方式，而内向的人往往通过独处、自省来给自身充电，因此性格外向的人更容易适应新的环境，与周围的同事、同学打成一片，但这并不意味着内向的人畏畏缩缩，无法与人沟通并维持良好的人际关系，只是内向这一特质会将这一过程放慢。性格的内向和外向是个体认识外部世界和外部世界交换信息的不同方式，并不与成功直接挂钩，影响成功的因素还包括自身的能力以及外部机遇等。现实生活中获得成功的内向人物不计其数，爱因斯坦、比尔·盖茨、周星驰都是内倾型的人，却也都在各自的领域取得了难以复制的成功。

第二节　性格探索概述

一、性格探索的基本方法

性格作为观测对象，探索性格的方法可以总结为两类：一是性格类型观察法，二是性格特质研究法。

（一）性格类型观察法

性格类型观察法认为个体性格差异虽然存在，但这些性格差异并非杂乱无章，可以按照不同的标准对相近和相反的性格予以类型化。性格类型学者（比如康诺奇玛和尤库）致力于发现和发明一定原理组成的性格类型，分析和整合不同性格类型的特点和本质，使其通俗易懂。性格类型观察可以直观地反映个体的性格特征，已成为大学生职业生涯规划教材和书籍的主流观察测评方法。但是过度关注性格类型，往往忽略中间型和流动型性格，在既定的划分标准之下，也会忽略其他的性格特质。

（二）性格特质研究法

与性格类型观察法不同，性格特质研究法准确地描述了个体行为的各种特征。该研究方法认为个体交互性、主导性等各种特征并非本质问题，只是程度的区别，通过性格测试和行为观察，可以估计每个人所具有的特定性格特质的程度，其结果可以反映出个体性格的大致轮廓以及不同个体间的性格差异。比如 A 同学比 B 同学更谨慎、负责，但他不擅长社交。

二、性格类型观察法的原理

从实际应用的角度来看，我们必须对每一个所要教育、咨询或了解的个体进行全面分析，这种关于个体独特性的观点的价值才能有所体现。[1] 性格类型观察法能够帮助我们探索自身的性格特质，了解个体之间的性格差异，也会启示我们如何与不同性格的个体进行有效沟通。该理论认为，个体差异并非偶然，是既定条件下的必然结果，是个体内部心理功能差异的外在表现。

内部心理功能差异源于个体对其大脑使用偏好不同，具体而言是大脑感知和判断方式的个体性。“感知”就是我们对客观

---

〔1〕［美］伊莎贝尔·迈尔斯、彼得·迈尔斯著，闫冠男译：《天生不同：人格类型识别和潜能开发》，人民邮电出版社 2016 年版，第 23 页。

事实的认知方式，而“判断”则是基于前一认知而进行的决断、应付，这两种心理功能是我们言谈举止、为人处世的基础，心理功能的不同倾向组合造就了个体的性格特质。

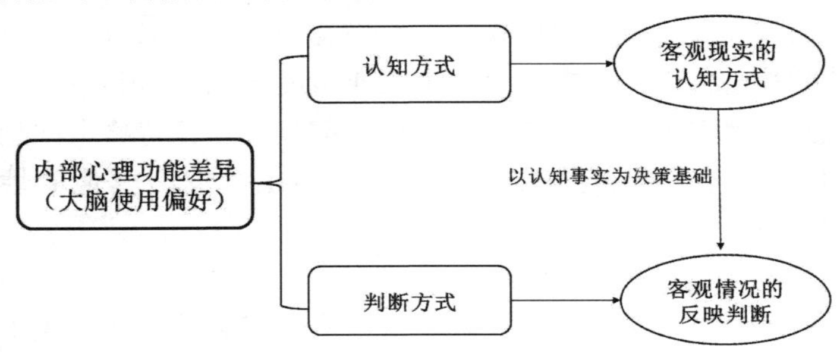

图 3-1　性格类型观察法的基本原理

三、性格类型观察工具

（一）MBTI 类型指标

MBTI 的全称为 Myers - Briggs Type Indicator（迈尔斯-布里格斯类型指标），由美国凯瑟琳·布里格思（Katherine Briggs）和伊莎贝尔·布里格斯·迈尔斯（Isabel Briggs Myers）在瑞士心理学家卡尔·荣格的性格类型理论的基础上发展而成。MBTI 一直是心理学领域范本式的测评工具，现在已经被广泛应用于职业指引和教育、企业工作分配和心理咨询，也是大学生职业生涯规划教材中性格测评的主流工具。

MBTI 对受测者的四个维度进行测量，这四个维度是个体与外界互动的方式（外向/内向），个体获取信息的方式（感觉/直觉），个体处理信息和决策方式（思维/情感），个体时间安排和生活方式（判断/感知）。受测者在每个维度都有一个性格偏好，通过偏好之间的相互组合，描述 16 种独特的人格类型。通俗来讲：MBTI 工具的主要目的是确定四个基本偏好，E-I、S-N、T-F 和 J-P 四个维度旨在标明偏好方向，通过不同偏好的排列组合来建构、解释 16 种不同的性格类型。

（二）九型人格理论

九型人格理论俗称“九柱图”，距今已有两千五百多年的历史，国内目前已经将其运用于企业管理、教育和公共管理、职业规划、心理咨询以及精神治疗等领域。九型人格立足于个体的核心价值追求和注意力焦点的不同，将人分为九种类型：完美型、助人型、成就型、自我型、理智型、疑惑型、活跃型、领袖型、平和型。〔1〕九型人格可以揭示个体的价值观、情感观念、认知方式和性格优劣，是认识自我和理解他人的有效工具。

九型人格有两个关注点：一是其透过行为发掘人的动机，这种性格特质的探索更为深刻和科学；二是其鼓励自我性格的提升和优化，特别是重视人个性的发展和情商的提升。

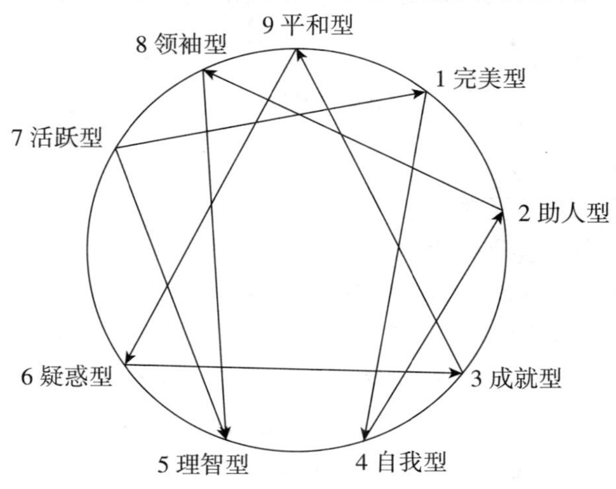

图 3-2 九型人格图

〔1〕 裴宇晶、邹家峰：《九型人格与职业生涯规划》，北京大学出版社 2013 年版，第 4 页。

(三) 性格色彩学

性格色彩学(Four-colors Personality Analysis),源于希波克拉底的“四体液理论”,该理论认为个体间体液(血液、黏液、黄胆、黑胆)之间的不同比例引起了个体的性格特质和气质表现。[1] 哈特迈博士在此基础上将具体的颜色与性格特质相结合,他以红色代表领导力强、自信果敢的性格偏好,以蓝色代表真实忠诚、追求公平和完美的性格偏好,以黄色代表社交能力强、灵活机动的性格偏好,以绿色代表平静善良、热爱自然的平稳性格特点。

性格色彩学目前已具备系统的性格分析思路,在我国,经过心理学专家的努力,已成为一套实用的测评工具和学科,为人们洞察自己复杂的性格和管理组织团队提供了有益的指引。

【课堂练习】

“我的性格色彩”

对照性格色彩学对性格和色彩的匹配,想一想:你的性格色彩是什么?这是你喜欢的颜色吗?

四、性格类型探索的意义

(一) 有助于优化自身的性格特质

利用性格类型观察法进行自我评估,可以加深自我认知,了解自己性格特质的优劣势,扬长避短,优化个人性格。比如说,某法科生的认知和行事风格偏理性、冷峻,他的目标职业是律师,那么理性、果敢的行事风格是有利于树立其职业形象的,但是过于冷峻的处事风格却容易被客户误解为冷漠、距离感、歧视以及不尊重,该同学在工作时就要注意避免这种误解

---

〔1〕 具体而言,乐观易动特质的人属于“多血质”,领导能力强的人属于“胆汁质”,计划性强、善解人意的人属于“抑郁质”,服从领导的人属于“黏液质”。

的发生。

（二）有助于探索适合的职业领域

回想自己之前的经历，一定遇到过态度友善热情的服务员、为学生成绩提升而自豪的老师等快乐满足的工作者，也有脾气暴躁的司机和愁眉苦脸的“加班族”等情绪不佳的工作者。同一种工作会给不同性格类型的人带来不同的体验，同一个人也会对不同类型的工作表现出不同的活力和效率，这涉及性格偏好与工作方式的匹配度问题。根据自己的性格偏好，选择适宜的工作方式，会让我们充满动力和活力，有助于提升职业幸福感。

（三）有助于更有效地处理职场人际关系

性格类型观察法不仅可以探索自己的性格特质，还可以帮助我们更好地认识、理解别人。在律所团队合作中，有的同事对于团队任务热情积极，主动联络其他同事、组织会议、交流想法，他可能并不是想去突出自己，只是外倾型的性格；有的同事则是冷静三思，先独立思考，不急于下结论，他也并非冷漠、没有团队意识，可能只是内倾型性格。了解了这些性格特质后，可以积极地与外倾型同事讨论、交换观点，而留给内倾型同事一点独立的空间。

（四）有助于作出科学的职业生涯规划

职业选择是双向的，求职者有选择职业类型的权利，用人单位也有择优录取的自由。每种职业都有所需要的性格类型，求职大学生可以根据理想职业的需求，优化自己的性格，作出科学的职业生涯规划。特别是法律职业，长期以法律知识为工作基础，法条的立、改、废、释十分频繁，就有必要时刻关注这些立法动向，保持终身学习的态度，定期重新自我评估，及时调整具体的职业规划内容。

【案例分享】

「小王的困惑」

某政法院校的法科生小王临近毕业，产生了一些择业困惑：他的父母都是公职人员，也希望自己今后从事体制内的工作，倘若自己考取了公职，全家人都为此感到快乐，自己也应该会很满意；另一方面，小王发现父母的工作虽然较为安稳，但是缺乏一定的自由性，工作内容也较为单一。小王现在纠结于：是顺应父母的意愿去尝试体制内的工作，还是去尝试自己喜欢的富有创意、灵活开放的工作呢？

【案例点评】

小王的择业困惑在于：是选择符合自己性格的职业还是尝试父母的建议。首先，父母工作和社会经验丰富，他们的建议具有一定的参考性，但是职业选择是自我导向的，后果都是自己承受的，因此需要我们自己独立地思考、判断和决策；其次，性格与职业的关系是辩证的，当职业特点与自己性格发生不匹配甚至冲突时，个体的工作效率、工作幸福感就会下降，这种影响甚至可能延伸至个人生活领域，但是这种关系并非固化的，个体可以根据职业特点来优化自己的性格，从而提升性格与职业的匹配度。小王可以在进行性格测评后，根据自己的性格特点，选择相应的职业并优化自己的性格，提高两者的匹配度。

第三节　基于 MBTI 的性格探索

一、MBTI 的由来

（一）荣格性格类型理论

荣格是心理学家中较早从人格视角去思考个体差异问题的

学者，他对人格类型和心理的研究对心理学发展有着很大影响。他将人们在日常生活中的心理活动分为两种类型：接收、认识新的信息（他称之为“感知”），以及对信息进行分析并做出决策（他没有对此命名）。

（二）布里格思和迈尔斯的拓展

为了进一步的普适性研究，来自美国凯瑟琳·布里格思（Katherine Briggs）和伊莎贝尔·布里格斯·迈尔斯（Isabel Briggs Myers）在理论基础上对荣格的性格类型理论进行了优化和改良，并添加了一对变量（J/P），构建了具有四对变量的MBTI测试工具。在测试和开发MBTI测试工具的过程中，迈尔斯还致力于推广这一套测试工具，使它以一种简单的方式进入大众的视野。

二、MBTI的基本观察维度

根据荣格的性格类型理论，面对自己周围的世界如何选择与应对，可以划分为四个维度，个体选择什么样的道路、进行发展，取决于性格维度上的偏好，这些与生俱来的偏好影响甚至决定了他们在人生路口的每一次抉择。在每组性格维度中，我们天生就偏好其中一种方向，在这四个维度中，通过简单的选择和排列组合，可以得出一组由4个英文字母表示的性格倾向组合，即有16种性格类型。具体而言，四个性格的维度包括：

E/I（外向/内向）：表现为外在世界或内心世界主导个体对事物的认知和判断。

S/N（感觉/直觉）：表现为个人感知和获取信息时，比较偏好哪一种知觉形态。

T/F（思维/情感）：表现为个人需要做决定和决策时，使用哪种决策的风格。

J/P（判断/感知）：表现为个人会用判断还是感知的态度来处理事务。

（一）外向型和内向型（E/I）

外向型和内向型的性格维度描述个体对外的互动方式和态度的差异。外向型的人比较关注外部世界，并积极与外部世界互动；内向型的人性格内敛，比较关注自己的内心世界。外向型和内向型这两种性格的特征可以通过下表描述：

表 3-1　外向型与内向型的性格特征

外向型（E）	内向型（I）
·喜欢人际交往，能够从人际交往中获得喜悦和能量 ·能够将注意力集中在外部环境和与外部的互动中，并通过交流和行动来获取和处理外界信息 ·难以长时间专注于一件事，更喜欢与他人合作分享完成任务 ·乐于分享信息和与别人互动 ·善于表达自己，并可以让自己容易被人理解 ·容易冲动，容易后悔，容易受他人影响，会直接地表达想法	·喜欢安静，喜欢自己思考，享受独处的时光 ·沉浸于自我内心世界，通过思考与自省消化外部信息 ·更喜欢安静地工作，能够长时间专注于一件事，不喜欢受到外界环境的打扰 ·不太擅长与别人互动，展开互动时会谨慎选择互动的对象 ·在社交场合感到别扭，不太擅长表达 ·不喜欢别人打扰，先思考再表达

根据荣格的定义和解释，内向和外向是两种互补的处世态度。内向的人对来自内心世界的抽象概念和想法更感兴趣，而外向的人对外部世界的各种人和事物更感兴趣。当内向和外向的人们按照自己的偏好去感知和判断事物时，会表现出明显的差异：内向者侧重于跟随自己的内心世界，从多个角度进行识别和判断，而外向者则根据其对外部环境的感知来判断和行动。

内向型和外向型的个体也并不是完全局限在单一的内心世界或外在世界。当一个人表现为一个维度的倾向时，并不意味着他在所有时候都是这个倾向，只是表现为这是他处理大部分事情的主要的态度：对于一个内向型的个体，他更善于思考头脑中的抽象问题，但也会在必要时处理外界的事情；一个外向型个体也可以处理和解决抽象思维问题，只是没有处理外界事情那么熟练而已。

【课堂练习】

「你如何帮助别人?」

你正在回寝室的路上，有一个同学问你校医院怎么走，你发现回寝室的路正好路过这个医院，此时，你会热心地给他带路还是只告诉他具体的路线，各自分开走?

（二）感觉型和直觉型（S/N）

感觉型和直觉型的性格维度描述了不同个体获取外界信息的方式的差异。感觉型的人通常在意事实和细节，比较现实；直觉型的人更倾向于抽象性的事务，并且可能兴趣想法繁多。

表 3–2 感觉型与直觉型的性格特征

感觉型（S）	直觉型（N）
· 喜欢实事求是，关注事实中的细节和信息 · 按照自己已经了解的事实来理解和应用这一事实 · 通过五官来感受世界，喜欢用已经有的技能来解决问题 · 做事比较谨慎、小心 · 按照计划做好工作，按部就班，十分耐心 · 不喜欢抽象的概念，更喜欢具体的事务，对抽象的工作有些束手无策 · 喜欢做重复的工作，不喜欢展望	· 倾向于探究事实背后的意义，并且关注事实背后的关联、可能性 · 热衷思考未来，思考这个事实带来的全局的变化 · 通过自身的感受来了解外界，喜欢学习新技能 · 凭借自身直觉与爱好做事，对事情的态度可能改变 · 喜欢产生和实践新的想法，不太注重细节，觉得繁琐 · 喜欢构思新的想法和理念，喜欢对事情有整体性的了解 · 喜欢提新的见解，创新机遇

感觉型的人倾向于通过五种方式即视觉、听觉、触觉、味觉和嗅觉来获取信息，他们更喜欢关注事实和特征；直觉型的人倾向于通过他们的直觉来获取信息，他们习惯于根据直觉收取的信息以进行自己的推理。

感觉型的个体喜欢发现确定的、可以被衡量的事情，他们会喜欢从头开始一步一步地工作，并且关注事实的细节，享受现实，能够更好地处理现实世界的问题，他们习惯于基于事实作出判断、推论和假设，在处理事情的时候，通常避免推理和猜测的过程，更喜欢直接接触事实；直觉型的人喜欢创新的挑战，在工作时可以跳过不必要的步骤，而不必按部就班地工作，他们相信未来的事件可以从现在的事实中感知和推断出来，并且热衷于外部挑战，在没有经验的情况下，他们通常根据自己的直觉工作，同时他们也不拘泥于过去，更关注未来，对未来的期待远远大于对现在的关心。

【课堂练习】

「面对未知，你会如何选择?」

你是一个律师团队的 leader，有两个业务可以做，但只能选其一：A 业务与既往业务内容相似，预计可以在合理的时间内以合格的标准完成工作；B 业务较为新奇，之前没有接触过，预计作出的方案可能会引起同行较大的关注，有可能成绩斐然，也有可能业绩变差，你会如何选择?

（三）思维型与情感型（T/F）

思维型和情感型的性格维度描述了个体决策方式的差别。思维型的人在决策和处理信息的过程中更倾向于通过逻辑分析和客观的考量，进行推断和决策；情感型的人会更多地考虑个人想法，关注事情对人的影响。

表 3-3　思维型和情感型的性格特征

思维型（T）	情感型（F）
·倾向于对外界的信息进行逻辑分析 ·客观地考虑和分析事情，并评估其对既有事实的影响和产生的结果 ·坚信自己的观点是正确的，可能不会考虑别人的意见 ·正义、固执、不喜欢折中 ·将工作和私人关系分割得十分清楚，不喜欢在工作中涉及个人问题 ·专注于工作，喜欢高效率地完成工作 ·工作中很少表现和表达情感，不希望工作中有人感情用事	·关注事情对人的影响 ·主观地考虑信息，评估事件涉及的人的行为，并思考以后的影响和变化 ·考虑别人的观点和意见，更偏向于折中的决策 ·宽容、温和、喜欢调解他人的矛盾 ·喜欢和同事进行交往，并常常通过下班后的休息时间参与和同事之间的聚会来增进了解 ·更倾向于共享信息和互助，喜欢和谐的工作氛围 ·享受和谐的工作氛围，享受其他同事的鼓励和赞美

思维型的个体通过理性的逻辑处理得出客观的结论，而情感型的个体更倾向于依靠自己的主观想法来评价事物。对于某一个具体的观点，思维型的个体会考虑观点的连贯性和逻辑性，而情感型的个体会通过判断其是否符合自己的价值观来确定是否支持这个观点。

当他们使用自己喜欢和熟悉的方法时，他们会感到快乐并且富有效率。通常思维型的个体会倾向于从局外人的角度来分析和看待问题，看问题的眼光会更加长远；而情感型的个体会把自己当成当事人，从当事人的角度来分析和解决问题，共情能力更强。

【课堂练习】

「班内投票选出一个优秀法科生，你会投给谁?」

竞选人A：兢兢业业的班干部，能够及时地完成各种各样的任务，乐于助人，任劳任怨，也是大家的开心果，大家有困难都喜欢找他出出主意。

竞选人B：班内学习最努力的人，早出晚归，在学习上不遗余力，大家在学习中遇到问题都喜欢向他请教。

（四）判断型与感知型（J/P）

判断型和感知型的性格维度描述了个体处理事务的差异。判断型的人通常会尽快地作出决定以完成一件事情，喜欢井然有序；而感知型的人更倾向于推迟决定，并且以随机应变的态度进行处理。

表3-4　判断型与感知型的性格特征

判断型（J）	感知型（P）
·有自己的计划，做事有条理，通常会有自己的计划表 ·喜欢决断，认为事情都是有正确和错误之分的 ·喜欢迅速做出决定并执行，反应迅速 ·喜欢事情按照计划进行，不喜欢计划外的变化，有变化时通常会感到不安 ·能够依据规章条例进行工作，且忍耐程度高 ·对外界环境的适应能力较差	·灵活并且随机应变，适应力强，更喜欢没有时间计划的约束 ·更倾向于收集信息，不喜欢做结论 ·喜欢观望，喜欢多线程地开启新任务 ·喜欢挑战，喜欢变化的事情，并且在面对变化时能够保持愉悦的心情 ·不喜欢条条框框，在严格的规章制度下会感到约束 ·能够很快地适应外界环境的改变

判断型的个体会依据足够的信息进行判断与决策，一旦做出决策便很难修改，他们会更喜欢能够得到明确结论的事物、清晰的界限和分类、有组织有计划的生活方式、按部就班的生活，害怕突如其来的变化和变动，当发现了事物的普遍规律时，他们乐于依照这个规律进行下一步的判断和行为；感知型的个体则不着急下结论，喜欢不断观望以收集信息及时调整决策，他们相信一切顺其自然不需要规划，会对日常生活中的小惊喜和变化乐在其中，从而保持一种灵活的生活方式。

判断型和感知型的个体在面对和接触外部世界的态度上会有所不同，但是这并不意味着判断型的人的辨别是非的能力就很强，也不代表着感知型的人就仅仅会感知而不会判断。

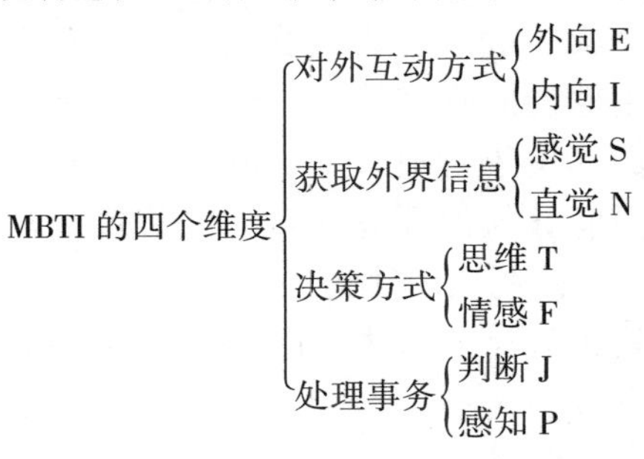

图 3-3　MBTI 观测四维度图示

【课堂练习】

「突发情况，你会如何抉择?」

后天要开始期末考试，你打算明天一天在图书馆复习备考，恰好好朋友来你的城市出差，后天离开，想约你明天一起吃个晚饭，你选择去还是不去?

三、MBTI 的 16 种性格类型

依据 MBTI 的理论，通过四个维度的性格区分，一共可以有 16 种性格类型，这 16 种性格类型都有由 4 个不同字母组合的名称，例如 INTP，ESFJ，ENFP 等。每个性格类型都会有特定的性格特点和偏好。

（一）ENFJ 型（洞察贡献型）

1. 性格特点

ENFJ 型的人的特点是外向，偏直觉。他们十分重视人际关系而且很自然地关心别人。除此之外，ENFJ 类型的人热爱生活，能够感觉到世界的美好，感到自己与整个世界是息息相关的。ENFJ 对他们感兴趣的一切非常忠诚。他们有活力和热情，但也有负责任、谨慎和坚韧的品格。他们很少公开批评他人。他们知道什么行为是他们应该做的，他们十分热情、有社交魅力。性格温和，胸襟开阔，非常温顺，促进周围人际关系的和谐。他们是一个天生的领导者，受欢迎且有魅力。他们善于交际，经常会使用他们的雄辩才能。他们做的每一件事都是直接和专注的。他们热衷于与他人交流和合作，并提供他们需要的帮助。他们希望能够与他人分享自己的价值观和感受。他们热爱理解和支持他人，聪明、热情、乐于给予和接受积极的反馈，并且真诚地热爱团队合作。对于 ENFJ 型人来说，沟通和协作是最自然的工作方式。

2. 需要注意

因为他们喜欢新的挑战，ENFJ 型的人有时会做出错误的假设或做出过于仓促的决定，如果有足够的信息再采取行动，许多错误是可以避免的；他们较为情绪化，以至于他们会忽略自己行为的真正后果。关注日常生活中的事实和人会帮助他们作出更理性的决定。

3. 职业策略

适合从事可以帮助别人在情感、智力和精神上成长的职业：艺术事业、教学事业、记者、市场专员、律师等。

（二）INFJ 型（感性愿景型）

1. 性格特点

INFJ 型的人对自己的想法和决定十分坚定，对现实世界的情况有深刻的认识和洞察力。由于他们重视和谐与团结，所以他们会尽量说服别人相信他们的观点是正确的，并希望别人同意他们的观点。他们会尽力维持人际关系并避免冲突。除此之外，他们非常情绪化和富有同情心，因此他们有强烈的愿望为大家做出贡献。他们十分关心他人的感受和利益，善于与情绪复杂的人打交道。INFJ 型人可能很敏感和紧张，但他们都尽可能地隐藏自己的情绪而不表露出来。他们愿意在小范围内分享深厚而持久的友谊，并在他们的社会环境中建立牢固的人际关系。

2. 需要注意

INFJ 型的人经常忽略日常生活和工作中需要注意的细节，在这种情况下，学习如何通过细节来发挥自己的主观能动性，将有助于他们在现实世界中的提升；因为 INFJ 型的人痴迷于自己的观点，他们往往很固执，不客观地倾听别人的意见，他们通常是完美主义者，所以他们对任何批评都过于敏感；尽管他们有坚强的意志，但他们很难应对冲突，而且困难越大，他们就越感到失望和绝望，INFJ 型的人需要更客观地看待自己和他们的工作。

3. 职业策略

适合从事能够促进他们情感、智力或者精神发展的职业：咨询服务（心理、个人、社会等）、教育事业、艺术事业、诉讼律师、法学学者等。

（三）ENFP 型（感性探索型）

1. 性格特点

ENFP 型的人热情并且十分有热情，而且富有想象力。他们通常认为生活是充满着很多可能性的。他们能够很快地找出时间和资料之间的关联性，并且信心满满地按照他们自己的思维方式去做。对于新想法他们有想象力且具有精力，具有很强的创造能力和解决问题的能力。在日常交往中，需要别人的肯定来获得鼓励和工作的动力，而且能够对别人进行赞美和支持。他们宽以待人并且相当细心，能够发现周围需要帮助的人，因此在人际关系中是十分具有同情心和受大家欢迎的类型。他们的临场应变能力和语言表达能力都很不错，喜欢结交和认识不同的人。

2. 需要注意

ENFP 型的人经常会产生新的想法，但很难在同一件事上专注，他们能看到事物之间的关联和众多的可能性，因此经常会苦于选择方向，难以下定决心作出决定，他们可能会进行多线程的同时工作，反而会出现所有的事情都没做好的情形；ENFP 型的人不喜欢独自工作，他们喜欢团体的工作，无论工作是什么，有人一起总好过一个人单独行动；他们不注重细节，不喜欢做计划或者提前进行筹备，因此有时候可能会不切实际。

3. 职业策略

适合从事能够让他们利用自己的创造和交流去帮助促进别人成长的职业：咨询服务（心理、个人、社会等）、教育事业、艺术事业、律师、法务等。

（四）INFP 型（洞察关顾型）

1. 性格特点

INFP 型的人思想开放、好奇、有洞察力，并且通常具有长期的目标。他们宽容并适应日常生活，但内心非常忠诚，对自己要求很高。他们同情、理解和关注他人的感受，避免在各种关系中发生冲突，不愿干涉和支配他人。INFP 型的人通常是安静和冷静的，因为他们很少表达自己的情绪。但与他们熟悉起来后，会感到他们的温暖。INFP 型的人很友好，但并不圆滑，并且尊重了解他们的人。在职场中，无论他们选择什么职业，都会加入他们自己独特的价值观。他们会全身心投入工作，如果事情与他们认为正确的事情发生冲突，他们会选择离开。

2. 需要注意

INFP 型的人有时候会局限在自己的想法里，从而可能忽视了其他人的观点，并且会很固执，当他们沉迷于自己的想法时，常常会对周围的客观事物没有兴趣并忽视他们，以至于不能很好地统筹全局；除此之外，他们在着手一件事时考虑得过长，对着手的事务投入太多感情，对别人的批评相当敏感；他们总是用不切实际的高标准来要求自己，这会导致他们感到自己是不胜任的，这不利于他们对自己能力的清晰地认识。

3. 职业策略

适合从事能够让他们利用自己的创造和集中于他们的价值观的职业：咨询服务（心理、个人、社会等）、写作事业、艺术事业、人力资源管理、公检法公职人员等。

（五）ENTJ 型（洞察果敢型）

1. 性格特点

ENTJ 型的人非常实际，擅长于逻辑和推理，并具有与生俱来的思维能力和长远规划。为了实现他们所想要达到的目标，他们可以直言不讳地提出问题和解决方案。他们往往不满足于现状，而是寻求更美好的未来。ENTJ 型的人喜欢解决复杂问题以获得成就感。重视逻辑，相信真理，通过自己验证的事实对他们更有说服力。他们渴望知识，喜欢研究感兴趣的问题。他们有责任心并愿意为与他们有关的工作承担责任。他们善于组织人，因为他们是有远见的、有趣的、天生的领导者，可以与他人分享他们的愿景。

2. 需要注意

ENTJ 型的人可能会粗心大意、直言不讳、缺乏耐心并且对他人的情况和需求不敏感，他们常常不会妥协，并且很难接近，他们应该听取周围人的意见，避免在做决定时显得独断；ENTJ型的人有时会做出仓促的决定，以快速实现他们的宏大目标，这种太过于注重行动的性格会让他们做出违背现实并且仓促的决定，他们应该不时放慢速度，仔细考虑情况后再作决定；他们对感情被忽视非常敏感，如果他们尊敬的人对他们的能力表示怀疑时，这种表现尤为强烈；他们会在一些小事上大发雷霆，很多时候会伤害与他们亲近的人。

3. 职业策略

适合从事能够让他们运用实际分析、战略计划和组织完成任务的职业：管理者、领导者、法官、律师、法学学者等。

（六）INTJ 型（逻辑愿景型）

1. 性格特点

INTJ 型的人是完美主义者，充满逻辑性、判断力和智慧。他们喜欢按照自己的方式做事。他们对异议持怀疑态度，行动果断，不服从权威。他们有很好的创造性思维和洞察力。他们擅长理论研究，能清楚地看到问题的利弊。他们时常能够自我激励，经常表现出富有活力。他们以结果为导向，对履行职责、完成工作有高度的责任感。他们必须高效、高质量地完成交付的工作，并对结果的质量提出很高的要求。当给定他们设计的计划和项目时，他们将难以置信的精力、专注和动力投入到他们感兴趣的领域。他们的大部分成功都是通过决心和坚持取得的。

2. 需要注意

INTJ 型的人追求高标准，他们有时会要求太多，对自己或周围的人期望太多；他们有时只关注自己，不了解自己的行为对他人的影响，而疏远或冒犯了周围的人；他们可能习惯于单独工作，独立思考，而忽视在日常工作中的合作，主动向他人寻求建议可以帮助他们及早发现不切实际的想法，或者对自己的计划进行必要的更正和改进。

3. 职业策略

适合从事能够让他们运用自己的智力和技术知识去构思、分析和完成任务的职业：科学或技术领域、计算机、法学学者等。

（七）ENTP 型（逻辑探索型）

1. 性格特点

ENTP 型的人热情、聪慧、健谈，会努力学习和工作以发展自己的才能和能力。他们很有动力和创造力，会努力实现自己的理想。他们好奇、多才多艺、适应性强、知识渊博，并且非常擅长处理难题。洞察力强，能观察和解决问题，能很好地看待别人。他们富有创造力，经常使用不同的方法来解决同一个问题。此外，他们不愿意墨守成规，他们认为大多数规则和规定都是灵活的。他们喜欢自由的生活。他们在人际关系中非常幽默和乐观，是一个有吸引力和鼓舞人心的合作伙伴，他的热情常常能给别人留下深刻的印象。

2. 需要注意

ENTP 型的人富有创造力并专注于创新，但有时他们会忽略非常简单和标准的方法，他们对传统规则的蔑视使他们难以关注到重要的细节；他们的热情驱使他们寻找新事物，因此有时他们可能无法完全完成一件事情；他们十分坦诚且直率公平，但有时批评别人时却过于直率，在这种情况下，即使不同意，他们也需要看到别人想法的有效性和重要性；他们应该把更多的时间花在现实世界中发生的事情上，并且仔细倾听别人的感受，这样才不会显得傲慢和无礼。

3. 职业策略

适合从事能够有机会不断迎接新的挑战的职业：科学领域、

管理事业、技术领域、艺术事业、电视广播主持人、律师、法务团队领导者等。

（八）INTP 型（洞察分析型）

1. 性格特点

INTP 型的人善于处理概念性的问题。他们安静、聪明、有逻辑。他们总是持有怀疑态度，并且喜欢有逻辑、有目的的谈话，并且信服于逻辑推理之后的事实。他们喜欢以复杂的方式思考，擅长处理概念和想法。逻辑分析是他们的天性，在生活中的任何时候总是不自觉地使用，这为他们提供了一种决策方式，并使他们能够随时随地调整自己的行为以适应周围环境。对他们来说，逻辑分析是理解世界和作出决定的内在指南。

2. 需要注意

INTP 型的人可能过于专注于自己的逻辑，以至于忽略了他人的感受；在日常生活中，他们善于发现想法中的缺陷，但计划中某个部分的小缺陷往往会拖累整个计划；他们有一点完美主义，不会容忍任何一点不合他们逻辑的东西，当他们在人际交往中利用自己的逻辑思维对周围的人进行批判时，常常会因为过于坦率而伤害别人的感情。

3. 职业策略

适合从事能够让他们基于自己的专业技术知识来分析，解决问题的职业：科学领域、技术领域（软件设计师）、法学学者、律师、公检法机关公职人员等。

（九）ESTJ 型（务实果敢型）

1. 性格特点

ESTJ 型的人通常根据自己的经历和经验对事件作出自己的判断。他们逻辑性强，分析能力强，推理能力强。事实上，他们重视逻辑，是十分务实的人。他们对现实世界里的事物比对抽象的想法和理论更感兴趣。在日常生活中，他们很有原则，在与人打交道时看起来很传统，喜欢保持自己的习惯。在职场中，他们善于发现事物之间的因果关系或联系，并用他们自己的逻辑来指导，从而分析得出结论，并立刻采取最佳方案。

2. 需要注意

ESTJ 型的人常常会在与他人的交往中把自己的标准加给别人，这可能会显得有些独裁；他们有时候会对周围的人很冷淡而且漠不关心，因此他们需要更加留心和尊重自己和别人的情感；ESTJ 型的人往往不能对别人的贡献表示赞赏和肯定；同时，由于对自己的计划很投入，他们常常不能关注到别人的意见，这会导致他们信息收集得不够多，容易刚愎自用，可以在交谈中主动询问和关注一下别人的意见和建议。

3. 职业策略

适合从事能够让他们运用对事实的逻辑分析完成任务的职业：管理者、行政管理者、执法者、律师、法务等。

（十）ISTJ 型（逻辑缜密型）

1. 性格特点

ISTJ 型的人值得信赖而且信守诺言，十分可靠而且有责任感。他们非常现实和细心，无论做什么都能认真而有条理的完成。只要他们有了经过深思熟虑后的想法，而且认为这是他们应做的事，他们就会勇往直前，无所畏惧。他们谨慎而传统，喜欢事情被清楚地安排好。他们注重并运用逻辑客观地分析，他们能够有条理、系统化地按时完成工作。他们能够完成需要耐心的工作，并且不会对此抱怨。他们以做事有秩序和有条理为乐趣，十分忠诚和传统。

2. 需要注意

ISTJ 型的人常常会迷失在一件工作的细节和日常操作中，一旦沉浸进去，他们就会变得顽固并对其他的观点置之不理，他们有时候会比较我行我素，在社交中可能会被认为是冷酷而难以接近的，他们应该把对别人的欣赏表达出来，而不是留在心里；在处理事情上，有时候他们强求别人按他们的方法做，甚至会阻碍有些人运用更有创造性、新颖的方法，这样会让他们感到不安，他们应该学着提高自己的容忍力，从而甄别出最有效的处理事情的方法。

3. 职业策略

适合从事能够让他们利用自己的经验和对细节的注意完成任务的职业：管理者、行政管理者、执法者、会计、公检法机关公职人员等。

（十一）ESFJ 型（务实奉献型）

1. 性格特点

ESFJ 型的人非常受欢迎而且温和，容易快乐，善于交际。通常需要和睦的人际关系，也会为获得并维持这种和睦而努力奋斗。在交往中，ESFJ 型的人喜欢为他人提供实际的帮助，他们责任心强，待人友好并且有同情心。他们为人处世都很实际而且十分富有条理。他们希望别人和他们一样，都能记住重要的事实。他们的计划和想法都是基于自己或他们信任的人的经验。他们都是谨慎而传统的人，能够在细微的事情上保持谨慎和忠诚。他们能够注意到其他人在日常生活中的小的需求并满足他们，同时也希望别人赞扬他们所做出的贡献。

2. 需要注意

ESFJ 型的人高度重视和睦的人际关系，因此在遇到矛盾时，可能会采取回避的方式来冷处理；他们十分重视别人的评价，会因别人的评价而产生巨大的情绪波动，他们需要更加直截了当地面对矛盾和困难，勇敢地面对别人对自己的看法和评价；他们有时会无原则地帮助别人，不惜损害自己的切身利益，常常难以拒绝别人的请求，因此应该学会适当地拒绝别人的方法；除此之外，他们不愿意寻找解决问题的新方法，表现得有些不会变通，这时他们应该采取更包容的态度来尝试着解决问题。

3. 职业策略

适合从事能够让他们运用个人关怀为他人提供服务的职业：教育从业者、健康护理从业者（生理和心理）、调解员等。

（十二）ISFJ 型（感性缜密型）

1. 性格特点

ISFJ 型的人有责任感，而且在人际关系中希望被人所依赖。他们在处理事情的过程中，对细节有很强的记忆力，而且十分有耐心。他们十分谦虚，认真而且努力。他们很有绅士风度，有同情心，能够在日常的交往中支持朋友和同事。他们喜欢关心他人并提供实际的帮助。他们在交谈时很热情，能够善待任何需要帮助的人，具有奉献精神，十分有使命感。工作中，他们在付诸行动前总是希望考虑到每个细节和事实，需要对手头所有的信息有充分理解和重新组织的过程，追求精确和条理性。

2. 需要注意

ISFJ 型的人活得过于现实，遇到问题时很难看到事情的全貌；由于责任感很强，他们会为了自己及所负责的人和事，将自己埋没于日常的、枯燥乏味、没完没了的工作之中；除此之外，做事的时候事无巨细，很容易造成身体的疲劳。他们应该学会主动诉说，需要让别人知道他们的需求和想法，他们也需要找到适合自己的放松和娱乐的途径。

3. 职业策略

适合从事能够让他们利用自己的经验亲力亲为帮助别人的职业：教育从业者、健康护理从业者（生理和心理）、调解员、仲裁员等。

（十三）ESTP 型（逻辑探索型）

1. 性格特点

ESTP 型的人活跃，十分乐观，天真而且率直，他们不愿意为将来制定计划，而只愿意享受今天，享受现在。他们更重视行动而不是言语，往往可以很成功地解决问题。在解决问题的过程中，他们能够快速找到合乎逻辑的、理智的办法，不会浪费不必要的能量和努力。他们专注于“此时此地”，喜欢和别人主动交往。在工作中，他们通常能够高效地、创造性地解决问题，他们总会以充满创造力的方式发挥自己的实干精神，圆满地完成任务。每当有问题或危机需要解决时，他们通常会沉浸其中，充满活力。

2. 需要注意

ESTP 型的人喜欢随遇而安，得过且过，因此总是会缺少计划，这会让他们错过很多机会；ESTP 型的人往往会忽视他人的情感，使他们自己变得迟钝；他们的炫耀有时会被视为粗鲁并可能伤害到那些亲近的人，他们应该敏锐地观察周围人群的反应，才能更有影响力；除此之外，他们需要掌握时间观念和长远规划的技巧，以帮助他们准备并完成他们未来的责任。

3. 职业策略

适合从事能够让他们利用行动关注必要细节的职业：市场、熟练工种、商业、执法者、应用技术、诉讼律师等。

（十四）ISTP 型（务实分析型）

1. 性格特点

ISTP 型的人是行动派，他们十分善于分析，而且对技术型的工作很擅长，喜欢研究事物的原理。他们富有洞察力并且有着很强的好奇心，能够对未知的事情进行探索，并且只相信可信的事实。他们注重事件的转移后果，总是希望能理性地把事实组织起来。在人际交往中，ISTP 型的人往往会比较沉默，他们十分独立自主。在工作中，他们更喜欢亲自动手的工作。同时，他们善于即兴发挥，喜欢从事冒险的工作。

2. 需要注意

ISTP 型的人十分独立，不愿意把具体情况告诉周围的人，因此周围的人可能对他的经历一无所知，他们觉得向别人展示或者分享自己的情感是不必要的，但日常生活中，还是需要有些朋友对自己的情况有了解；他们非常实际，经常能在各种事情上找到节省力气的方法，这使得他们的工作可能会有些偷工减料；除此之外，他们还比较喜欢冒险，这可能使他们变得鲁莽。

3. 职业策略

适合从事能够让他们动手操作，分析数据或事件的职业：技术领域、熟练工种、农业、执法者、军人等。

（十五）ESFP 型（感性反应型）

1. 性格特点

ESFP 型的人外向、友善、温和、包容、喜欢物质享受。他们适应性很强，热情而且有时候表现欲很强，能够带动周围的氛围。在工作上，他们通常喜欢和大家一起共事。能够注重细节，他们喜欢能看得到摸得到的事实。他们十分具有同情心，并且天生就受人欢迎。他们通常善于让别人接受自己的建议，并且在调解矛盾方面也有独特的天赋。他们喜欢寻求他人的陪伴，是很好的倾听者，并且愿意以实际的方式帮助他人。他们在社交中很有魅力，喜欢意料之外的事情并且经常给他人带来快乐和惊喜。

2. 需要注意

ESFP 型的人喜欢享受生活，因此在其他方面或许不能尽职尽责；他们喜欢交朋友，喜欢娱乐，这可能让他们容易经历诱惑并且耽误自己的正事，他们应该在工作和娱乐中寻求自己的平衡，控制自己的时间；他们常常会做出不考虑后果的决定，更喜欢相信自己的判断，但有时更需要了解一下客观的事实。

3. 职业策略

适合从事能够利用外向的天性和热情帮助有需要的人们的职业：健康护理（生理和心理）、教学、儿童保育、教练、熟练工种、律师、调解员等。

（十六）ISFP 型（务实关顾型）

1. 性格特点

ISFP 型的人十分认真，细心且敏感。在外人面前他们通常表现得谦虚而且冷峻。他们有着自己的价值观，并且十分相信并努力贯彻他们自己的价值观。他们通常是有耐心且很好相处的，他们更习惯和大家平等的相处而不是处于领导的位置发布命令。他们在工作中往往是忠实的合作伙伴。他们往往把目标定得比较短期，不会做长期的规划，但一旦做好了短期规划，他们就会拼尽全力达到目标，完成自己的计划。

2. 需要注意

ISFP 型的人比较敏感，他们可能会因为过度关心别人的感受而忽略自己的感受；在工作中，他们可能比较拼命，有过度劳累的风险；由于他们只做短期的规划，通常着眼于眼前的具体的事情，他们可能缺少更长远的人生规划，很少为将来做打算，这使得他们在将来发生大的变化时会因为没有准备而比较被动；除此之外，他们可能因为受到批评而感到难受和气馁；他们比较容易相信别人，这会有被骗上当的风险。

3. 职业策略

适合从事能够利用友善、专注于细节的职业：健康护理（生理和心理）、商业、执法者、法务等。

四、MBTI 与法科生职业规划

学习 MBTI 类型指标，我们掌握了自我认知和理解他人的工具，接下来我们将这种工具迁移至法科生职业生涯规划：了解法科生应如何利用 MBTI 为自己进行职业选择和匹配，以及该工具能够为法科生职业发展提供何种指引。

（一）职业选择与人职匹配

S/N 和 T/F 这两个维度的偏好对职业影响较大，相应地，在职业选择时法科生应尽量使自己的感知—判断组合类型与职业类型相契合，这有利于在工作中充分发挥自己的性格特质功能，进而提升工作效率和工作的满意度。

NT 组合的人关注事态的可能性，他们处事方式严谨又理性，具有较强的逻辑思维能力和原创动力，善于用自己的力量来推动理论进步，解决实践问题。根据调查，科学与法学专业的学生中，这一人格类型的比例达到了 57%与 42%。如果你具备这两种性格偏好，那么大部分的法律职业是适合你的；如果你不具备这两种性格特质，也不必放弃理想职业的追求，可以在了解相关法科职业特点后，有针对性地完善自身的性格。

举例来说，假使你是一个 SF 型偏好的法科生，你富有同情心，喜欢帮助他人，追求服务型的工作，偏好以感性的方式来处理现实问题。这似乎与法科生的严谨、冷静的性格特质相反，但是你的性格会帮助你构建良好的人际关系，使你善于与他人沟通，你会比较适合法律服务工作者，假如你有意从事律师职业，那么你与委托人的沟通将是顺畅的，只是要注意处理法律事务时，要多加收集信息和严谨思考，避免过于共情而阻碍工作开展。

（二）团队合作与职场关系

任何一项工作都或多或少地涉及与他人的合作，团队合作是法科生职业生涯规划中不可或缺的考量因素，MBTI 可以帮助我们了解他人的性格，理解他人的言行举止，维护良好的职场关系，进而调动团队各个成员的力量，使大家朝着共同的目标努力。

举例来说，你的理想职业是法务，你将来所在的法务部是由不同性格类型的法科生组成的，你们要一起完成公司业务部反馈的法律争议，如何分配工作？运用 MBTI 类型指标的具体理论，你可以建议：具有 S 特质的同事收集证据、案件事实；具有 N 特质的同事检索法律规范，寻找可能的解决方法；具有 T 特质的同事评估解决方案的可行性；具有 F 特质的同事分析各解决方案的可接受程度。当然团队合作并不是简单的任务分配，各种不同性格偏好的成员应相互配合、互帮互助，才能最终完成工作目标。

【课后习题】

「制作性格分析卡片」

请拿出一张卡片，写下以下内容：

经过性格探索，我是一个____________________________的人，我的理想职业是____________________________。

经过职业分析，____职业对人性格特质的要求是____________________。

经过两者匹配，我的性格优势是______________________________。

我需要提升的性格特质是__________________________________。

第四节　性格阻碍与提升

一、性格阻碍与冲突

（一）性格发展阻碍

如果个体性格朝着既定的方向健康发展，那么个体不仅能够高效地工作和生活，也能获得心理上的满足。性格的形成是一个过程，外部环境对于性格的后天养成影响巨大。法科生 A 同学，生于一个谦虚、务实的家庭，他的父母对他的成绩变动反应平淡，他很少受到老师、家长的鼓励和表扬，成长过程中他一直属于“无人问津”、是一位“很难记起的学生”，在缺乏外部激励的情况下，他的性格变得畏缩、不自信，逃避与人沟通，这就是外部成长环境对个体职业性格发展的影响。

缺乏做好事情的动力是阻碍职业性格发展的因素之一，个体只有在乎自己的行为表现时，才会最大程度地调动、提升自己的感知和判断能力。外部机会缺乏也是阻碍因素之一，如果一个“感觉型”的法科生只接触书本而缺乏实践的机会，那么其处理事务的偏好便得不到施展和提升。来自环境的压力也会使职业性格发展遭受“形变”比如各种关于“如何改变内向木讷性格”的讨论，会无形间引起“内倾型”个体的焦虑和怀疑。

（二）性格的现实冲突

职业生涯规划过程中，如果自己的性格特质与自己既有（理想）职业不甚匹配，那么（未来）自己对工作的满意度就很可能不足，这涉及职业性格与现实的冲突。

法科生 B 同学是典型的判断型性格，他的职业性格偏好是厌恶变动，喜欢有计划、按部就班的工作方式。他从小的梦想职业是西装革履、理性敏锐的诉讼律师，但是诉讼律师工作压力较大、节奏较快、需要不断更新知识、变动性极强。B 同学有条理计划、稳定的性格特质与职业现实产生了冲突，如果不及时调整自己的职业生涯规划，他的工作表现、效率和幸福感便很难提升。

【课堂练习】

「你的性格障碍和冲突是什么?」

请拿出一张纸，写下自己的性格障碍和冲突，并与小组同学交流克服障碍、化解冲突、提升性格的途径。

二、法科生性格提升的方法

法学是研究规则和社会治理的学科，法科生常给人冷静理性、严谨务实、能言善辩的传统形象。从近些年就业数据统计看，法检系统、政府公务员、律师、公司法务、金融行业等是法科毕业生主要的就业去向。面对众多的就业方向，如何结合自身情况进行有效的性格提升?

（一）习惯与原则

人是习惯的集合，习惯是设定目标后经过反复训练养成的。一个好的习惯可以驱逐性格上的惰性，引导我们在工作和规划中做出适宜的行动。法科生的未来职业选择多与法律打交道，庞杂变动的法律体系要求法科生养成阅读、思考的习惯，法律的权威性又要求相关从业者拥有诚信、谨慎的生活工作习惯。

原则可以为个体认知和行为提供指引，它会提醒、纠正我们不要走错路。法律与道德、伦理的关系如此紧密，法科生在从事法律职业时更应该注重原则性的养成。比如法官职业应保障司法公正、提高司法效率、保持清正廉洁，执业律师应坚定信念、尽职审查、诚实守信、勤勉敬业。总而言之，法科生应形成并坚持公平正义、维护法律尊严、捍卫人民利益的原则。

（二）兴趣与品位

兴趣是能够激发主观意愿的事物，性格选择兴趣，兴趣影响性格，通过培养兴趣，个体可以不受外界干扰而自觉自愿地行动，从而弥补性格的短板。有志于从事辩护律师职业的法科生可以培养、发展自己的辩论兴趣；有志于从事法律教育相关职业的法科生应注重表达、演讲兴趣的拓展。

品位是一种审美，是个体对美好事物的欣赏和追求，对丑陋事物的厌恶和抵制。品位会影响人们的认知方式，进而影响决策。法科生是法治中国建设的重要力量之一，应注重自身对公平正义、客观理性等特质的欣赏和追求，杜绝徇私枉法、违法乱纪等行为。

附录　MBTI 性格测试题

下列每条问题都是以成对（a 与 b）的方式呈现，a 与 b 各自代表你所具有或不具有的一种特质，请根据你的实际情况来评定你的偏好程度，a、b 两项评分之和必须等于 5。

0 表示你从未有这种情形（也就是另一项总是发生），5 表示你总是有这样的情形（也就是另一项从不发生）。0——从不，1——很少，2——居中，3——很多，4——极多，5——总是。

（1）a.（　　）先了解别人的想法，再作决定

b.（　　）不和别人商量，就作决定。

（2）a.（　　）被认为是一个富于想象或凭直觉的人。

b.（　　）被认为是一个讲求精确、讲求事实的人。

（3）a.（　　）根据现有的资料及对情境的分析，对他人作出评断。

b.（　　）运用同情心与感觉以了解他人的需要及价值观，以之对他人做评断。

（4）a.（　　）顺着他人的意思做出承诺。

b.（　　）做明确的承诺，并确实加以实现。

（5）a.（　　）有安静、独自思考的时间。

b.（　　）与他人打成一片。

（6）a.（　　）运用所熟悉的方法来完成工作。

b.（　　）尝试运用新的方法来完成工作。

（7）a.（　　）以合乎逻辑的思考及循序渐进的分析得到结论。

b.（　　）根据过去生活的体验及信念得到结论。

（8）a.（　　）定下完成工作的最后期限，不一定执行。

b.（　　）拟订时间表，并严格遵行。

（9）a.（　　）和人稍谈某个话题后，就自我思考一番。

b.（　　）和人尽兴畅谈某个话题后，再自我思考。

（10）a.（　　）设想各种可能发生的情况。

b.（　　）按实际的情况处理问题。

（11）a.（　　）被认为是一个长于思考的人。

b.（　　）被认为是一个敏于感觉的人。

（12）a.（　　）事前详细地考虑各种可能性，事后反复思考。

b.（　　）搜集需要的数据，稍作考虑后，作出明快而坚定的决定。

（13）a.（　　）拥有内在的思想及情感，而不为他人所知。

b.（　　）与他人共同参与某些活动或事件。

（14）a.（　　）抽象与理论。

b.（　　）具体或实际。

（15）a.（　　）协助别人探索内心的感受。

b.（　　）协助别人作出合理的决定。

（16）a.（　　）问题的答案保持弹性，且可修改。

b.（　　）问题的答案是明确的，可预知或可预测。

（17）a.（　　）很少表达内在的想法及感受。

b.（　　）能自在地表达内在的想法及感受。

（18）a.（　　）从大处着眼。

b.（　　）从小处着手。

（19）a.（　　）运用常识，凭着信念来做决定。

b.（　　）运用资料分析事实来做决定。

（20）a.（　　）事先详细计划。

b.（　　）临时视需要而作计划。

（21）a.（　　）结交新朋友。

b.（　　）独处或与熟识者相交往。

（22）a.（　　）重视概念。

b.（　　）重视事实。

（23）a.（　　）相信自己的想法。

b.（　　）相信可验证的结论。

（24）a.（　　）尽可能在记事簿记下事情。

b.（　　）很少用记事簿记下事情。

（25）a.（　　）遇到问题就在团体中详细讨论。

b.（　　）自己先想出结论，然后才和他人讨论。

（26）a.（　　）拟定详密计划，然后确实执行。

b.（　　）拟订计划，但不一定执行。

（27）a.（　　）是理性的。

b.（　　）是感性的。

（28）a.（　　）随心所欲地做事。

b.（　　）尽量先了解别人的期望。

（29）a.（　　）成为众人注意的焦点。

b.（　　）退居幕后。

（30）a.（　　）自由想象。

b. (　　) 检视实情。

(31) a. (　　) 体验感人的情境或事物。

b. (　　) 运用能力分析情况。

(32) a. (　　) 在预定的时间内开会。

b. (　　) 在一切妥当或安适的情况下开会。

请你小心地将前面的答案与答案表对照，请注意在适当的题号和项号（a、b）上记分，最后计算各类总分。将每个维度中总分较高的那个类型字母记下来，4 个字母组合，就是你的 MBTI 类型。且注意每个维度两端之间的差值，差值越大，说明该维度的偏好越为典型。

表 3-5　MBTI 性格测试答案表

E（外倾）	I（内倾）	S（感觉）	N（直觉）
1a.	1b.	2b.	2a.
5b.	5a.	6a.	6b.
9b.	9a.	10b.	10a.
13b.	13a.	14b.	14a.
17b.	17a.	18b.	18b.
21a.	21b.	22b.	22a.
25a.	25b.	26a.	26b.
29a.	29b.	30b.	30a.
合计：E	合计：I	合计：S	合计：N
T（思考）	F（情感）	J（判断）	P（知觉）
3a.	3b.	4b.	4a.
7a.	7b.	8b.	8a.

续表

11a.	11b.	12b.	12a.
15b.	15a.	16b.	16a.
19b.	19a.	20a.	20b.
23b.	23a.	24a.	24b.
27a.	27b.	28b.	28a.
31b.	31a.	32a.	32b.
合计：T	合计：F	合计：J	合计：P
你的 MBTI 性格类型：			

第四章 | 能力探索

【学习目标】

1. 了解能力的概念和分类。
2. 了解自我效能感的概念、作用和养成。
3. 掌握法科生职业能力及能力培养途径。

第一节 能力概述

【案例导入】

张某是某政法院校的法学研究生，目前二年级在读，学习成绩中等，各项表现中等。张某认为，自己除了掌握一些法律知识外，各方面能力平平，没有尤为突出的技能，不知道自己擅长什么，能做什么。在职业选择上，她没有非常感兴趣的职业，认为自己将来从事什么样的工作都可以接受。因此，她非常迷茫，不清楚自己具备什么技能，不觉得自己能有什么优势或者特长能够被用人单位青睐，进而也不知道自己应该从事什么工作。

“我们将要从事什么样的工作?”对这个问题的回答，不仅要明白我们喜欢做什么样的工作、适合做什么样的工作，更要清楚地了解我们能够做什么样的工作。就业过程是求职者与用人单位双向选择的过程，其中，“兴趣探索”和“性格探索”更多地指向求职者对用人单位的选择，而“能力探索”则更多地指向用人单位对求职者的选择。能够从事何种职业，能否胜任自己的工作，取决于我们的“能力”。能力是用人单位最关心的问题。因此在职业生涯规划过程中，有必要进行“能力探索”。

一、能力的概念

（一）能力的定义

通常认为，能力是指顺利完成某一活动所必须的心理条件，是直接影响活动效率，并使活动顺利完成的个性心理特征。[1]在西方心理学中，通常区分“智力”与“能力”两个概念。其中，能力是指做一件事、完成某种任务所需要的能。这种“能”是一种心理能量，可分为两类：一类是现实能力，即当下便具有的能力；另一类是潜能，即一个人虽然现在没有，但是将来可能具有的潜在力量。[2]我国学者对“能力”有不同的定义，但多数人倾向于把能力和活动联系起来，并从能力在活动中的作用以及构成个性心理特征方面揭示能力的概念。

人的能力是在活动中形成、发展和表现出来的，因此能力总是借助一定的活动得以展现。对于法科生来说，在期末考试中名列前茅，高分通过国家法律职业资格考试，说明他的专业能力较强；在辩论比赛中，思维逻辑清晰，语言表达流利，我们就说他具有一定的辩论能力；在学术竞赛中屡屡获奖，在核

〔1〕曲振国主编：《大学生就业指导与职业生涯规划》，清华大学出版社 2020 年版，第 57 页。

〔2〕贾利军：“大学生就业能力结构的研究”，南京师范大学科教系 2007 年博士学位论文。

心刊物上发表论文，我们就说他具有较高的学术研究能力；在模拟法庭、律师事务所实习中表现突出，法律文书写作得当，擅长与当事人沟通，我们就说该生具有实务能力。

(二) 影响能力的因素

在其他条件完全相同的情况下，人们在同一活动中的表现也有所不同。例如在某一年度的国家法律职业资格考试中，有的学生以高分通过，有的学生以低分通过，有的学生甚至无法通过。这是因为人与人之间在能力上存在着明显的个体差异，能力的差异是因为每个人能力的形成过程中受到诸多自身及外界各种因素的影响。

自身的因素主要包括：

(1) 遗传因素。遗传因素是能力形成和发展的生理前提，决定着能力发展的可能性。研究表明，同卵双生子之间的智商关联度最高，无血缘关系者之间的智商关联度最低，因此遗传因素在一定程度上影响着个人能力。

(2) 主观能动性。个人的主观能动性是促进个体的发展，从潜在的可能状态转向现实状态的决定性因素。即使具备某方面的天赋，如果不积极发挥个人的主观能动性，也无法取得长远的成绩。短道速滑运动员武大靖刚进国家队的时候，第一次上冰，摔了 107 跤。为了让自己蜕变，武大靖选择了一种最艰难的办法。教练不在，他就让助理教练帮他录训练视频，录完之后拿去跟世界顶级的选手比赛视频做对比、抠细节，了解自己究竟差在哪里。同时，他反复优化自己的路线，反复练习，直到形成牢固的肌肉记忆。最终，在 2018 年平昌冬奥会，他打破纪录，获得冠军。

外在的因素主要包括：

(1) 环境。环境是能直接或间接影响个体的形成和发展的全部外在因素，环境使遗传提供的可能性变为现实。一个人在不同阶段的能力养成均会受到环境因素的影响，环境对能力的影响可能是直接的，也可能是间接的。例如在孩童时期，有研究表明：父母在儿童1岁至3岁时期采用的教养方式会决定孩子一生的主要性格特征，从而影响孩子能力的发展，这属于间接的影响。

（2）教育。教育主要指学校教育，即教育者根据社会发展的要求，遵循年轻一代身心发展的规律，在特定的教育场所，有目的、有计划、有组织地对受教育者身心施加影响，使他们的身心朝着社会期望的方向发展的过程。在学校接受教育的时期是一个人能力形成的关键时期，因此教育对一个人的能力的形成与发展起到主导性作用：通过接受系统的教育能使个人的知识获得积累与增长，为一个人的能力形成打下基础；通过学习活动又能增长见识、明辨是非，从而促进正确人生观、世界观、价值观的形成；在学习的过程中，老师的引导、同学的影响，在一定程度上又会影响个人性格的形成。

二、能力的分类

能力按照其获得的方式，即先天具有还是后天培养，可以分为“能力倾向”和“技能”两大类，在这两类之下，根据不同的标准，又可进一步细分。

（一）能力倾向

能力倾向（aptitude）是指上天赋予每个人的特殊才能，如音乐、运动能力等，它是与生俱来的，不过也有可能因未得到合适的开发而荒废。[1] 能力倾向是指一个人能够学会什么以及获得新的知识和技能的潜力如何，因此，这是一种潜能，而非已经具备的现实条件。所谓“可塑之才”强调的就是能力倾向。

---

〔1〕 钟谷兰、杨开编著：《大学生职业生涯发展与规划》，华东师范大学出版社2016年版，第55页。

例如，肯定还有同跳水天才全红婵一样具备良好的身体素质，对水高感知的潜在跳水天才，只是他们从来没有机会去发展这方面的天资。环境，文化和后天训练都可以影响到潜能的开发和发展。

（二）技能

技能是指经过后天学习和练习而培养形成的能力，如阅读能力、人际交往能力、表达能力等，包括发展和习得的知识与躯体行为。[1] 技能是一种外在的表现，是可以直接看到或体验到的，例如我们常说某位同学数学计算能力高、某位同学电脑操作水平高、某位同学德语水平高等。

一个人的能力水平往往是能力倾向和技能两方面互相作用的结果。既有先的能力倾向，也有后天针对能力倾向的技能训练，最终塑造一个人能力水平。能力倾向指向先天具有，技能则指向后天培养，不可将两者混为一谈。比如，我们常常会听到学生说“我的论文写作能力不行”，那么他是确实不具备这方面的天赋呢，还是缺乏老师有效的指导或者写作训练少，未能有效掌握写作技巧呢？我们要从能力倾向和技能两方面分析，而不能直接断定这位学生不具备学术研究天赋。实际上，诸如人际交往能力、沟通能力等，主要依赖于后天的练习。无数先例向我们证明，即使一个人拥有极高的天赋，后天若不勤加培养与开发，最终也会泯然众人。

技能又可细分为知识技能、自我管理技能和可迁移技能。

1. 知识技能

知识技能是指那些需要通过教育或者培训才能获得的特别

---

〔1〕 戴建兵主编：《大学生职业生涯发展教程》，北京师范大学出版社 2013 年版，第 71 页。

的知识或能力，也就是个人所学习的科目、所懂得的知识。[1]例如，你是否掌握刑法、民法、行政法等相关知识。知识技能一般用名词来表示。知识技能不可迁移，它们是一些特殊的语汇、程序和学科内容，必须经过有意识的、专门的培训才能掌握。它们常常与我们的专业学习或工作内容直接相关。

正因为如此，许多法科生在经过本科和研究生期间的学习后，发现不喜欢自己的专业，从而在找工作时往往陷入两难的境地：一方面，他们认为找工作必须“专业对口”，但是又不喜欢自己的专业，不想将之作为从事一生的职业；另一方面，如果“专业不对口”，自己不是“科班出身”，则担心自己与专业出身的应聘者相比缺乏竞争力，甚至觉得很难跨越专业的鸿沟，同时也会觉得浪费这么多年的寒窗苦读。在这种情况下，对于本科生来说，尚可通过考研来改换专业，但是对于研究生来说，改换专业已经为时过晚。

需要向大家厘清的一个误区是，知识技能并非只有通过正式的专业教育才能获得。随着时代的发展，除了学校课程，课外培训、专业会议、讲座研讨会、自学、资格认证考试等方式都可以帮助个人获得知识技能。此外，很多公司也为新员工提供相关的上岗培训。因此，比起专业能力，当前的招聘单位更加注重个人的综合素质（也就是“自我管理技能”与“可迁移技能”），而不那么在意个人是否已经具备专业知识。不少企业在校园招聘时都已不再区分学生的专业背景。因此，如果想从事本专业之外的工作而又不愿或不能重新选修一个专业的话，仍然有许多途径可以帮助我们获得相关的知识技能。在招聘中，专业知识技能绝对不是用人单位所重视的唯一因素。

---

〔1〕 钟谷兰、杨开编著：《大学生职业生涯发展与规划》，华东师范大学出版社2016年版，第59页。

技能的组合更加重要。目前，很多学校对学生的培养方向都是“复合型人才”，即培养学生多种不同的知识技能而非单一的知识技能。在求职中，技能的组合能够使我们更具竞争力与优势，也有可能将工作完成的更好。例如，很多红圈律所的招聘条件都列明“英语能力突出者优先”，因此在学习好法律知识的同时，外语能力（不限于英语）的培养同样重要。再如，在申请博士时，很多导师反而更倾向于选择本硕期间不是研究本专业的学生，因为随着社会的发展，学科之间的交叉越来越多，本学科问题的解决有时需要依赖其他学科的知识与方法。例如解决行政法学问题时常需要借助社会学、行政学的理论。

2. 自我管理技能

自我管理技能，通常是指一个人做事的风格和特点，常常表现为一个人做事的态度、心态、情绪等。[1] 它经常被看做是个性品质而非能力，它涉及个体在不同的环境下如何管理自己：例如在面试中，有的求职者能够及时调整紧张的心情，放松心态，即使对于自己不会的问题，也能够自如应对，而有的求职者则结结巴巴，满头冒汗，对于自己已经准备好的问题也无法回答清楚；在工作中，有的人认真负责，及时跟进，而有的人则是敷衍了事，错误百出；在人际交往中，有的人性格随和，谦虚有礼，与同事能够积极协作，而有的人则是自私自利，斤斤计较，与同事屡屡发生矛盾。良好的自我管理技能能够帮助个体更好地适应周围的环境、应对工作中出现的问题，因此它也被称为“适应性技能”。[2]

一个人是如何使用自己的专业知识、以什么样的态度从事

---

〔1〕 陈夏初主编：《大学生职业生涯规划与管理》，江苏人民出版社 2013 年版，第 74 页。

〔2〕 钟谷兰、杨开编著：《大学生职业生涯发展与规划》，华东师范大学出版社 2016 年版。

工作，这甚至比工作内容本身更为重要。正是这些品质和态度，将个人与许多其他具有相同知识技能的候选人区别开来。事实上，人们被解雇或离职更多的时候是因为缺乏自我管理技能，而不是因为缺乏专业能力。比如，由于个性上的原因无法与同事顺利合作，在工作中易与他人发生摩擦等。在一些用人单位对毕业生的意见反馈中，经常听到的是“缺少敬业精神、没有服务意识、与同事相处不好”等，而这些都是与自我管理技能相关的。很多学生因为长期受到父母的庇护，在学校这座象牙塔中受到学校与老师的呵护，因此缺乏这方面的意识，在处理工作问题和人际关系上往往显得不成熟、以自我为中心。有鉴于此，在研究生从校园走向社会之前，培养良好的自我管理技能，学会如何待人接物、为人处世，是至关重要的。自我管理技能被称为“成功所需要的品质，个人最有价值的资产”。

自我管理技能无论是一个人先天具有的还是后天习得的，都需要练习。它们可以从非工作（生活）领域迁移转换到工作领域。也就是说，自我管理技能并不是通过专门的课程学习到的，而是在日常生活中随时随地培养的。例如，一位同学曾因作息问题与室友发生矛盾，向学院请求调换宿舍，最后在辅导员的调解下顺利解决。事后这位学生反思自己：“在日常相处中没有站在对方的角度思考问题，更多的是考虑自己是否便利，而没有顾及是否对他人造成困扰。在矛盾发生后，也没有和我的室友进行积极的沟通，只是想通过调换宿舍回避问题。通过这次事件我认识到，之后在生活中、工作中，应时刻注意‘己所不欲，勿施于人’，多多考虑他人的想法，发生问题时应该通过沟通解决。”

3. 可迁移技能

可迁移技能就是可迁移的通用技能，指在某一种环境中获得，并可以有效地移用到其他不同的环境中的技能，是个人最能持续运用和最能依靠的技能。简单说可迁移的技能就是一个人会做的事情，[1] 例如沟通、组织、表达、解决问题等技能。可迁移技能的特点是它们可以从生活中的各个方面，特别是工作之外获得和不断改善，并且在许多领域里都可以得到进一步的完善和增强。例如一位学生在读研期间担任班长一职，平时负责管理班级，组织集体活动，时常与班级同学以及老师、学校各职能部门交流沟通，帮助同学们解决学习、生活中遇到的问题，在这些工作中，就需要用到管理、组织、沟通、商讨、解决问题等重要的可迁移技能。实际上，几乎在所有的工作中，都需要用到这些技能。因此，可迁移技能实际上是通用技能。可迁移技能总体可以分为三类：有关于信息方面的、有关于与人交往的、有关于事情处理的。美国著名的心理学家和职业专家赫伍德·斐格勒在 1988 年对可迁移技能进行了 10 类划分，并对这些技能在职业竞争中的作用给予了高度的评价，这 10 种技能分别是：

（1）预算管理技能：表现为对现有资源的最佳运用。

（2）督导他人技能：表现为执行、实现能力。

（3）公共关系技能：表现为良好的营造氛围能力。

（4）应对最后期限的压力技能：表现出强烈的攻坚能力。

（5）磋商和仲裁技能：表现出合理适当的妥协共存能力。

（6）公共演讲技能：表现出公共引导和宣传方面的潜力。

（7）公共评论协作技能：也是公共引导和宣传能力的表现。

（8）组织管理调整技能：是领导和资源协调能力的综合体现。

（9）与他人面谈的技能：个体交往潜力的集中表现区域。

---

〔1〕 曲振国主编：《大学生就业指导与职业生涯规划》，清华大学出版社 2020 年版，第 64 页。

（10）教学和教导技能：传授知识方面的潜质。[1]

社会的发展日新月异，知识的革新迭代不断加快，在飞速发展的时代，要想紧跟时代步伐，就必须及时更新自己的知识技能。例如，法律法规为适应社会的发展，会不断地进行修订或者修正，为解决实践中出现的新问题，也会不断出台相关法律解释。很多法律规定与我们最开始学习它的时候相比已经发生了改变，如果我们只停留在自己当初学习的程度而不及时学习掌握最新的规定，便无法有效处理案件，维护当事人的合法权益。因此，比起知识技能的掌握，更重要的是拥有不断革新知识技能的可迁移技能，即拥有终身学习的能力。

与知识技能相比，可迁移技能无所谓更新换代，而且无论你的需求和工作环境有什么样的变化，它们都可以得到应用。随着我们工作经验和生活阅历的增加，可迁移技能还会得到不断地发展。既然它们在许多工作中都会用到，那么它们的重要性就不容忽视。事实上，知识技能的运用都是在可迁移技能基础之上的。例如，法科生学习的知识技能是法学，但是运用法学知识的时候，就需要借助迁移性技能。例如，作为教师，就是教授法学知识；作为律师、法官，就是解释法律法规，判断法律法规是否适用于案件事实。教学、解释、判断便是迁移性技能。

【课后习题】

「对比以下经历，分析自己拥有哪些知识技能和迁移技能」

1. 通过研究生期间的课程学习、讲座学习，你学到了什么知识技能？如英语、数学等。

---

〔1〕 曲振国主编：《大学生就业指导与职业生涯规划》，清华大学出版社 2020 年版，第 64 页。

2. 通过研究生期间的实习经历、社会实践经历、助教（或学生助管）经历，你学到了什么技能？如 PPT 制作、海报制作、微信推送制作等。

3. 通过研究生期间的志愿服务经历，你学到了什么技能？如医疗急救等。

4. 通过研究生期间的学生干部经历、社团活动经历，你学到了什么技能？如摄影等。

5. 你目前尚不具备但希望拥有的技能是什么？

「认识自己的自我管理技能」

1. 你认为你的理想同事应当具备什么特质？
2. 你认为自己是什么样的人？用 5 到 8 个词语形容自己。
3. 请你的同学们用 5 到 8 个词语形容你。

三、能力探索的意义

（一）发现能力结构

能力探索能够让我们更加清楚自己的能力构成，以便确定自己是否符合职业对能力的要求。职业根据其工作性质、内容和环境可以划分为不同的类型，不同类型的职业对人的能力的要求各不相同，不同职业的职位对人的能力也有不同的素质要求。因此，法科生在应聘工作之前，要知道自己具备哪些能力，是否达到了所要应聘职位的素质要求。下面通过列举不同职业类型的人物的成长故事，帮助同学们了解这些职业对法科生能力的要求。

【学者篇】

「法学学者马怀德的成长故事」

马怀德 1965 年 10 月生于青海循化，1988 年毕业于北京大学法律系，同年考入中国政法大学，1990 年获得行政法硕士学位，1993 年获得博士学位，是我国首位行政诉讼法学博士。

1988 年，北京大学法律系本科毕业后，马怀德考上中国政法大学硕士研究生，师从应松年教授，专攻行政法学。应松年教授当时在行政法学研究领域已颇负盛名，在应松年的指引下，马怀德对行政法的兴趣愈加浓厚。1990 年马怀德考上陈光中教授的博士生，1993 年成为新中国培养的首位行政诉讼法学博士，并以博士论文《国家赔偿法的理论与实务》崭露头角。自 1995 年始至 2001 年，他先后赴美国波士顿大学、澳大利亚悉尼大学、墨尔本大学、美国耶鲁大学访学进修。博士毕业后，马怀德留校任教。他以扎实的学术水平和教学能力很快赢得了学界认可，33 岁时被聘为教授，35 岁已是博导。

早在学生时代，马怀德教授就开始对中国的行政许可制度进行深入研究。1994 年，他撰写的《建议制定行政许可法》一文在《中国法学》登载，该文受到全国人大常委会法工委的重视，并促使他成为行政许可法立法小组中成员，直接参与到《行政许可法》的起草工作中。1997 年马怀德发表《行政许可制度存在的问题及立法构想》，提出尽快研究制定行政许可法的立法构想，并最终促成了我国《行政许可法》的颁布实施。

在中国政法大学读博期间，马怀德参与到《国家赔偿法》的起草之中，并在此后的学术生涯中持续推进我国国家赔偿制度的发展与完善。马怀德教授出版有《国家赔偿问题研究》《国家赔偿法学》《完善国家赔偿立法基本问题研究》等多部著作，在《中国法学》《法学研究》上发表有《国家赔偿立法探索》《国家赔偿责任的性质》《共有公共设施致害的国家赔偿》等一系列文章。他主张扩大国家赔偿范围，呼吁确立有利于受害人的原则，要求对受害人的精神损害进行赔偿的主张已经或者正在深刻地影响相关法律的完善和学术研究的方向。

在马怀德看来，做学问不该坐而论道，而应该介入实务、参与实务，才能更了解实情，反过来促进学术理论。他经常告诫学生，做学问要有问题意识，坚持问题导向。自 1993 年起，他开始参与办理一些行政案件，介入法律实务。1996 年底，中国有一批出土文物通过非法途径流入英国商人手中，根据中国《文物保护法》，这些出土文物不允许流通，更不允许出境。他作为追索走私文物小组法律顾问组成员，远赴英国交涉，经过艰苦的努力，3000 多件文物终于物归原主。在 1999 年审结的北京田永诉北京科技大学拒绝颁发毕业证、学位证的行政诉讼案中，马怀德成功地将大陆法系行政法学中的“公务法人”理论运用到个案中来，免费为其代理并胜诉。这起案例还以典型案例的形式，载入了《中华人民共和国最高人民法院公告》，使得法院司法审查的范围扩大到教育行政管理领域，发展了行政法学理论。

2017 年 12 月 4 日，马怀德当选 CCTV2017 年度法治人物。“铸治国之重器，你是大工匠；擎法治之旗帜，你是先行者；引法学之未来，你是育花人；24 载躬耕不辍，梦在前方，路在脚下；经世济民，法治中华”。这段触动人心的颁奖词，生动刻画了马怀德教授多年来专注法学研究和法治建设的人生轨迹与杰出贡献。

【法官篇】

「最高人民法院法官梁凤云的成长故事」

梁凤云是最高人民法院的一名法官，担任行政审判庭副庭长。他在 1993 年至 2006 年期间，先后获得法学学士学位、行政法学硕士学位、行政法学博士学位。2001 年毕业分配至最高人民法院工作，荣立个人三等功 4 次。2020 年获评第九届“全国杰出青年法学家”。

作为最高人民法院的法官，梁凤云要面对各类大案要案，多年来，他注重运用行政法和行政诉讼法原理，办理了数千件行政案件，其中一些案件具有广泛的指导意义和良好的典型意义。他承办的“张道文等三轮车主诉四川省简阳市政府”一案，是最高人民法院首次通知行政机关负责人出庭应诉并庭审直播的案件。该案确立的正当程序规则以及情势判决等，为解决历史遗留问题提供了范本，先后入选 2017 年最高人民法院十大行政裁判典型案例、最高人民法院 88 号指导性案例、中央电视台 2017 年度推动法治进程十大案例，在全社会引起了强烈反响。

一封由梁凤云主审案件的当事人给最高人民法院的来信中写道：“人们都说民告官，有理也告不赢，但通过我公司 4 年多的诉讼过程，我们切身体会到法律是民营企业、民营企业家的护身符，最高院是捍卫民营企业、民营企业家的坚强阵地，最高院的法官是人民的保护神……最高法院的裁定，让老百姓实实在在地看到了、感受到了法律的公平和正义，密切了党和群众的关系，更加坚定了人民群众一心跟党走的决心。”像这样的感谢信，在梁凤云近 20 年的法官生涯中收到了很多。

在长期的行政审判实践中，梁凤云注重提高和升华中国行政审判理论水平。对行政审判具有重要指导意义的重大批复答复进行研究，撰写了《行政诉讼批复答复释解与应用》（三卷本），为国内首部阐述最高人民法院批复答复的书籍，阐释了行政审判的“中国故事”，提升了中国行政请示案件的理论含金量，成为中国行政审判的重要智慧成果。

多年来，梁凤云还作为多所学校的兼职教授、研究员，讲授行政诉讼法课程。她作为中国政法大学兼职研究员、西南政法大学兼职教授、首都师范大学客座教授等，为研究生讲授行政诉讼法课程，特别是针对行政审判实务问题，结合案例等进行讲授，进一步增强了学生理论联系实际的能力，受到了学生的欢迎。

【律师篇】

「青年律师杜佳虹的成长故事」

杜佳虹本科、硕士均毕业于中国政法大学。在校期间曾担任中国政法大学法学院研究生会主要负责人、文体部部长，校学生会外联部、校委会监察部干事，第四届北京市大学生人文知识竞赛中国政法大学校队队长。先后获得中国政法大学研究生院新生奖学金、优秀学生二等奖学金、校竞赛优胜奖学金和中国政法大学天坛杯论文大赛二等奖、蓟门纵横研究生模拟法庭大赛优秀律师等奖励与荣誉称号。

杜佳虹语言组织能力、沟通表达能力极强，毕业后应母校中国政法大学的邀请，时常回校与师弟师妹们进行朋辈交流，分享自己的律师从业经验、求职经验、求学经验，2021年曾在中国政法大学实务专家讲堂中讲授《浅言民商事争议解决中的法律谈判》，获得学生的一致好评。学生时期，作为中国政法大学法学院研究生会主要负责人，杜佳虹行事井井有条，认真细致，与研究生会其他同学默契配合，高度协作，共同成功组织举办过多次重大活动，是同辈眼中的佼佼者，更是师弟师妹们的学习榜样。

杜佳虹2016年底加入北京大成律师事务所争议解决部，从业以来，参与过近百起大型民商事争议解决案件及其他非诉项目，现为北京星来律师事务所合伙人，民商法律服务中心主任。杜佳虹律师对重大复杂民商事纠纷案件、行政纠纷案件、破产类案件、反垄断案件及公司并购类非诉案件拥有丰富的案件处理经验，为多家客户提供常年法律顾问服务。参与办理的案件有：广发银行与上海平欣资产管理有限公司金融借款合同纠纷案，标的额10亿；广发银行与中国金谷国际信托有限公司金融借款合同纠纷案，标的额10亿；内蒙古地质工程有限公司与内蒙古洁圣煤炭有限公司之间的探矿权转让合同纠纷案，标的额5亿……

【课堂练习】

通过上面列举的法官、学者、律师三类职业中杰出代表的成长故事，对比分析这三类职业的能力结构。

法官	学者	律师

（二）明确胜任力

胜任力是指在特定工作岗位、组织环境和文化氛围中有优异成绩者所具备的，可以客观衡量的个人特质。它包括价值观、知识、技能等个人特征，但胜任力不是所有知识和技能的总和，而是指那些与高绩效相关联的知识和技能。[1] 例如，一位业务主管如果能为公司开拓市场，带来卓越绩效，我们便认为他具有这个岗位的胜任力。他所拥有的音乐技能、运动技能则不属于完成这份工作的胜任力。同样的任务，交给不同的人去完成通常会有不同的效果，胜任力便是区分表现优秀者和表现一般者的重要指标。因此，我们选择职业时，需要通过以往的经历探索、评估自己的胜任力，选择自己胜任力高的岗位，从而能够获得显著的成绩，获得更为宽广的职业发展空间。

---

〔1〕马欣川等编著：《人才测评：基于胜任力的探索》，北京邮电大学出版社2008年版，第81~86页。

（三）匹配能力与职责层次

即使是同一种职业，由于工作性质、环境和所要承担的责任的不同，又可进一步分为不同的层次，不同层次的工作对人的能力要求也不相同。例如在律师行业里，可分为一级律师、二级律师、三级律师、四级律师、助理律师五个层次；在高校教师中，可分为助教、讲师、副教授、教授四个层级。因而法科生在求职的时候，根据自己的能力类型确定了职业类型后，还应该根据自己所能达到该职业的能力水平来确定职业的层次，只有这样，能力和职业的吻合度才能达到最佳效果。[1]

四、能力探索与职业规划的关系

心理学家罗奎斯特与戴维斯在对个体的工作适应问题进行多年研究以后，提出了"明尼苏达工作适应论"。他们认为：当工作环境能够满足个人的需求时，个人会感到"内在满意"；而当个人能够满足工作的要求时，个人能够达到"外在满意"（即令自己的雇主、同事感到满意）。当个人能够同时达到内在和外在满意时，个人与环境之间的关系就比较协调，个人的工作满意度会比较高，在该工作领域也能持久发展。

罗奎斯特与戴维斯认为："外在满意"主要可以通过衡量个人职业技能与工作的技能要求之间的契合程度来进行评估；"内在满意"方面，则主要通过衡量个人价值观与企业文化及奖惩制度之间的适配性来评估。由此可见，当我们能力较为突出时，通常也会拥有更多选择理想工作的权利，从而达到"内在满意"。同时，做自己能够胜任的工作，并不断培养发展自己的能力，让我们的能力能够满足工作的要求时，便能够达到较高程度的"外在满意"。

---

〔1〕 陈夏初主编：《大学生职业生涯规划与管理》，江苏人民出版社 2013 年版，第 71 页。

因此，能力与个人的职业满意度、工作适应性、职业稳定性等具有非常密切的关系。

五、能力评估

（一）测评法

1. 自我技能测评

自我评估是对一个人技能技巧的实际水平的测验，而不是潜在可能水平的测验，属于成就测验。测验的方式大多数是作业实例测验，比如，SRA 听写技巧测验、DAT 语言使用测验、明尼苏达工程类测验、业务打字测验等。

2. 他人评估，即通过询问他人对自己的认知

如果一个了解你的人（老师、同学、好友、亲人）要向别人推荐你，他/她可能会说些什么？如果你离开了现在位置（无论是你的宿舍还是你在学生社团或兼职实习的位置），你的同学或同事会因为你的离去而感到有什么样的不适或困难吗？对所有这些问题的回答，有可能反映出你个人所擅长的、为人称道的能力和品质。如果你感到回答这些问题有困难，可以直接询问周围的人对你的认知。

（二）成就分析法

1. 利用技能词汇表，确认自己的技能

从下面的技能词汇表中挑选出符合自己情况的词汇，并思考：为什么会选择这些词汇？你是通过哪些事实或者案例发现自己有上述词汇所表现的技能的？并可补充表中未列明的技能。

可迁移技能词汇表

写作 阅读 演讲 谈话 讲授 分析 研究 创造 发明 想象 谈判 指导 执行 洞察 管理 预测 编辑 训练 咨询 培训 联络 协调 组织 计算 预测 展示 烹调 记忆 计划 编织 加工 报道 表演 修理 融资 运送 说服 理解 销售 拍摄 招待 设计 驾驶 建设 编程 宣传 探索 包装 分类 记录 审核 校对 洗涤 观察 修改 适应

自我管理技能词汇表

诚实 正直 自信 开朗 耐心 细致 慎重 认真 负责 可靠 灵活 幽默 友好 真诚 热情 投入 高效 冷静 严谨 踏实 积极 主动 豪爽 勇敢 忠诚 直爽 现实 执著 机灵 感性 善良 大度 坚强 随和 聪明 稳重 热情 乐观 朴实 渊博 机智 敏捷 活泼 灵活 敏锐 公正 宽容 勤奋 镇定 坦率 慷慨 清晰 明智 坚定 乐观 亲切 好奇 果断 独立 成熟 谦虚 理性 周详 客观 平和 坚韧 专注 冲动 粗心 懦弱

2. 撰写成就感故事

请写下至少五个在生活或学习中令你有成就感的具体事件，每一个故事都应当包含以下要素：

（1）你想达到的目标，即需要完成的事情。

（2）你面临的障碍、限制或困难。

（3）你的具体行动步骤，即你是如何一步步克服障碍、达成目标的。

（4）对结果的描述，即你取得了什么成就。最好能量化评估，如获得几等奖学金、获得什么荣誉称号等。

如果有条件的话，请和两三个同学一起进行分析讨论，在其中你都使用了一些什么样的技能。最后看看在这些故事中是否有重复出现的技能，它们就是你乐于施展也擅长的技能。将这些技能按优先次序加以排序。

第二节　自我效能感

【案例导入】

王某是一名法学专业的硕士研究生，成绩优异，多次获得奖学金与“三好学生”等荣誉称号。在导师的指导下，参与过多项课题研究，同时在班级担任班长。同学和老师都认为她的综合素质很强，特别是且具有一定的学术研究潜力。王某的职业规划是硕士毕业后继续读博深造，成为一名高校教师。但是王某的困惑在于，她每次进行学术研究时，都非常焦虑，认为自己无法完成任务，虽然每次完成的结果都还不错，但是在执行下一次任务时，她仍然会陷入焦虑。因此，她不确定自己更加适合学术研究还是从事实务工作。

一、自我效能感的概念

你有能力并不代表你一定能完成一项任务，比如甲和乙两位同学的学习能力不相上下，但是甲总能取得好成绩，而乙却不行。原因之一就是乙的自我效能感低。因此，在有了相应的能力时，自我效能感就成了行为的决定因素。自我效能感高的人，能积极采取行动，取得预想的结果。而自我效能感低的人，则会产生消极的情绪，采取回避或消极的行为，最终与好的结果无缘。

（一）自我效能感的定义

自我效能感（self-efficacy）是指人对自己控制环境、实现个人目标的胜任能力的相信程度，可以通过直接经验、我们对他人经验的理解、别人告诉我们能够去做和我们对自身情绪动机状态的评价中获取。它是预测个人行为的重要指标。〔1〕一个人在进行某一活动前，对自己能否有效地完成某一行为会有所判断。当人们确信自己有能力进行某一活动时，他就会产生高度的“自我效能感”，并会去进行此项活动。如果自我效能感程度高，我们将更可能获得所期望的结果。一个相信自己能处理好各种事情的人，在生活中会更积极、更主动。这种“能做什

〔1〕［美］罗伯特·J. 斯滕伯格著，李锐等译：《心理学：探索人类的心灵（第三版）》，江苏教育出版社 2005 年版，第 523 页。

么”的认知反映了一种个体对环境的控制感。人的自我效能感在外在表现上，常常等同于自信感，也就是一个人自信心的高低。自我效能感强的人，自信心就会高，也更有信心处理生活中出现的各种问题。

（二）影响自我效能感的因素

1. 成败经验

个人的成功经验或失败教训是影响自我效能感最直接的因素。在某项工作、行为或技能上的成功会增强一个人在该工作、行为或技能方面的自我效能感；而失败，尤其是连续多次的失败，则会降低其在相应方面的自我效能感。自我效能感不同的人受失败经历影响的程度并不一样，对于先前已经具备很强自我效能感的人而言，偶然的失败不会影响其对自己能力的判断，他更有可能寻找环境因素、努力不足或策略方面的原因。这样，失败反而能提高其信念，改进后的策略会带来将来的成功。而对于自我效能感本就不强的人，一次小小的失败会使其更加怀疑自己的能力，甚至对曾经成功的经验也予以否认。

2. 替代性经验

替代性经验是指与自己各方面条件接近的人的成败经历。与自己各方面相近的人成功能促进自我效能感的提高，增强实现同样目标的信心；但看到与自己相近的人失败，尤其是付出很大努力后的失败则会降低自我效能感，觉得自己成功的希望也不大。例如，自己与一位同学的专业能力相当，看到她顺利通过某项考试，自然也觉得自己通过这项考试的可能性较大；反之，其他同学没有通过考试，自己难免会产生“她都没通过，我肯定也不行”的负面想法。

3. 他人评价

影响自我效能感的因素还包括他人的评价。在老师、同学们给予我们“友好和善，招人喜欢”“思维能力强”“学术研究能力强”这类正面的、良性的评价时，我们多少会从中获得一定的自信，认为自己确实还不错。相反，在收到负面的、不好的评价时，我们会认为自己确实不够好。他人的评价确实能够在一定程度上反映我们的优点与不足，但是应当注意，缺乏事实基础的言语劝告对形成自我效能感效果不大。而在直接经验或替代经验的基础上进行劝说、鼓励，效果最大。

二、自我效能感的作用

（一）影响对自我能力的认知

自我效能水平影响自我认知的程度。一个人对自己实现目标的能力所具有的信心影响到对目标的设定，而人们的自我认知通常建立在对目标的完成度之上。自我效能感越强，为自己设定的目标越高，目标完成后对自我能力也就越发肯定，认为自己具备处理疑难问题的能力。相反自我效能感较弱的人，通常会为自己设定容易达成的目标，即使最终顺利完成，也会极易陷入“我只能完成简单的任务”这样的负面自我认知中。同时，自我效能感对焦虑感有很大的影响，那些相信自己能够应付可能出现的威胁的人很少把精力用来想象各种消极的可能性；而那些处于焦虑状态并认为自己难以应付未知困难的人，会过低地估计自己的自控能力，并在头脑中想象各种可能的危险，夸大事实的严重性，不断被那些极少可能发生的事所烦扰。

（二）影响实现目标的动力

自我效能感不但决定着个人的目标设置，还影响着一个人为目标所付出的努力程度、面对困难的持久力以及失败后的恢复能力。人的大部分行为动机是在认知的基础上产生的，人们通过对未来的预见和期待来激励和指导自己的行动。以考研为例，每位考生有很多可报考的院校，但每个人只会选择那些自认为有可能考上的院校，而放弃自以为没有能力考上的院校。对于报考同一所院校的考生来说，在面对考研过程中的困难时，那些怀疑自己能力的人会松懈或很快放弃，不愿为之付出奋斗和努力；而自我效能感强的人则会投入更大的努力，坚持不懈，想方设法去实现目标。

（三）影响对职业的选择

每个人都在不同程度上选择自己的职业。比如那些不满意目前处境的人，有的人会继续待下去，有的人则会重新做出选择。促使人们做出不同选择的主要原因就是自我效能感。自我效能感影响对职业的选择，决策，发展、投入和工作效果。自我效能感较高的个体倾向于具有更广泛的职业选择范围，他们对未来职业充满信心，更容易获得职业上的成就感。这是因为无论选择了什么职业，一旦选定之后，该职业就会对人产生影响。人们通过选择职业，反过来影响自己。研究表明，人们会选择那些自认为能应付得了的职业，回避自以为力所不能及的职业。由于这种不同的选择，人们培养了不同的胜任能力、兴趣和社会关系网，这些又进一步影响了其生活。能够影响个人选择的任何因素都会深刻地影响一个人的发展，这是因为在自我效能感产生最初效果之后，一个人所选择的特定环境所产生的特定社会影响会进一步提高其在该环境中的胜任力、价值感和兴趣。〔1〕

三、自我效能感的养成

（一）创造成功机会

自我效能感不足的人，常常会过分夸大生活和学习中的困难，过分低估计自己的能力。这时就需要有意地为自己创造更多的成功机会。我们可以经常为自己设立“适当”的、具体的行为目标，尤其是近期目标。比如，计划在一月内读完某本书、

〔1〕 曲振国主编：《大学生就业指导与职业生涯规划》，清华大学出版社 2020 年版，第 60 页。

一周内达到多少跑步时长、一天内完成多少字的论文写作等。有时，成功是成功之“母”，通过一个个小目标的实现能够逐步积累、提高自我效能感。

（二）积极自我鼓励

积极的心理暗示可以明显增强人的自我效能感。要善于发现并捕捉自己在生活中的小进步，不断对自己进行正面心理强化，避免对自己进行负面心理强化。例如，一旦发现自己有所进步，不论大小，都对自己说：“我能行”“我很棒”“我能做得更好”，等等，这将不断提升自我效能感。

（三）寻找自信榜样

老师、家长、同学、朋友都可能成为我们生活中良好的榜样。观察周围人良好的示范行为，模仿他们的思维与行为方式，能够让自己从替代经验中获得自我效能。“艰难困苦，玉汝于成”。从古今中外无数的名人传记中可以看到，很多知名人士在成功前也曾面临过我们正在经历的困境，但是由于他们有较强的自信心，加之自身的努力，最终才能够克服困难，取得成功。因此，如果我们也能像他们那样相信自己，在此基础上去努力、去行动，我们也会成为自己所希望的人。

【课后习题】

「自我效能感测量」

请仔细阅读下表中的描述，每个描述后有四个选项，请根据真实情况，在最符合你的情况的一项上打√。

自我效能感量表

描述	完全不正确	尚算正确	多数正确	完全正确
如果我尽力去做，我总是能够解决问题的				
即使别人反对我，我仍有办法取得我所要的				
对我来说，坚持理想和达成目标是轻而易举的				
我自信能有效地应付任何突如其来的事情				
以我的才智，我定能应付意料之外的情况				
如果我付出必要的努力，我一定能解决大多数的问题				
我能冷静地面对困难，因为我信赖自己处理问题的能力				

续表

描述	完全不正确	尚算正确	多数正确	完全正确
面对一个难题时，我通常能找到几个解决的方法				
有麻烦的时候，我通常能想到一些应付的方法				
无论什么事发生在我身上，我都能够应付自如				

评分标准：

完全不正确 1 分；尚算正确 2 分；多数正确 3 分；完全正确 4 分。分数越高，说明自我效能感越强，表现出来的自信心越高。

1~10 分：你的自信心很低，甚至有点自卑，建议经常鼓励自己，相信自己的能力，正确对待自己的优点和缺点，学会欣赏自己。

10~20 分：你的自信心偏低，有时会感到信心不足，找出自己的优点，承认它们，欣赏自己。

20~30 分：你的自信心较高。

30~40 分：你的自信心非常高，但要注意正确看待自己的缺点。

第三节　能力培养

【案例导入】

陈某是一名法学硕士生，目前已经通过国家法律职业资格考试。陈某不打算继续深造，计划硕士毕业后便开始工作。她曾在法院、检察院、互联网公司法务部门进行实习，认为自己的性格和能力适合法院和检察院的工作，但是就此放弃她想当一名律师的初心，她也心有不甘。与此同时她周围的同学都说律所的工作非常辛苦，面临很大的压力，娱乐和休闲时间较少，有不少同学在律所实习后都认为自己不适合成为一名律师。因此陈某非常纠结，她未曾在律所实习过，对于律所的看法都是从他人口中得知，她不确定自己是否适合从事律师这一职业。同时她又担忧，若进入律所实习后又发现自己不喜欢律所的工作，会不会是在浪费自己的时间？

M. L. 戈德斯密德（Marcel Lucien Goldschmid）教授归纳出毕业生顺利就业并取得职业成功的五个要素，分别是，①就业动机及良好的个人素质（包括坚韧不拔的毅力，严谨的工作作风，充沛的体力和精力，自我管理的自主性，灵活的应变能力等）。②人际关系技巧（即交际能力，适应能力，与人合作能力等）。③掌握丰富的科学知识（即具有广博的、综合性、跨学科的知识组合，及多元文化的教育背景）。④有效的工作方法（具有分析问题和解决问题的能力，策划运筹能力，自我管理能力）。⑤敏锐的、广阔的视野（即具备创业者及企业家精神，能站在全球的角度以多向思维甚至是批判性思维方式分析和处理问题，能在世界各地寻求发展，开拓事业)。[1] 那么对于法科生来说，顺利就业并取得职业成功应当具备什么职业能力呢？这些能力又如何培养呢？

一、法律职业最看重的能力

随着教育体系的完善和教育水平的提高，我国研究生数量逐年提升。研究生就业难已是当下一个不争的事实，在影响研究生就业的诸多因素中，职业能力是最重要的因素之一。能力是完成一切工作、创造效益的基础，因此任何一家用人单位在选人、用人的时候，都不会忽视能力的价值。除法律知识外，法律职业[2]最为看重的能力有哪些呢？

(一) 沟通能力

沟通能力是指一个人与他人有效地进行沟通信息的能力，包含表达能力、争辩能力、倾听能力等等。沟通能力表面上看只是一种能说会道的能力，实际上它是个人素质的重要体现，包罗了一个人从穿衣打扮到言谈举止等一切行为的能力。一个具有良好沟通能力的人，他可以将自己所拥有的专业知识及专业能力进行充分的发挥，并能给用人单位留下“他最棒”“他能行”的深刻印象。[3]

沟通不仅是我们传递信息、获取信息的重要途径，在法律职业中，更是必不可少的工具。律师需要与当事人交流、法官

〔1〕［瑞士］M. L. 戈德斯密德：“展望新世纪高等教育：理论学习与职业生涯的中介”，金爱晶译，载《高等教育研究》1999 年第 6 期。

〔2〕法律职业泛指以律师、法官、检察官和公证人为代表的，受过专门的法律专业训练，具有娴熟的法律技能与法律伦理的法律事务岗位从业人员做构成的共同体。狭义的法律职业主要指法官、检察官、律师、公证员和基层法律服务工作者。广义的法律职业除包括上述职业外，话包括企事业单位中从事法律事务的职业岗位，比如法务专员。法律职业是绝大多数法学毕业生职业选择。

〔3〕胡礼祥主编：《大学生领导力拓展与训练》，浙江大学出版社 2011 年版，第 108～109 页。

需要与原被告交流。最高人民法院曾经报道过全国模范法官陈燕萍的调解经验，其中提到过一个陈法官处置纠纷的沟通案例：有两个堂兄弟曾为一块宅基地发生纠纷，在法庭上二人争得面红耳赤，甚至毫不留情地打起来。陈燕萍却不着急，她微笑着给原告倒了一杯水，被告见状把水杯打翻了。她又给被告倒了一杯水，结果也被原告打翻了。陈燕萍默默地找来拖把，把地上的水污拖干净。看到陈燕萍的举动后，双方的争吵声渐渐平息了下来。这时陈燕萍微笑着问他们："你们来法庭是干什么的？"双方都答道："当然是来解决问题的。""既然知道是解决问题的，那我们来研究一下具体的解决方法吧。"陈燕萍的一席话点醒了双方，他们渐渐回归理性，最后，闹了数年的纠纷竟然在一朝之间化解了。由此可见沟通交流在办案中的重要性。

（二）团队协作能力

马克思说过："人的本质是社会关系的总和。"一个人的生存和发展是建立在其他人的生存和发展之上的。如果把自己看成是一张"社会支持网"的中间节点，那你需要与他人相互合作，不断地去链接其他的节点，这张网才能发挥作用。通过统计律师事务所发布的招聘要求，80%以上的律师事务所均要求求职者"有一定的团队协作能力"。在日常的工作中，一个人单打独斗很难完成一个项目，我们经常需要与很多同事进行合作，才能够完美完成任务。团队中每个成员擅长的领域不同，团队合作是一种为达到既定目标所显现出来的自愿合作和协同努力的精神，它可以调动团队成员的所有资源和才智，使得所有人的作用得到最大程度的发挥。因此，团队协作能力是职场必不可少的一项能力。

（三）创新能力

在快速发展的互联网时代，人们的生活方式发生着巨大的改变，从纸币支付到线上支付、从传统的纸质阅读到电子化阅读、从燃油汽车到新能源汽车，从百度搜索到 chatGPT，科技创新不断改变着我们的生活。人类社会的每一次进步，都离不开创新。因此，创新能力是在这个时代必不可少的能力。在 2020 年 7 月 29 日召开的全国研究生教育会议上，习近平总书记对研究生教育工作做出重要指示："研究生教育在培养创新人才、提高创新能力、服务经济社会发展、推进国家治理体系和治理能力现代化方面具有重要作用。"但是目前，我国研究生的创新能力尚低，大部分研究生无法将知识与实践有效结合；而且部分高校科研活动较少，缺乏对研究生科研创新的带动，学生的创新热情和兴趣得不到培养，创新积极性不高。[1]

相较于理工科而言，文科创新有自身的独特性，它更倾向于产生新的理念、观点、制度、方案、政策等，即通过所掌握的学科专业知识，发现、分析和思考问题，提出创新性的观点，解决实际问题，对实施情况进行评价和优化。这是一个从观察到思考、创造到优化的循环过程，支撑文科研究生开展创新的，一方面是他们的专业知识积累；更重要的是他们的知识转化能力。这种转化能力实际上是围绕创新过程开展各项工作所需的能力总和，主要包括：感知和发现问题能力、批判性思维能力、解决复杂问题能力等。[2]

（四）领导能力

俗话说："一头绵羊带领的一群狮子，敌不过一头狮子带领的一群绵羊。"一个领导者可以改变一个团队、组织的面貌。求学阶段的班长、学生会/研究生会主席、项目负责人、团队负责人等都是领导者。领导能力也称领导力，它存在于我们周围，

〔1〕 武巍、时贵仁："中美研究生职业能力构建及培养比较分析"，载《现代教育管理》2016 年第 3 期。

〔2〕 陈凡："文科硕士生创新能力的内涵、影响因素和培养路径"，载《学位与研究生教育》2021 年第 7 期。

在管理层、在课堂、在球场、在课题小组，在学生组织，在班级甚至在宿舍的各个阶层、各个领域都可以看到领导力。领导力是解决和处理事务的能力，是做好每一件事情的核心。一个头衔或者职务并不能自动产生一个有领导力的领导。领导能力是领导者的个体素质、思维方式、实践经验以及领导方法等影响具体领导活动效果，能从思想、认识上不断给人以“正确”指导，是一系列行为的组合。在行动上不断以事实给人印证的连续性综合能力。领导能力包括战略决策能力、组织指挥能力、公关处理能力、统筹协调能力等方面。即使不是所有人都会走上领导岗位，但每个人在将来的工作中都会不同程度地运用到领导能力，例如组织一次团建、组织一次节日活动等。近几年来，很多省级单位组织的选调生考试都要求有学生干部经历或者社团工作经历，大多招聘单位也会优先录取有学生干部经历或者社团工作经历的求职者，这表明他们很看重毕业生的领导能力。

（五）实务能力

2018 年 9 月，教育部与中央政法委联合颁发《关于坚持德法兼修实施卓越法治人才教育培养计划 2.0 的意见》（教高〔2018〕6 号），其中就要求强化法学实践教学环节，既要“进一步提高法学专业实践教学学分比例，支持学生参与法律援助、自主创业等活动，积极探索实践教学的方式方法，切实提高实践教学的质量和效果”，又要“着力推动建立法治实务部门接收法学专业学生实习、法学专业学生担任实习法官检察官助理等制度，将接收、指导学生实习作为法治实务部门的职责”。作为在校学生，法科生将主要的时间与精力倾注在课本知识的学习上，对法律实务的接触有限。经过法学院培养的学生尚难以达到“拿来即可使用”的成熟法律人的要求，只能成为初级法律人。[1] 初级法律人相对于成熟法律人所欠缺的主要就是实务能力，掌握初步的实务能力是学生由学校走向工作岗位的必要能力，缺乏此项能力会导致学生的专业知识只能存留于头脑，却无法适用于实践之中，造成理论与实践的联系不紧密，无法做到知行合一。

法律不只存在于法条之中，更是存在于日常生活之中。对于法科生来说，比起学习知识，更重要的是学习运用自己的法学知识，这就是法科生应当具备的实务能力。在实践中，各高校为培养学生的实务能力，开设了系列实务课程，邀请知名律所的律师，有办案经验丰富的法官、检察官、毕业的优秀校友为学生们上课、讲座，讲授实务技巧。其中，写作能力是实务能力中最为重要的能力之一，大家可能认为，如果不是从事学术研究工作，写作能力并不是特别重要。实则非也，对于法科生来说，起诉状、答辩状、代理词、判决书、公诉书等法律文书的写作，都是专业能力的重要体现。

（六）适应能力

学校内外的环境有很大不同，学生要保证自己从学校到社会的顺利过渡，能很快地适应新的学习、生活、工作环境，与人交往轻松、大方，对各种情况能应对自如，就需要提高自己的社会适应能力。对于研究生来说，较之同期本科毕业进入社会的同学，多了研究生阶段的学习，在学校的时间更长，对于社会的接触更晚，因此对学校的环境可能产生更强的依赖。部分研究生进入职场后，适应工作节奏需要一定的时间。因此，应当及早培养对社会的适应能力。

---

〔1〕 杨德桥：“论法学院对法律硕士职业能力培养的客观限度——以 CBE 理论为分析框架”，载《研究生教育研究》2022 年第 1 期。

二、法科生求学阶段的能力准备

（一）本科阶段

大学一年级——试探期：要初步了解职业，特别是自己未来想从事的职业或与自己所学专业对口的职业。具体活动可包括多和学长、学姐们交流就业情况。大一学习任务不是很重，建议多参加学校的活动，拓宽交友范围，培养人际交往能力。同时注意保持自己的英语水平，由于大部分高校的英语四、六级考试设置在大学二年级，因此很多同学容易在大学一年级时放松对英语的学习，丢失了高中时打下的良好基础。

大学二年级——定向期：应考虑清楚未来是否深造或就业，了解相关的职业活动，并以自身的基本素质为主，通过参加学生会或社团等组织，锻炼自己的各种能力；可以开始尝试兼职、参加社会实践活动，最好能在课余时间经常从事与自己未来职业或本专业有关的工作，确认自己是否适合从事这些工作；考取相关资格证书，通过考取证书提高自己的技能。

大学三年级——冲刺期：三年级临近毕业，此时一定要对自己今后的发展方向做出抉择，并开始进行准备。如果准备参加工作，应当收集招聘信息，获取招聘要求，根据用人单位的要求着手简历、笔试、面试方面的准备工作；如果准备考研升学，应当确定考研院校、专业、研究生类型，并制定复习计划，开始复习；如果准备出国，应当准备相关申请材料，提高自己的绩点和英语水平，以便申请到理想的学校。

大学四年级——分化期：这一时期，我们的目标应该锁定在顺利就业以及升学上。要求职的同学，应多多参加招聘活动，在实践中检验自己的积累和能力，利用学校提供的条件，了解就业指导中心提供的用人公司资料信息，强化求职技巧，进行模拟面试等训练；要升学的同学，则应充分利用时间，提升知识技能。

（二）硕士阶段

我国全日制研究生培养分为“专业学位硕士”（以下简称为“专硕”）和“学术学位硕士”（以下简称为“学硕”）两类，二者的培养方向、培养目标稍有不同，但是二者在研究生期间的能力准备上大致相同。目前大部分专硕的学制为两年，学硕的学制为三年（因校而异）。下文以两年制的专硕和三年制的学硕为例分析其在不同阶段的能力准备。

研究生一年级——储备期。一年级对于专硕和学硕来说属于储备期，因为课程多安排在一年级，也会在导师的指导下研读专业书籍、参与课题，因此这一阶段是知识技能的重要储备时期。此外，为了求职的顺利进行，建议在一年级就要储备求职信息，包括多和高年级的或者已经毕业的师兄、师姐们交流，尤其是毕业年级的同学们，向其询问就业情况，以及各单位的招聘要求。同时也要了解自己，建议有时间时选修或者旁听学校开设的职业生涯规划课程，明确自己的兴趣与性格，分析自己的能力，学习职业生涯规划的技巧。在与学业不冲突的情况下，可以考虑开始专业实习。

研究生二年级——探索期。二年级时学校的课程安排较少，有较多可自由支配的时间，这时应当进行专业实习，探索职业类型。可以选择进入律所、法院、检察院、公司法务部门这类实务型单位实习，也可以选择去出版社、研究院等学术型单位实习；可以选择与专业较为相关的岗位实习，也可以选择与专业不太相关但是个人较为感兴趣的岗位实习。在时间允许的情况下，可以多进行不同单位的实习。

由于学制的不同，专硕和学硕在二年级的区别主要在于是否面临毕业，对于前者而言，实习之余，应当将主要精力放在求职招聘和毕业论文上，因此应当注意专业实习、求职准备与论文写作三者的时间安排。对于后者而言，尚不需要面对求职的压力，主要是通过专业实习探索求职方向，确认自己的兴趣和所具备的技能，同时通过进一步的学术研究和训练确定毕业论文的选题方向、着手毕业论文的写作。

研究生三年级——冲刺期。两年制的专硕不存在三年级，因此此阶段仅针对学硕。于学硕而言，三年级的任务主要是求职与毕业。经过前两年的积累与探索，学生对于自己的求职意向以及各项能力均较为了解，三年级需要做的则是向目标冲刺。若是选择继续深造，三年级则应进行博士申请考核的相关准备工作，例如努力发表论文，确定读博院校、专业，联系导师；若是选择就业，想要进入公务员序列则要准备选调、国考、省考等公务员考试，想要进入律所，则要确定目标律所，提前进入实习并争取留用机会。一年级和二年级所积累的各项能力都会在三年级得到充分运用与体现，同时如果发现自己尚未具备的能力，更要做到及时补足。总体来说，三年级是前两年的学习、实习等经历的验收期，同时这一年的节奏与前两年相比会较为紧凑，因此学生需要在三年级进行冲刺，向着理想的目标不断迈进。

三、培养能力的途径

培养能力的渠道有很多种，大致可以分为两类，“第一课堂”和“第二课堂”，“第一课堂”即课堂教学，“第二课堂”是指课堂教学活动以外的场景。

（一）第一课堂

学生在第一课堂中主要是获取专业知识，提升专业能力。除此之外，为了创新教学方式，提高学生能力，目前在很多高校开展“翻转课堂”，即学生负责主要讲解，老师负责辅助、提示。在“翻转课堂”中，学生时常分为几个小组，组内进行分工合作，以小组为单位进行展示，如此一来，也能够不断锻炼学生们的沟通能力、团队协作能力、领导能力等。

（二）第二课堂

1. 进行专业实习

实习是每位学生在跨出校门、走向社会之前必须经历的阶段，是学生了解社会、了解工作的窗口。有学者通过分析4万余名专业学位硕士研究生的数据发现，整体上，实习对专业硕士的实践创新能力和职业素养具有显著的正向影响，且实习活动越嵌入真实的工作场景，正向影响越大。[1]《全日制法律硕士专业学位研究生指导性培养方案（适用于法学毕业生）》明确规定，学生“在法院、检察院、律师事务所、法律援助机构、公证处等司法实际单位或政府法制部门、企事业单位法律工作部门实习不少于6个月”。因此，几乎所有的高校都会将专业实习纳入研究生的培养方案，把实习作为课程和学分的一部分来要求学生完成。实践中，专业实习有时会流于形式，学生在实习单位并未认真进行实习，最终请实习单位出具一份实习证明，向学校提交一份实习报告草草了事。学生们的职业生涯规划不同，实习对他们有着不同的特殊意义。对于打算进入社会工作的同学，实习常常能帮助你认清自己的能力、特点，了解行业和职位的具体情况，有助于今后的选择。甚至在实习期间表现突出的话，可能获得留用的机会。对于继续深造、致力于研究的学生，实习往往能让你认清现实与书本上的不同，了解实践中值得研究的问题，对你以后的研究更有启发，也许通过实习能让你真正发现自己感兴趣的领域，改变人生道路。总之，实习对学生的人际交往能力、专业知识的积累、组织协调能力、表达能力等会有综合的提高。

2. 参加社团活动

社团是拥有共同兴趣的同学们为了发展爱好、结交志同道

---

〔1〕 王传毅、李福林：“实习如何‘赋能’专业学位硕士研究生——基于研究生满意度调查”，载《中国高教研究》2021年第10期。

合的好友所组织起来的业余团体，包括学术类社团，如西方法律史研究会、德国行政法研究会等；体育类社团，如篮球协会、羽毛球协会等；文艺类社团，如书法协会、戏剧社、吉他社、记者团等。学生可以根据自己的喜好和特长选择合适的社团，或是丰富自己的课余生活，或是培养自己的兴趣特长，或是加深和拓宽专业知识的掌握。通过在社团中组织、筹办活动，更是能够培养自己的统筹能力，积累经验。总之，参加社团活动不仅能够拓宽好友圈，更能进一步锻炼自己的人际交往能力和组织管理能力。用人单位在选择毕业生的时候一般对社团骨干更为青睐。

3. 进行社会实践

2011 年 12 月，教育部、中央政法委在《关于实施卓越法律人才教育培养计划的若干意见》中指出：“我国高等法学教育还不能完全适应社会主义法治国家建设的需要，……，培养模式相对单一，学生实践能力不强，应用型、复合型法律职业人才培养不足。”在各所高校中，为提高学生的实践能力，学校会为学生提供包括寒暑假期和双休日在内的实践机会，并在组织、宣传、资金等方面给予一定的指导和帮助。当前研究生的社会实践已引起了社会各界的高度关注，有些地区和单位专门组织和设定社会实践的岗位和课题，欢迎学生积极参与并给予一定的资助，对一些好的、有发展前景的课题，主办者可以帮助孵化甚至进一步发展。每个学生要切实把握住这样的机会，以锻炼自己各方面的能力。社会实践与前面两类活动相比，与专业知识的关系更密切。社会实践通常会得到学校的资助，所以，申报社会实践的学生必须精心准备实践方案，通过学校组织评审和公开答辩，才能获得被资助的资格。在申报项目的过程中，要求学生将平时所学和社会问题、社会现象相结合，有创意地提出问题。在项目实施的过程中，需要小组成员通力协作，必须有很强的组织、协调、管理的能力；在实践结项时，必须通过实践分析问题、研究问题，提出专业且富有创意的解决方案，因此要有表达能力、文字功底和创新能力。可见，一次准备充分、认真实施的社会实践项目对学生各方面的能力都有提升。

4. 参加各类竞赛

校园里时常举办的各类竞赛是学生展现自我风采、培养个人能力的绝好契机。演讲比赛、辩论赛、主持人大赛、模拟法庭等赛事会锻炼学生的语言表达、思辨能力与临场反应能力；“互联网+”创新比赛、“挑战杯”比赛等赛事激励学生将所学专业知识与日新月异的社会实践相结合，必然能够激发和培养学生的创业意识和创业能力；论文写作竞赛、英语阅读竞赛等学术赛事则能够激发和提高学生的学术热情。参加各类竞赛不仅能够结识一群志同道合的同学，还能检验自身的能力，从而获得自我效能感，增强自信心。而在赛事中获奖，能够成为简历中的点睛之笔。

5. 担任学生干部

学生生活中，锻炼的机会随处可见，关键就在于你是否能够把握机会。通常可以通过竞选的方式担任学生干部，从学生会干部到研究生会干事，从班长到寝室长，任何职位都可以是你发挥自身才干、为同学服务的机会。实践中有些同学存在认识误区，认为担任学生干部是浪费时间，其实这种想法是欠妥的。第一，担任学生干部能锻炼你的组织管理能力、决策能力和时间管理能力。无论是开班会、传达通知，还是统计信息，都需要你能协调各方、组织人员参与，并对行为做出决断和选择。这些能力的养成在今后的工作中有着重要的作用，往往成为用人单位选拔人才的标准之一。第二，当学生干部要与众多的同学、老师打交道，能很好地培养自己待人接物的技巧，并为自己打下良好的人际关系基础，扩大社交圈子，获得众多的朋友。第三，当学生干部能培养良好的品德。作为法科生，无论是选择成为律师、法务还是公务人员，在工作中都应时刻秉持着“以我所学，服务人民”的情怀。而为人民服务的奉献精神、为他人着想的合作态度、勤恳踏实的工作作风、迎难而上的顽强斗志等品质都能够在学生工作中得到培养和锻炼。需要指出的是，担任学生干部不能仅看重干部头衔的光环，更要注意对自我的锻炼，即使自己没有机会担任干部，只要有一颗为同学服务的爱心，只要善于观察、取他人之长补自己之短，仍然可以使这些能力得到提高。

6. 接受就业指导

就业指导是各大高校一项最为重要的学生工作。在实践中，学校的就业指导中心会收集、整理各类就业信息并第一时间向学生传达，消除学生与用人单位之间信息的不对称性；就业指导中心还会为学生提供各类就业咨询。以中国政法大学为例，学生可在就业指导中心预约老师进行一对一、一对多的就业辅导，就岗位的选择、简历的制作、面试的礼仪等诸多细节问题寻求老师的指导。院校更是时常举办就业技能培训讲座、就业经验分享讲座，邀请相关专家和优秀校友为在校学生进行就业指导。同时，还会组织模拟职场、模拟笔试、模拟面试等活动，帮助学生增长求职经验。辅导员老师和导师是对学生进行就业指导的主力军。一方面，辅导员老师和导师与学生接触较多，对于学生的个人情况，如个性、兴趣、能力等较为了解，能够为学生的求职提供第三方客观的、理性的建议；另一方面，辅导员老师和导师一般具有丰富的带教经验，对于自己往届学生毕业时的就业情况了如指掌，在学生们进入职场后更是长期保持联系，因此对于他们后续的就业感受也有所了解，不仅能为求职中的学生介绍有一定求职经验的师兄师姐，更是能够根据自己的阅历与对当下就业形势的分析，为学生们提供一些切实可行的建议。因此对学生应当充分利用学校、辅导员、导师为大家提供的就业指导。

【课后习题】

「了解用人单位最看重的职业能力」

一、通过以下几则律师事务所的招聘要求，总结律师这一职业要求具备的能力。

A 律师事务所：

1. 法学院校毕业，法律功底扎实，法律思维严谨；
2. 品行端正，具有责任心、执行力、学习能力和团队协作精神；
3. 热爱律师行业，沟通、协调和抗压能力强；
4. 英语能力良好，熟练使用办公软件；
5. 具有留学背景、知名律所相关实习、工作经验者优先。

B 律师事务所：

1. 法学院法学专业毕业，硕士以上学历；
2. 通过中国法律职业资格考试，并持有中国律师执业证；
3. 具有 3 年及以上法律从业经验，业务领域包括公司并购、金融、证券、诉讼仲裁、知识产权等；
4. 优秀的中英双语表达和书写能力；
5. 诚实守信，责任心强，工作严谨；有工作进取心，积极主动，具有创新意识；工作勤勉，任劳任怨，具有创业心态；较好的沟通能力，团队合作意识强。

C 律师事务所：

1. 拥有出色的中文口头及书面表达能力、出色的法学理论功底；

2. 法学研究生以上学历（优秀者可放宽至本科）；

3. 熟悉公司法、破产法、证券法等商事法律法规；

4. 拥有出色的自学能力和良好的沟通能力；

5. 熟练操作主流办公软件，有较强的信息搜索、数据处理能力，较强的研究能力和逻辑分析能力；

6. 工作积极主动有热情，富有责任感；做事有条理，重视细节。

通过分析上述招聘要求，你认为律师事务所看重的职业能力有什么？

二、你心仪的职业是什么？它要求具备什么样的技能？

1. 知识技能：

2. 自我管理技能：

3. 可迁移技能：

三、你是通过何种渠道了解到心仪的职业要求具备的技能？

四、你认为自己具备哪些心仪的职业要求具备的技能？这些技能是如何获得的？

五、你认为自己尚不具备哪些心仪的职业要求具备的技能？计划如何获得这些技能？

第五章 | 价值观探索

【学习目标】

1. 了解职业价值观的概念、特征和类型等。
2. 探索职业价值观，澄清职业价值观。
3. 掌握职业价值观在职业生涯规划中的应用。

【案例导入】

「如何作出职业抉择」

临近毕业，某政法大学法学院的研二学生小杜最大的问题是不知道毕业后自己最适合做什么。小杜性格沉稳自信，做事谨慎有毅力，对事物有自己独到的看法，富有同情心，乐于帮助师弟师妹解决问题。家人觉得小杜是个女孩子，适合找一份安安稳稳的工作，所以推荐小杜去从事企业法务工作。小杜在家人的劝说下，作为企业法务去公司实习了一段时间，但她越来越迷茫和痛苦，她意识到企业法务工作并不适合自己。

小杜心目中的好职业的标准是收入高、福利好，工作环境（包括人际关系）好，工作符合自己的兴趣和特长，具有一定的挑战性，最好能有些成就感；心目中的好公司的标准是工作氛围好，同事间和睦相处，管理制度自由。她适合需要细心、严谨、有创新性的和有挑战性的工作；由于喜欢挑战和自由，故不适合稳定安逸、循规蹈矩的工作。企业法务工作虽然稳定，但这并不符合小杜的职业价值观，显然在小杜的职业选择中可以排除企业法务工作。小杜不是一个安于平淡的人，比起稳定，她在职业选择中更加看重高收入、挑战性和自由。律师工作收入高，具有挑战性，管理自由，较为符合小杜的职业价值观。另外，小杜在平日学习、模拟法庭比赛和律所实习中培养出了对民商争议解决领域的兴趣。经过综合分析，小杜目前的职业定位为民商争议解决领域的律师较合适，应在毕业前做好必要的准备。

探索个人职业价值观，根据职业价值观，选择自己的生活、工作方式，人生就能更加自洽圆满。价值观与职业选择息息相关，而每个人的职业价值观都不完全相同，每个人职业选择及工作中最看重的东西也有差异。这一章我们来探索职业价值观。

第一节　职业价值观概述

一、价值观与职业价值观

（一）价值观的概念

价值就是人们赋予事物的重要性、优点或实用性。它是一种使某些东西值得我们需要的性质。存在主义大师萨特认为：“所谓价值，也就是你所挑选的意义。”价值观是关于价值的观念，就是人对事物好坏对错的判断。“好坏对错”的下位概念包括得失、荣辱、成败、福祸、善恶等。不管什么时候，当你说某样东西对你很重要或者对你意义重大时，你都是在陈述一种价值观。[1]

价值观是指个体在认识人、事、物的基础上，对人、事、物的意义、功能、重要性等形成的总的看法和根本观点。价值观是我们在生活和工作中所看重的原则、标准或品质。它指向我们一生中最重要的东西，是个体行为背后的深层动机，对个体的职业选择和发展起到重要的激励、影响作用。[2] 价值观有两种表现，首先表现为价值追求、价值靶向，演化成一定的价值目标；其次表现为价值准则和标准，帮助个体判断与评价人、事、物价值的有无以及价值的大小。[3] 价值观是个体行为的内在驱动，个体根据价值观衡量重要性、分辨是非曲直，根据价值观所形成的判断会影响个体作出的抉择。价值观通常可以表述为“我喜欢……”“我重视……”或“我不能接受……”等。

（二）职业价值观的概念

“职业价值观”这一概念最早出自20世纪50年代舒伯的职业发展理论之中，是指一个人对职业选择以及职业生涯发展、结果的意义、功能、重要性的总的看法和根本观点。生涯大师舒伯认为，职业价值观是个人追求的与工作有关的目标，亦即个人在从事满足自己内在需求的活动时所追求的工作特质或属性，它是个体价值观在职业问题上的反映。[4] 也就是说，职业价值观是对不同职业和职业生活的价值评价与取向，是一个人衡量各种职业好坏和重要性的内心标尺。俗话说人各有志，其

---

〔1〕 陈夏初主编：《大学生职业生涯规划与管理》，江苏人民出版社2013年版，第52页。

〔2〕 钟谷兰、杨开编著：《大学生职业生涯发展与规划》，华东师范大学出版社2016年版，第80页。

〔3〕 张文海主编：《大学生职业发展与就业指导》，国家行政学院出版社2015年版，第71页。

〔4〕 钟谷兰、杨开编著：《大学生职业生涯发展与规划》，华东师范大学出版社2016年版，第82页。

中的“志”在择业语境中就表现为职业价值观。

职业价值观是一个人对职业以及自己职业行为结果的意义、作用、效果和重要性的评价和看法。简单地说，就是对职业及职业活动好坏对错的判断。它是一种具有明确目的性、自觉性和持续性的职业选择态度和行为，对一个人的职业目标和择业动机有着决定性的作用。职业价值观一旦形成，相对比较稳定。

职业价值观体现了职业的属性、功能及职业活动对主体需要的满足关系。不同的职业能满足人的不同价值需求。比如，科研工作可以满足人的智性激发、成就、声望等价值需求，但不能满足管理权力、多样性等价值需求；自由撰稿人能满足人的审美、独立自主等需求，但不能满足安全、同事关系等价值需求。如果对创造性要求比较高，那么与设计、建筑、广告创意、艺术等有关的工作可能会符合要求。〔1〕职业价值观是一个人面对职业生涯的内心信念，能够为其选择职业领域、职业岗位，职业发展路径等提供足够的理由。〔2〕选择职业的过程是探索个人职业价值观的过程，也是更加客观真实地了解自己的过程。职业选择因个人职业价值观不同而有所区别。法科生如果喜欢充满挑战、经济报酬高的工作，会更倾向于投身律师行业。

【案例分享】

「能让我快乐的工作是什么?」

小张是某政法大学法学院的研究生，她喜欢稳定的生活。研究生毕业后，她在某国有企业找到了一份法务工作。平日里，

---

〔1〕 陈夏初主编：《大学生职业生涯规划与管理》，江苏人民出版社 2013 年版，第 53 页。

〔2〕 李凯、周建立主编：《职业生涯发展与规划》，华南理工大学出版社 2020 年版，第 23~24 页。

小张的工作压力不大，和同龄人相比，工资水平不错，生活过得很舒服。这是一份在旁人眼里令人艳羡的工作。然而工作时间越久，小张越迷茫：花了很多时间精力学习的专业知识没有用武之地，在工作中的自我成长速度很慢，觉得自己逐渐丧失了工作竞争力。

为什么小张没有在工作中获得快乐?

【案例点评】

小张感到迷茫与职业价值观相关。从小张的迷茫可以看出小张希望在工作稳定的同时，能够在工作中运用专业知识，并且快速积累工作经验，形成自己的竞争力。可见，小张是一个渴望不断提升自己，在工作中持续取得成绩，受到他人肯定的人。选择竞争性稍强、有挑战性的工作或许可以让小张重新快乐起来。

【课堂练习】

「我心目中的理想工作」

请同学们思考自己心目中理想的三个职业，假设三个职业分别为职业 A、职业 B、职业 C。

将三个职业任意分组，分为两组。请思考：分到同一组的两个职业有什么相似之处，而该相似之处正好不同于另一组的哪个职业？写下这些相似点和不同点，然后改变职业的排列组合，以同样的方式重复进行思考。

表 5-1　职业组合

组合一		组合二		组合三	
职业 A、职业 B	职业 C	职业 A、职业 C	职业 B	职业 B、职业 C	职业 A
和人沟通	独自工作	工作多样化	工作单一	有创造性	机械重复

续表

组合一		组合二		组合三	
……	……	……	……	……	……

请同学们在这些因子中勾选出在职业选择中看重的要素。

在该练习中，同学们可能会写出：工作薪酬丰厚、工作压力小、工作通勤时间短、晋升空间大、社会地位高、有成就感、工作时间自由、工作环境舒适等等要素。实际上，在阐述心目中理想工作的要素时，你就已经在展现你的职业价值观了。

二、探索职业价值观的意义

1996年，舒伯和萨维克斯提出："价值观带来目的感，像星星一样指引人去到生命空间内的某些地方。那里可以是意义的中心、需要得到满足的地点和兴趣得以表达的场所。价值观比兴趣更为基础重要，因为价值观表示质量或探索的目标，而兴趣则表示那些追求价值观的活动或事物。"〔1〕

（一）职业价值观与人的需求

职业价值观是人们自身职业行为的内在驱动器，它影响着人们对待自己、对待生活、对待职业选择的方式。首先，职业价值观代表人们对客观职业生涯的看法，潜在地投射了人们内在的主观世界，能够使得人们更加深刻地认识自己的需求和认知状况。

---

〔1〕 陈夏初主编：《大学生职业生涯规划与管理》，江苏人民出版社2013年版，第54页。

马斯洛提炼出了人的五层次需求，从低到高分别为：生理、安全、归属、自我尊重、自我实现的需求。只有低层级需求得到解决，个体才能向高一层级的需求迈进。满足这些需求的愿望使得个体采取了不同的行为选择，从职业生涯角度来说，这体现为职业价值观。[1] 比如，部分刚步入社会的同学，可能会比较重视工作的经济收入能否满足温饱，工作是否稳定等，这属于生理、安全需求层级。等工作了几年，同学们可能会进而考虑从事的工作中团队合作是否和谐，能给自己带来多少发展和成长，是否符合自己的兴趣等，这就进入到了归属、自我尊重、自我实现的需求层级。

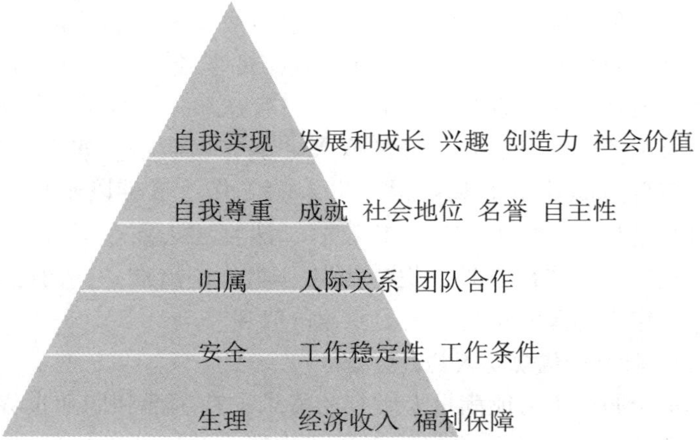

图 5-1　马斯洛需求层次模型—价值观

（二）职业价值观与职业选择

职业价值观对人的行为起着定向和调节的作用，探讨职业价值观对于生活和职业选择都有重要作用。职业价值观是人们

---

〔1〕 钟谷兰、杨开编著：《大学生职业生涯发展与规划》，华东师范大学出版社 2016 年版，第 82 页。

在考虑问题时所看重的原则和标准，是人们内在的驱动力。职业价值观在人们的生涯发展中往往起到决定性的作用，甚至可能超过了兴趣和性格对个人的影响。日常生活中，同样可以看到职业价值观对我们的巨大影响。比如，你的父母是不是常常用他们的职业价值标准来影响你进行专业、职业方面的选择？而当你的观点与他们的意见发生分歧的时候，这种冲突是否也是不同职业价值观之间矛盾冲突的体现？〔1〕

1. 职业价值观会使职业行为更有方向感

职业价值观，决定一个人追求什么、如何生活（生活方式），决定一个人能在什么样的职业领域感受到幸福，清楚地知道人生中最重要的是哪些，有助于避免或摆脱不愉快的生存状态，可以使我们始终自洽，朝向最理想的职业和生活状态奋斗。职业价值观与职业选择息息相关。只有从事一份符合自己的职业价值观的工作，职业生涯的发展才能充满激情。如果从事了一份与自身职业价值观有很大出入的工作，就难以坚持下去。在求职过程中，面对律师、检察官、法官、法务等诸多就业去向，我们必须作出选择，提前为某一职位作出准备，而能够影响我们作出选择的正是个人的职业价值观。

2. 职业价值观是人的过滤器

一份职业不可能满足人所有的需求，在生活和职业世界中，我们不断做着职业价值观的澄清、排序，并据此做出取舍。我们考察职业价值观，不是看人们如何看待“职业价值”的本质，而是注重探讨人们在职业选择和职业生涯中，在众多的价值取向里优先考虑哪种价值。澄清职业价值观可以真正了解自己在乎的是职业中的哪些因素，哪些可以妥协、哪些可以放弃。在

〔1〕 钟谷兰、杨开编著：《大学生职业生涯发展与规划》，华东师范大学出版社 2016 年版，第 83 页。

实际的职业选择中，当有若干个选项放在面前不知如何取舍时，我们往往采取排除的方式。职业价值观就像一个过滤器，而这个过滤的标准，很大部分来源于我们的职业价值观。明确自己的职业价值观能够帮助我们排除不合适的职业选项，减少我们的择业迷茫。个体越清楚自己的职业价值观，越能作出正确的职业选择。

3. 职业价值观有助于个人做出科学职业决策

研究表明，有效的职业决策与一个人对自己的价值观的明晰程度正相关，对职业价值观越清晰，职业决策的过程就越容易，并且工作满意度越高。[1] 求职过程是一个双向选择的过程。不同的工作对应着不同的价值观，法科生在求职时，要考虑到自己的职业价值观是否与工作单位相匹配。

“你坐在船上，背着四个包袱，里面分别装着权力、健康、金钱和诚实。这时，河面刮大风，为保证你的安全，你必须扔掉一个包袱，这时，你会先扔哪一个呢?”这是在某大学的模拟招聘会上，企业现场给同学们出的题。事实表明，企业用人看重学生的价值取向。来自贝尔实验室、宝洁（中国）有限公司、通用电气（中国）有限公司等一批知名企业的考官参加了模拟招聘会，通用公司的招聘人员直言：“如果面试学生和企业的价值取向不相合，我们肯定会拒绝他!”[2] 可见，工作单位在选择求职者时会考虑到求职者的价值观是否与自身的价值取向契合。举例来说，公司制律所和提成制律所的价值观就有所不同。公司制律所强调律师事务所的制度规范，一切按照制度行事，而非按某位律师的个人想法自由行事，而提成制律所的制度规

---

〔1〕 陈夏初主编:《大学生职业生涯规划与管理》，江苏人民出版社 2013 年版，第 54 页。

〔2〕 陈夏初主编:《大学生职业生涯规划与管理》，江苏人民出版社 2013 年版，第 65 页。

范强制力较弱，新入职的年轻人是由团队负责人自行管理。那么求职者如果更认可严格的管理秩序，就更适合在公司制律所工作；如果更倾向于自由、可协调的管理秩序，就更适合在提成制律所工作。

在法律职业选择的语境下，不同的职业价值观在一定程度上指向不同的法律职业种类。职业价值观在此参考舒伯的 15 类职业价值因子，其中部分职业价值观和不同的法科生职业种类并不存在明显的一一对应关系，如美的追求、成就满足等可以与多种职业有所对应，故在下表以“/”标示。

表 5-2　职业价值观对应法律职业表

序号	职业价值观	法律职业
1	利他主义	公益律师、司法鉴定中心的鉴定员、法医
2	美的追求	/
3	创造发明	法律科技产品运营、法学教师
4	智力激励	法学教师、某些科研学术机构专职法学研究者、法律翻译
5	独立自主	自由职业者（如法律类自媒体运营）、法律新媒体运营、法学教师
6	成就满足	/
7	声望地位	法学教师、公务员（法官、检察官、政府工作人员等）
8	管理权力	公务员
9	经济报酬	高级或合伙人律师、企业法务总监
10	安全稳定	公务员（法官、检察官、政府工作人员等）
11	工作环境	企业法务、法学教师

续表

序号	职业价值观	法律职业
12	上司关系	自由职业者（如法律类自媒体运营）
13	同事关系	法学教师、公务员
14	多样变化	法治记者、律师
15	生活方式	自主创业者

职业价值观对应法律职业表仅作职业选择参考之用，其中呈现的职业价值观与法律职业的对应关系不是绝对的，只是举例作为代表而言的，表明某一类职业价值观可能会使人更加倾向于某一类法律职业。例如，职业价值观为独立自主、管理权力、生活方式的人，他的职业发展目标可能是成为律所合伙人。

三、职业价值观的特征

（一）主观性

职业价值观具有主观性。在评价人、事、物的价值以及评判是非对错时，每个人所凭据的内心尺度和主观念想是不同的，职业价值观是因人而异的。每个人的家庭环境、教育经历、兴趣爱好、人生阅历等先天和后天的条件有所不同，因此会塑造出不同的职业价值观。在职业价值观上，每个人对不同职业有自己内心确信的评判，这些评判主观性较强，并不完全一致，在职业选择上表现为对不同职业的倾向性有所不同。

（二）稳定性

职业价值观具有稳定性。随着时间的推移和个人阅历的增长，一个人的职业价值观逐步确立。个人职业价值观一旦成型，相对来说具有较强的稳定性。在自身条件和周围环境均保持不变的情况下，一个人对某类人、事、物价值的评价与观点很难改变。然而，职业价值观的稳定性并不是绝对的稳定。在自身条件或周围环境改变的情况下，比如个人的经济水平改变、年龄增长、社会环境变化等，职业价值观也会随之变化。在从事某职业前，法科生对它的认识可能是浮于表面的、充满幻想的。只有借助实习等机会亲身体验不同的工作岗位，如律师助理、法务助理、法官助理、检察官助理等，才能对不同工作岗位的认识有所加深，认识到不同工作的价值所在，这会使得个人职业价值观有所改变。

（三）社会历史性

职业价值观具有社会历史性。首先，职业价值观具有社会性。个人从出生开始，就无法脱离社会独自生活，生活在社会中的人，职业价值观的形成会不可避免地受到社会环境以及社会上价值观的影响。其次，职业价值观具有历史性。不同年代对人、事、物的价值判断不同，因而个人身处不同年代所形成的职业价值观是不同的。一个人所处的社会生产方式以及其具备的经济条件，对个人职业价值观的确立有较大影响。

（四）系统性和指导性

职业价值观具有系统性和指导性。职业价值观并非单一存在的，而是遵循特定的逻辑，联结成有层次的价值体系的方式而存在的。单一存在的职业价值观没有意义，因为其无法发挥作用，只有处在一个职业价值体系，单一的职业价值观才能大显身手。职业价值观由此能够指导人们作出符合价值观的职业决策，从而指导人们作出相应的职业行为，即其对个人职业选择与行为有明显的指导性。[1]

【案例分享】

小李毕业于某政法大学民商法学专业。毕业那年他将公务员当作自己最理想的职业选择，认为公务员工作稳定、社会地

---

〔1〕 张文海主编：《大学生职业发展与就业指导》，国家行政学院出版社 2015 年版，第 72~73 页。

位较高、收入水平也能接受。因此，他全心全意准备公务员考试。小李的笔试成绩比较高，顺利进入了面试。但因面试成绩不理想而没有被录用。在公务员投考失败后，小李去了某律所担任律师助理。他在律所表现出色，自己的专业知识得到发挥，同时对律所的收入也比较满意，在工作关系上由于得到上级律师赏识而感到很愉悦。

他现在的想法是，以前总觉得公务员工作稳定、收入可观、工作环境好，但现在感觉进入律所工作也是一种不错的选择，这份工作让自己感到充实、有成就感，能感觉到自我迅速成长，收入也不错。

从这个案例可以看出，小李的职业价值观在工作一段时间后发生了改变，他更加认识到自己看重的事物是什么。

第二节　职业价值观类型

一、终极性价值观与工具性价值观

美国心理学家洛克奇按照“存在的结果状态”和“行为的方式”把价值分成两类：终极性价值和工具性价值。终极性价值是指个体终其一生希望实现的最终目标，工具性价值是指个体实现终极性价值观所偏好的行为方式。[1] 具体的两类价值因子见表5-3。

---

〔1〕 陈夏初主编：《大学生职业生涯规划与管理》，江苏人民出版社2013年版，第57页。

表 5-3　洛克奇价值因子表

终极性价值		工具性价值	
1. 舒服的生活	10. 内心自洽	1. 有志趣、抱负	10. 有想象力
2. 丰富多彩的生活	11. 成熟的爱	2. 心胸开阔	11. 独立
3. 成就感	12. 国家安全	3. 能干	12. 聪慧
4. 和平的世界	13. 快乐	4. 爽朗、愉快	13. 有条理
5. 美丽的世界	14. 心灵超脱	5. 整洁	14. 博爱
6. 平等博爱	15. 自尊	6. 勇敢	15. 服从
7. 家庭安全	16. 社会认可	7. 宽容	16. 礼节
8. 自由	17. 诚挚的友谊	8. 服务	17. 负责
9. 幸福	18. 智慧	9. 真诚	18. 自制

同学们需要了解终极性价值和工具性价值之间的差异，弄清楚自己的终极性价值观和工具性价值观分别是什么，这样才能在追求终极性价值和工具性价值之间合理分配自己的时间和精力。很多人在工作中错将工具性价值当作终极性价值，没有看清工具性价值并非自己真正想要实现的最终目标，才走上了苦苦追求工具性价值的弯路。

【案例分享】

临近毕业，某政法大学法学院的研三学生小张渴望经济自由，在求职过程中非常重视薪资水平，在相对低薪但任务量小的企业法务工作和相对高薪但任务量大的律师助理工作之间，选择了后者。工作几年以后，小张的薪水稳步提高，但是律所的工作几乎占用了小张的所有时间，他几乎没有时间进行娱乐和放松，他开始怀疑自己是否作出了正确的职业选择。

请问经济报酬对于张三而言到底属于终极性价值还是工具

性价值？

【案例点评】

经济报酬对于张三而言属于工具性价值。小张误以为物质决定了一切，经济自由等同于能够愉快地享受人生。而实际上，他真正想要的是舒适的生活，而一定的经济收入只是实现舒适生活这一目标的手段。经济报酬对于小张而言是工具性价值，经济报酬只是一种实现终极性价值的工具。

【课堂练习】

「探索终极价值观」

使用阶梯法探索你内心真正追求的终极价值观。

第一步：请列举出你认为最重要的三项价值观，例如“自由”“成就感”“帮助他人”等。

第二步：选择其中一项价值观，通过几种意思相近但不同句型的问句，逐级深入分析你认为重要的价值观。问句例如：“你为什么认为X这么重要?”“你为什么这么重视X?”“为什么选择X，而不选择Y?”具体而言，问答方式可以是这样的。问：“为什么成就感在工作中对你来说这么重要?”答：“因为成就感可以让我感觉自己很厉害。”

在得出答案后，使用同样的句型“为什么你认为……这么重要?”追问下去，直到无法回答为止，帮助自己找到核心的终极价值观。例如，问：“为什么你认为‘感觉自己很厉害’这么重要?”答：“因为这能让我明白自己的价值所在。”

通过阶梯法，你找到自己内心真正的终极价值观了吗？它（们）是什么呢？

阶梯法能帮助我们从表层的价值逐渐深入到深层的核心价值。核心的价值往往与自我存在有关，常常涉及的句子有“这样才能成为我想要成为的样子”“这才算活得有意义”“这才是我理想的人生状态”等。[1]

二、价值观的分类

（一）洛克奇的13类价值观

1973年，美国心理学家洛克奇在《人类价值观的本质》一书中将人类价值观分为13类价值观。

1. 成就感

社会地位提升，社会的认可；在工作中受到他人肯定，在成功完成一项工作任务后产生满足感。

2. 美感

能有机会从各个角度欣赏周围的人、事、物或所有自己认为有价值、意义的事物。

3. 挑战

能有机会对自己的知识才学加以运用来解决工作中的困难；能够突破传统的经验，创新处理事情的方式。

4. 健康

既包括身体健康也包括心理健康。在工作中能够气定神闲地处理事情，没有紧张、焦虑和不安等负面情绪的困扰。

5. 收入与财产

通过工作能使得自己获得可观的经济收入，改变自己的经济地位；希望能有足够的金钱购买自己想要购买的东西。

6. 独立性

希望工作方式并不是朝九晚五的坐班方式，而是弹性工作制，即灵活地、自主地选择工作的时间安排与工作地点来完成自己的工作，自由、独立地掌握自己的工作。

7. 家庭、人际关系

关心、体贴自己身边的人，如家人、朋友、同事等，乐于

---

〔1〕 陈夏初主编：《大学生职业生涯规划与管理》，江苏人民出版社2013年版，第59页。

和他人分享，帮助他人解决困难。

8. 道德感

能和组织的目标、价值观、宗教观和工作责任紧密契合，没有矛盾冲突之处。

9. 快乐

与他人一起品味生活的美好，能够结识新的伙伴，享受生命旅程。

10. 权力

能够以自己的意志支配或影响他人的行动和事物的发展。

11. 安全感

能够满足个人基本的生活需求，使个人处于稳定、可预见的工作环境中，避免个人遭遇意料之外的变化。

12. 自身成长

能够在个人知识才学、处世智慧、人生体验上获得刺激和进步，帮助人生更加圆满。

13. 协助旁人

感受和认知自己提供的帮助有益于工作团队的发展，被帮助的他人能够因为你的帮助而得到益处。

（二）马丁·凯茨的10类价值观

心理学家马丁·凯茨在研究约250种职业后总结出了10类职业价值观。凯茨认为澄清自我价值观、排列价值观的轻重次序有助于求职者作出职业生涯选择。

1. 高收入

重视除了实际足够生活需要的费用之外，还有可以随意支配的金钱。

2. 社会声誉

重视个体在社会生活中的地位和他人给予的尊重。

3. 独立性

在工作中有更多的单凭自己就能作出决定的自由。

4. 帮助他人

愿意把改善他人福利、处境、健康等助人行为作为工作的一部分，并将此视为实现人生价值的主要途径之一。

5. 稳定性

在可预见的时间内始终有工作与收入，不会被随意开除，有稳定的工资收入。

6. 多样性

从事的工作并非一成不变的，可以让个体参与不同的事务，解决多样的问题，更换工作环境，结交新的伙伴、客户。

7. 领导力

在工作中希望以自己的意志主导事情的进展，影响或控制他人的想法和行为。

8. 个人兴趣实现

重视工作和个人兴趣的紧密结合，从事的工作领域必须是自己的兴趣所在，希望能在工作中实现自己的兴趣。

9. 休闲

追求舒适、安逸的生活，不愿让工作影响自己的休息时间。

10. 尽早开启职业生涯

在意个人开启职业生涯的时间早晚，是否希望节约时间和不负担高等教育的花费而尽早开启职业生涯。[1]

(三) 斯普兰格的6类价值观

德国教育学家、哲学家斯普兰格在《生活方式》一书中以社会生活的6个基础领域为价值观类型划分标准，将价值观分为6类。这种划分模式是理想化的模式，社会中的个人常常会呈现出倾向于某一类价值观或同时具备若干类型价值观的特点。

---

〔1〕 张桂香等主编:《大学生职业生涯与发展规划》，复旦大学出版社2014年版，第79~80页。

1. 理论型

该类型的人孜孜不倦地追求真理，能够以冷静审慎的视角观察事物，倾向于关注理论性问题，希望能以科学的体系来衡量事物的价值，但他们往往难以解决现实问题。此类价值观拥有者通常为理论家和哲学家。

2. 经济型

该类型的人通常从经济角度出发看待人、事、物，信奉经济价值为上。对人、事、物的评价和判断呈现出功利主义倾向，以获得经济收入为生活目标。此类价值观的拥有者通常为企业家。

3. 审美型

该类型的人将追寻美作为人生意义，从美的角度出发来评价人、事、物的价值，不太在乎现实生活，较为理想化。有志于自我提高和欣赏。此类价值观的拥有者通常为艺术家。

4. 社会型

该类型的人内心有大爱，拥有奉献精神，把提高社会和他人的福祉作为自己的生活目标。此类价值观的拥有者通常为慈善、医疗、教育、社会工作者。

5. 权力型

该类型的人崇尚权力，并希望获得权力从而以自我意志支配和控制他人，不愿意按照他人的命令行事。

6. 宗教型

该类型的人信仰宗教，拥有同情心，以慈悲为怀。此类价值观的拥有者通常为神学家。[1]

(四) 舒伯的 3 类价值观

舒伯将职业价值因子分为 3 类，分别为内在职业价值、外

---

〔1〕 张文海主编：《大学生职业发展与就业指导》，国家行政学院出版社 2015 年版，第 73~74 页。

在职业价值和外在报酬。内在职业价值是指与职业属性相关的价值，如职业的创造发明、独立自主；外在职业价值是指与职业属性无关的价值，如工作环境、同事关系、职业变化度等；外在报酬包括职业所带来的声望地位、经济报酬、生活方式等。[1] 具体有 15 项价值因子：

1. 利他主义

工作是为他人、社会的福祉作出自己的贡献。

2. 美的追求

工作是为了创造充满美感的事物，能够享受美，并使世界变得更加美好。

3. 创造发明

工作是为了发明、设计新事物，创造新的思想观念。

4. 智力激励

工作是为了使得自己能够独立思考，了解事物运行的逻辑，学习分析、处理事物的能力。

5. 独立自主

能够允许以自己的方式或节奏来完成工作，不受过多的支配和限制。

6. 成就满足

工作能够展现出自己工作的成果，圆满完成工作后得到精神上的满足。

7. 声望地位

工作能够使自己获得一定的社会地位和声望，并受到他人的推崇和尊重。

8. 管理权力

工作能够使自己有权力制定工作计划，给他人分配任务，

---

[1] 陈夏初主编：《大学生职业生涯规划与管理》，江苏人民出版社 2013 年版，第 55 页。

管理他人。

9. 经济报酬

工作让自己获得丰厚的工作报酬，使自己有能力拥有希望得到的事物。

10. 安全稳定

工作能够提供一定的生活保障，即使社会经济萧条，自己的工作也不受影响。

11. 工作环境

追求在舒适、宜人、自由的环境中工作。

12. 上司关系

能够与主管公平、融洽地相处，并且获得主管的赏识与青睐。

13. 同事关系

能与志同道合的伙伴一起共事。

14. 多样变化

工作能够提供机会让自己接触不同的工作内容、工作环境、工作伙伴等。

15. 生活方式

能够按照自己喜欢的方式生活，并成为自己想要成为的人。

【课堂练习】

「价值互换」

6~8 人组成一个小组，在小组内进行价值交换活动。

(1) 选择价值

· 请大家在前述舒伯 15 项职业价值因子中，选择 5 项你最认可的价值因子填入表中，并思考为什么你会选择这些价值因子？

· 在选出的 5 项价值因子后面写出你给每项价值因子下的

定义，要达到怎么样的水平才能使你满足？人对同一种价值的定义可能并不相同，比如，对于“物质保障”的理解，有的人可能认为是月薪至少3000元；也有人可以接受2000元月薪的工作，但一定要有医疗保险。

· 在1~5分之间给每项价值因子赋值，数值代表价值因子对你而言的重要性，其中5代表非常重要，4代表很重要，3代表一般重要，2代表不太重要，1代表不重要。思考为什么会赋予它这样的数值？

表5-4 选择价值因子

最认可的价值因子	分值	定义

（2）交换价值

· 请思考如果你必须放弃其中一项价值因子，你会放弃哪一项？并将放弃的这项价值因子与小组内任意一名同学交换。将放弃和交换得到的价值因子填入表格。

· 如果你必须再次放弃剩余四项价值因子中的一项，你会放弃哪一项？再次与小组内任意一名同学（除第一次交换的同学外）交换。将放弃和交换得到的价值因子填入表格。

· 继续放弃、交换价值因子的活动（每次找不同的同学交换），直至你只剩下唯一一项价值因子，它是你无论如何都不愿意放弃的。

表 5-5　交换价值因子

放弃的价值因子	交换得到的价值因子

（3）思考

·你最后留下了哪一项价值因子？为什么你无论如何都不愿意放弃它？

·你通过交换得到了哪些价值因子？它们对你而言是否重要？

·你的价值观会对你的职业选择和人生产生什么样的影响？

·他人的价值观会对你的生活造成什么样的影响？

·通过本次活动，你对于自己的价值观有什么样的了解和想法？

「练习启示」

1. 价值观有内容、强度两种属性。内容属性是指哪种行动方式或事物的最终状态是比较被看重的，如个体选出不同的价值因子。强度属性是指被重视的程度，如个体对挑出的价值因子按重要程度进行赋值。

2. 每个人都有自己认可的价值规则，即对选出的价值因子赋予自己认可的含义和标准。面对同一种价值因子，每个人看待它的方式和角度，以及对它的期望可能是不同的。

3. 价值交换练习是我们步入职业生涯的提前演练。通过价值交换练习，可以让我们体验不得不失去、放弃某种事物的感受。在真实的职业生涯中，没有一种职业可以满足和实现我们所有的要求和期望。在面对职业选择时，我们可以根据价值交换练习所学到的经验，先剔除最不重要的价值，再进一步剔除相对不重要的价值，直至留下自己真正看重的价值。

4. 在职业生涯中需要学会平衡坚守与妥协。保留自己认为最重要的价值，这是坚守底线的姿态；接受交换得到的价值，这是一种自我调整的妥协姿态。在未来的工作中，要有所坚持，但生活和工作中很难做到事事如愿，也要学会有所妥协，积极调整自己的心态。

5. 价值观是分层级和远近的。价值观是有层级的，价值因子有的处于核心位置，有的徘徊在边缘。从时间坐标轴来看，价值观也是有远近的，从远到近呈现出连续的时间状态。

第三节　职业价值观探索与应用

一、价值观的测评

（一）正式测评

对职业价值观而言，目前主流的心理测评是，舒伯的职业价值观量表（宁维卫修订），含 60 个项目，15 类职业价值观。舒伯职业价值观量表见本章附录一，国内研究者编写的职业价值观自测问卷[1]见本章附录二，同学们可以自行测试。

（二）非正式测评

前文提及的阶梯法和价值交换都属于职业价值观的非正式测评，接下来再介绍几个非正式测评的方法，帮助法科生探索个人职业价值观。

---

〔1〕 张武华、周琳主编：《大学生职业规划与就业指导》，华南理工大学出版社 2007 年版，第 135~137 页。

1. 叙事评估

金树人先生主张通过叙事方式寻找生命主题，观察一个人在生活中最关心、最看重的人、事、物。请同学们通过下面的小练习，尝试叙述自己生命中的故事，从而观察自己的价值观。

【课堂练习】

「说出你的故事」

· 座右铭：你在不同的成长阶段都有哪些座右铭？为什么你认为这些话很重要？

· 角色楷模：在成长过程中，哪些人是你最崇拜或仰慕的？你崇拜或仰慕他身上的哪些特质？

· 想象一下如果你是百万富翁，你会做什么？

· 如果有七天长假，你会做些什么，和谁在一起？

· 假如时光过了 60 年，老年的你看到现在的你，你会告诉自己什么？

· 从以上问题的答案中，你发现了什么共同点？有什么新的启示？

2. 生涯传记

生涯传记法常用于辅助了解个人的价值观。

【课堂练习】

「撰写个人生涯传记」

· 想象你在晚年需要出版一本自传，你希望这本自传的受众是什么人？传记书名是什么？并尝试列出传记各章节的标题和各章大意。

· 通过生涯传记的撰写，请思考你从中发现了什么？你认为什么是你最看重的东西？这对你的职业生涯规划有何启发？

3. 价值拍卖

【课堂练习】

「职业生涯价值拍卖会」

（1）班级分组。大约 10 人为一组。

（2）指导语：

假定你拥有 1000 个生命单位（代表着你毕生时间、精力、财力的总和），你在考虑自我需要等多方面因素后，对所看重的拍卖品（参照表 5-6）分别投资一定的单位数量（不一定每一项目都要投资，但若决定投资某一个项目，则不得少于 50 个单位，总数不得超过 1000 个单位）。

（3）拍卖实施。

正式开始拍卖前，你有 5 分钟的时间来思考想要购买的拍卖品顺序以及愿意出的最高价格。按照一般的正式拍卖程序进行标购活动。先由小组推举一名拍卖主持人（主持人也可参加标购），接着即依表上所列项目逐一进行拍卖，以出价最高者购得，将拍卖结果登记下来。

（4）组内讨论。

在所有项目拍卖完成后，各组成员可针对下述问题共同分享经验与感受：所购得的是否为原先预定自认为是重要的项目？若未能购得希望的项目，有何感想？你所看重的项目体现了怎样的价值？

表 5-6　拍卖品清单

序号	项目	预购拍卖品顺序	预算价格	实购价格
1	具有吸引力，让每一个认识我的人都喜欢自己			

续表

序号	项目	预购拍卖品顺序	预算价格	实购价格
2	拥有健康——长寿而没有疾病			
3	有清晰的自我认识，知道自己是谁			
4	获得很高收入			
5	成为一个团体或者政党中最有影响力的人			
6	有时间过愉快、有意义的家庭生活			
7	参加社会活动，如音乐会、戏剧、各种表演或体育运动			
8	在一个没有歧视、欺骗和不公正现象的环境中			
9	为贫病人士竭诚服务			
10	什么时候都可以做自己喜欢的事情			
11	有一份稳定的工作和收入			
12	能够寻找到生活的意义和真谛			
13	精通专业，在所做的一切事情上都取得成功			

续表

序号	项目	预购拍卖品顺序	预算价格	实购价格
14	有学习的条件——有所需的全部书籍、电脑和各种辅助物			
15	创造一个能让人们自由地给予和付出爱的氛围			
16	冒险、迎接挑战，过一个精彩的人生			
17	产生新思想，创造新的行动方式			
18	自由决定工作的条件、时间、位置和着装等			
19	制作有吸引力的物品，为世界增添美丽			
20	获得全国范围内和世界性的荣誉和名望			
21	休长假，什么也不用做，只要开心快乐			

同学们实际购买的结果和预选的可能是不一样的，这说明了我们在决策时受到了团体动力的影响。

其实表格中的每个项目都有与之相关的价值因子，具体如下表所示：

表 5–7　拍卖品价值清单

序号	项目	与项目相关的价值
1	具有吸引力，让每一个认识我的人都喜欢自己	容貌，被赏识
2	拥有健康——长寿而没有疾病	健康，心理健康
3	有清晰的自我认识，知道自己是谁	智慧，了解自我，内心和谐
4	获得很高收入	财富，高收入，利润
5	成为一个团体或者政党中最有影响力的人	权力，领导能力，晋升
6	有时间过愉快、有意义的家庭生活	家庭关系，生活方式
7	参加社会活动，如音乐会、戏剧、各种表演或体育运动	审美，休闲，刺激
8	在一个没有歧视、欺骗和不公正现象的环境中工作	公正，正义，诚实，道德
9	为贫病人士竭诚服务	利他主义，帮助他人，友谊
10	什么时候都可以做自己喜欢的事情	自主，独立，生活方式
11	有一份稳定的工作和收入	工作保障，稳定，固定的工作
12	能够寻找到生活的意义和真谛	智慧，真理，个人的成长
13	精通专业，在所做的一切事情上都取得成功	成就，技能，赏识

续表

序号	项目	与项目相关的价值
14	有学习的条件——有所需的全部书籍、电脑和各种辅助物	知识，智力方面的鼓励
15	创造一个能让人们自由地给予和付出爱的氛围	慈爱，爱，友谊
16	冒险、迎接挑战，过一个精彩的人生	冒险，兴奋，竞争
17	产生新思想，创造新的行动方式	创造性，多样性，变化性
18	自由决定工作的条件、时间、位置和着装等	自由，独立，个人权利
19	制作有吸引力的物品，为世界增添美丽	审美，艺术性的创造
20	获得全国范围内和世界性的荣誉和名望	被赏识，炫耀，威望
21	休长假，什么也不用做，只要开心快乐	休闲时间，放松，健康

通过职业生涯价值拍卖会，同学们可以拓宽考虑职业问题的视角，同时通过职业生涯的价值澄清，可以进一步审视在平日里自己是如何看待并实际把握价值观的。很多同学会把“有时间过愉快、有意义的家庭生活”放在首位，但在实际生活中，我们可能会因为学习、工作等原因变得忙碌，和家人相处的时间并没有想象中那么多。我们总说着“等我有时间的时候，我要……”但似乎总因为各种各样的原因，我们总是等不到理想状态的空闲时间，因为忙碌实际上变成了我们当下的生活状态。在实际生活中，我们是否始终如一地向着自己认为最重要的人、事、物奔赴呢？

我们可以借助对这个问题的反思，进一步反省自己在实际生活中的内心状态。一方面可以据此调整生活方式，正视被我们忽略的部分；另一方面，需进一步反思澄清后的价值观是否“真实”。例如看重休闲却一直忙碌，则需要进行一番自我梳理：究竟是想改变忙碌，还是自己实际上并不排斥甚至享受忙碌的状态？若享受，则忙碌是生活的一部分，是能够持续下去的。当我们不把“忙碌”看成生命的过渡，而是看作最珍贵的生命的一部分时，就会接纳它、认同它，甚至赋予它意义。而我们的职业价值观，也会与自己真实的、当下的生活融为一体。因此，在价值拍卖会中，我们需要时刻提醒自己：通过活动澄清出来的“价值观”，是我们实际生活中真实的价值观（真正花费时间、精力最多的部分），还是我们自认为重要却离我们的实际生活很遥远的部分。[1]

二、价值观的澄清

每个人的价值观都会有很具体的美好的表述，在职业选择的时候最难的是澄清的过程而不是价值观本身。学者 Raths. Simon 和 Harmin 认为，真实价值观澄清有三个阶段，七个步骤：第一个阶段选择自己真正的价值 观。包括（1）在不考虑他人压力的情况下自由选择一种价值观，（2）将此价值观和其他价值观和其他选择放在一起考虑，（3）考虑每一种价值观的的结果。第二阶段为评估价值观，包括（4）珍视、喜爱你的价值观选择，（5）在适当的时候乐于向他人公开自己的选择。第三个选择为按照价值观行事，包括（6）做与选择有关的行为，（7）以与你价值观选择一致的模式行动。[2] 当你要检视某

〔1〕 陈夏初主编：《大学生职业生涯规划与管理》，江苏人民出版社 2013 年版，第 62 页。

〔2〕［美］里尔登等著，侯志瑾等译：《职业生涯发展与规划》，中国人民大学出版社 2010 年版，第 20 页。

个重要的价值观，看看是否能用上述七个步骤来澄清。

拉舍等学者曾指出，真实的价值观需要具备上述类似的要素：

1. 选择

(1) 它是你自由选择的，没有来自任何人或任何方面的压力吗？

(2) 它是从众多的价值选项中挑选出来的吗？

(3) 它是在你思考了所做选择的结果后被挑选出来的吗？

2. 珍视

(4) 你是否珍爱你的价值观，或者为你的选择感到自豪？

(5) 你愿意公开向其他人承认你的价值观吗？

3. 行动

(6) 你的行动是否与你选择的价值观一致？

(7) 你是否始终如一地根据你的价值观来行动？

以前述七个要素为标准重新审视自己所看重的某件事物。如果对于每个问题你给出的答复都是肯定的，那么可以认定你看重的某件事物确实是你真实的价值观。如果你给出的答复有一部分是否定的，那么你需要重新思考自己在实际生活中真正看重的是什么。

【课堂练习】

1. 在表 5-8 中，写出 10 项你曾经从事过并认为是工作的活动。这里的“工作”指任何你投入了精力和时间的活动（如学校活动、志愿活动、运动、家务劳动、娱乐以及全职、兼职或临时性的工作等）。在表格的第一行写上表 5-4 价值互换活动中你选出来的最重要的 5 种职业价值因子。

针对你列在表格左侧的工作或活动，思考一下你列在首位的职业价值因子。如果该项价值因子在这一活动中得到了体现，那么就在交叉的方格中画“√”。

完成这10项工作与价值因子的对应之后，统计一下每项工作价值得到的“√”，哪项最多？是你之前认为最重要的那一项吗？你怎么看待这个结果？

表5-8　真实价值观澄清表

我最看重的价值 / 我投入精力的工作					
1.					
2.					
3.					
4.					
5.					
6.					
7.					
8.					
9.					
10.					
总计					

如果对你来说重要的职业价值因子都有不少的勾，那么说明你的价值观是与真实价值观一致的。如果不是，那么要检视一下为什么会出现这样的结果？这个价值观真的是你在乎的，还是别人强加给你的？或者你自认为重要的东西，其实对于你的生活而言，并非如此。

2. 为了澄清真实的价值观，请回想一下过去一两个月内你作出的10个相对重要的决定。比如：你是如何运用自己的时间、精力和金钱的？你希望如何运用它们，而实际上又把它们花在了什么方面（如有必要，你也可以从现在开始每天对此进行记录，在一个月之后再进行回顾，以便得出更准确的结果）？你和什么样的人相处？你做了一些什么样的事情？在一些举棋不定的事情上，你最终作出了什么样的选择？

当你回顾这些决定时，浮现出来的是什么模式？这样的生活形态是你想要的吗？比较一下你在自我探索活动和价值观测评中所得出的价值观，与你在实际作决定时所选择的，是否有什么不同。如果这两者之间有差异，思考一下：你是要调整自己的选择，以求更符合自己所宣称的价值观呢，还是说那些反映在你行动中的价值取向其实才是你真正相信的？

回答上述问题的过程就是价值观澄清的过程。价值观的澄清会耗费一个人的时间和精力，它甚至是一个不断试错的过程。但是将时间、精力投入其中是值得的，因为价值观的澄清会帮助一个人在职业生涯中更好地为自己的自由而全面的发展作出规划和选择。古语云“知行合一”，将认知和行为紧密地结合在一起，当自己按照澄清后的真实职业价值观行动时，我们更有可能提升工作动力和职业生涯的幸福感。

3. 人际关系/归属感、团队合作，物质保障/高收入，稳定，安全，创造性，多样性和变化性、新鲜感，乐趣，自由独立(时间，工作任务)，平等，被认可，受尊重，能帮助他人，能发挥自己的才能，成就感，成功，名誉，地位，有意义，自主独立，有学习/发展/成长的机会，权力（领导/影响他人），有益于社会，挑战性，冒险性，竞争，符合自己的道德观，工作环境、工作地点，工作与生活的平衡，健康，家庭，朋友，亲情，亲密关系，爱，信仰，自由，幸福，为社会服务，和谐……

·参照以上词语，挑选出其中5条（以逗号隔开的表示一条）对你来说最重要的价值观，分别写在5张小纸条上。

·在另外一张白纸上给每一条对你来说很重要的价值观下定义，即要达到什么样的水平你才能满意？

·现在，如果你不得不放弃其中的一条，你会放弃哪一条？

·现在，如果你不得不继续放弃剩下四条中的一条，你会放弃哪一条？继续下去，直到最后一条。这是否是你无论如何也不愿放弃的？

思考，对于你所选择的价值观：

(1) 它是你自由选择的，没有来自任何人和任何方面的压力吗？

(2) 它是你在思考了所做选择的结果或后果后被挑选出来的吗？

(3) 你珍爱你的价值观，并为你的选择而感到高兴吗？

(4) 你愿意公开地向其他人声明你的选择吗？

(5) 你能做一些与你选择的价值观有关的事情吗？

(6) 你能采取与你的价值观相一致的行为模式吗？

三、法科生应用案例

某大学法学院的大四学生小杜最大的问题是不知道毕业后自己最适合做什么。家人觉得小杜适合进入国企做法务，小杜在其劝说下准备了法务的面试、笔试，但是内心却仍然感到迷茫和痛苦。对于这种情况，小杜不妨对自己的职业价值观、个性等方面进行测评，分析自己心目中好的职业标准是什么，自己的性格特点又是什么。

测评显示：小杜心目中的好职业的标准是薪水高、福利好，工作环境（包括人际关系）好，工作符合自己的兴趣和特长，具有一定的挑战性，最好能有些成就感；心目中的好公司的标准是工作氛围好，同事间和睦相处，管理制度自由。小杜性格沉稳自信，做事谨慎有毅力，对事物有自己独到的看法，富有同情心，乐于帮助师弟师妹解决问题。她适合需要细心、严谨、有创新性的和有挑战性的工作；由于喜欢挑战和自由，故不适合稳定安逸、循规蹈矩的工作。

法务工作相对来说内容比较固定，而且需要遵循公司的管理制度，基本不符合小杜的职业价值观。因此，可以在小杜的职业选择中排除国企的法务工作。

小杜曾经考虑准备考研继续深造，但她担心在考研形势越来越严峻的情况下，自己花费一年时间埋头苦学却不能进入理想的院校。在浪费一年时间以后，要继续在毕业后的第二年找工作，这对好强的小杜来说有点难以接受。

小杜有每天坚持阅读专业领域经典案例的习惯，喜欢分析案例。本科在律所实习期间，小杜跟随律师接触过几个民商领域的案子，对和当事人接洽、类案检索、法律关系分析等内容十分感兴趣。此外，小杜还是校辩论队队员，拿过优秀辩手的称号，也经常参加模拟法庭比赛。在模拟法庭比赛过程中，小杜在争议解决方面培养出了兴趣。

经过综合分析，小杜目前的职业定位为民商争议解决领域的律师较合适，应在毕业前为此做好必要的准备。

职业定位之所以难，很大原因是不确定因素的存在：一是对自我了解的不确定和偏差。正如小杜，不喜欢安稳的职业和生活，想在大城市闯荡一番，靠自己打拼出优秀的成绩，但是家人觉得女孩子适合当法务，她在劝说下试图应聘法务。二是外界环境的不确定性。小杜想要考研深造，可又担心考研失败，在第二年找不到理想的工作。这些不确定因素让职业定位变得棘手。职业定位是在对个人理解、外部环境做出判断的基础上做出的一种选择，它代表了一个阶段内个人的职业发展方向，但它不是一成不变的。任何人对自己的认识都会有所偏差，外部的环境也在随时发生变化，这些都可能导致职业定位逐渐发生变化。

职业定位总要有取舍，有些人迟迟不能定位，因为害怕顾此失彼。其实，两条路一起走尽管能降低风险，但人的职业生涯是有限的，有舍才有得，专注走一条路，也许能更快走向成功。[1]

小杜案例的启示：要坦诚地认识和接受自己与生俱来的个性特征，以及后天形成的职业兴趣、职业价值观。小杜试图忽视自己的个性向他人的期望妥协，而人的个性是很难改变的。正确选择职业，最终也是为了个人的发展和生活的幸福，强扭的瓜不甜。就像一个演员出演“像自己”的角色更容易成功一样，“本色出演”是个人职业定位应该遵循的原则。定位不是为了改变自我，而是为了在职业和人生的舞台上更好地发展与实现自我。

附录一　舒伯职业价值观测评

一、舒伯职业价值观量表

仔细阅读表 5-9，并在每个题目后方填上 1~5 的分值，分值代表该选项对你而言的重要性。其中 5 代表非常重要，4 代表比较重要，3 代表一般，2 代表不太重要，1 代表很不重要。

〔1〕 李凯、周建立主编：《职业生涯发展与规划》，华南理工大学出版社 2020 年版，第 25 页。

表 5-9　舒伯职业价值观量表

题号	题目	分值	题号	题目	分值
1	能参与救灾济贫的工作		31	能够减少别人的苦难	
2	能经常欣赏完美的艺术作品		32	能运用自己的鉴赏力	
3	能经常尝试新的构想		33	常需构思新的解决方法	
4	必须花精力去深入思考		34	必须不断地解决新的难题	
5	在职责范围内有充分自由		35	能自行决定工作方式	
6	可以经常看到自己的工作成果		36	能知道自己的工作绩效	
7	能在社会中扮演更重要的角色		37	能让你觉得出人头地	
8	能知道别人如何处理事务		38	可以发挥自己的领导能力	
9	收入能比相同条件的人高		39	可使自己存下很多钱	
10	能有稳定的收入		40	有好的保险和福利制度	
11	能有清静的工作场所		41	工作场所有现代化的设备	
12	主管善解人意		42	主管能采取民主领导方式	
13	能经常和同事一起休闲		43	不必和同事有利益冲突	

续表

题号	题目	分值	题号	题目	分值
14	能经常变换职务		44	可以经常变化工作场所	
15	能成为你想成为的人		45	常让你觉得如鱼得水	
16	能帮助贫困和不幸的人		46	常帮助他人解决困难	
17	能增添社会的文化气息		47	能创作优美的作品	
18	可以自由地提出新颖想法		48	常需提出不同的处理方案	
19	必须不断学习才能胜任		49	需对事情深入分析研究	
20	工作不受他人干涉		50	可以自行调整工作进度	
21	常觉得自己的辛劳没有白费		51	工作结果受到他人肯定	
22	能使你更有社会地位		52	能自豪地介绍自己的工作	
23	能够分配调整他人工作		53	能为团体拟定工作计划	
24	能常常加薪		54	收入高于其他行业	
25	生病时能有妥善照顾		55	不会轻易被解雇或裁员	
26	工作地点光线通风好		56	工作场所整洁卫生	
27	有一个公正的主管		57	主管的学识和品德让你敬佩	
28	能与同事建立深厚友谊		58	能够认识很多风趣的伙伴	
29	工作性质常会变化		59	工作内容随时间变化	

续表

题号	题目	分值	题号	题目	分值
30	能实现自己的理想		60	能充分发挥自己的专长	

二、舒伯职业价值观量表计分

表 5-10　舒伯职业价值观量表计分

得分	对应题目	职业价值观
	1、16、31、46	利他主义
	2、17、32、47	美的追求
	3、18、33、48	创造发明
	4、19、34、49	智力激励
	5、20、35、50	独立自主
	6、21、36、51	成就满足
	7、22、37、52	声望地位
	8、23、38、53	管理权力
	9、24、39、54	经济报酬
	10、25、40、55	安全稳定
	11、26、41、56	工作环境
	12、27、42、57	上司关系
	13、28、43、58	同事关系
	14、29、44、59	多样变化
	15、30、45、60	生活方式

附录二　职业价值观自测问卷

一、自测问卷

请你根据自己的实际情况，在括号中填入数字 1~5 来评价下列项目对你理想工作而言的重要程度。其中 5 代表非常重要，4 代表比较重要，3 代表一般，2 代表不太重要，1 代表很不重要。

表 5-11　职业价值观自测问卷

序号	题目	分值
1	你的工作必须经常解决新的问题。	
2	你的工作能为社会福利带来看得见的效果。	
3	你的工作奖金很高。	
4	你的工作内容经常变换。	
5	你能在你的工作范围内自由发挥。	
6	你的工作能使你的同学、朋友非常羡慕你。	
7	你的工作带有艺术性。	
8	你的工作能使人感觉到你是团体中的一分子。	
9	不论表现如何，你总能和大多数人一样晋级、加工资。	
10	你的工作使你有可能经常变换工作地点，工作场所或工作方式。	
11	在工作中你能接触到各种不同的人。	
12	你的工作上下班时间比较随便、自由。	

续表

序号	题目	分值
13	你的工作使你有不断取得成功的感觉。	
14	你的工作赋予你高于别人的权力。	
15	在工作中，你能试行一些自己的新想法。	
16	在工作中，你不会因身体、能力等因素，被人瞧不起。	
17	你能从工作的成果中，知道自己做得不错。	
18	你的工作经常要外出、参加各种集会和活动。	
19	只要你干了这份工作，就不会再被调到其他意想不到的单位或工种上去。	
20	你的工作能使你的世界更美丽。	
21	在你的工作中，不会有人常来打扰你。	
22	只要努力，你的工资会高于其他同龄人，升迁或加工资的可能性比干其他工作大得多。	
23	你的工作是一项对智力的挑战。	
24	你的工作要求你把一些事务管理得井井有条。	
25	你的工作单位有舒适的休息室、更衣室及其他设备。	
26	你的工作有可能结识各行各业的知名人物。	
27	在你的工作中，能和同事建立良好的关系。	
28	在别人的眼中，你的工作是很重要的	
29	在工作中你经常接触到新鲜的事物。	
30	你的工作使你能常常帮助别人。	
31	你在工作单位中，有可能经常变换工种。	

续表

序号	题目	分值
32	你的作风使你被别人尊重。	
33	你工作单位的同事和领导人品较好，相处比较随便。	
34	你的工作会使许多人认识你。	
35	你的工作场所很好，比如有适度的灯光，舒适的座椅，安静、清洁的环境，宽敞的工作空间甚至恒温等优越的条件。	
36	在工作中，你为他人服务，使他人感到很满意，你自己也就很高兴。	
37	你的工作需要计划和组织别人的工作。	
38	你的工作需要敏锐的思考。	
39	你的工作可以使你获得较多的额外收入，比如：常发实物、有机会购买打折扣的商品、常发商品的提货券、有机会购买进口货等。	
40	在工作中你是不受别人差遣的。	
41	你的工作结果应该是一种艺术品而不是一般的产品。	
42	在工作中不必担心会因为所做的事情领导不满意，而受到训斥或经济惩罚。	
43	在你的工作中能和领导有融洽的关系。	
44	你可以看见你努力工作的成果。	
45	在工作中常常要你提出许多新的想法。	
46	由于你的工作，经常有许多人来感谢你。	
47	你的工作成果常常能得到上级、同事或社会的肯定。	

续表

序号	题目	分值
48	在工作中，你可能做一个负责人，虽然可能只领导很少几个人，你信奉“宁做兵头，不做将尾”的俗语。	
49	你从事的那一种工作，经常在报刊、电视中被提到，因而在人们的心目中很有地位。	
50	你的工作有数量可观的夜班费、加班费、保健费或营养费等。	
51	你的工作体力上比较轻松，精神上也不紧张。	
52	你的工作需要和电影、电视、戏剧、音乐、美术、文学等艺术打交道。	

二、评分方法与结果解释

将每组得分填入得分栏，最后依次列出最高和最低各三项。某一职业价值观维度的得分越高，代表你越看重这一职业价值观。从中可以了解自己的职业价值观倾向，可以作为职业生涯规划的参考。

表 5-12　职业价值观得分结果

得分	题号	价值观	特点	典型职业
	2、30、36、46	利他主义	直接为大众的幸福和利益尽一份力。	画家、设计师、音乐家、舞蹈家等
	7、20、41、52	美的追求	能不断地追求美的东西，得到美感享受。	医生、警察等

续表

得分	题号	价值观	特点	典型职业
	1、23、38、45	智力刺激	不断进行智力的操作，动脑思考，学习以及探索新事物，解决新问题。	公务员、高层管理人员等
	13、17、44、47	成就感觉	不断创新，不断取得成就，不断得到领导与同事的赞扬，或不断实现自己想要做的事。	高薪职业
	5、15、21、40	独立自主	能充分发挥自己的独立性和主动性，按自己的方式、步调或想法去做，不受他人的干扰。	部门经理、高级主管、校长等
	6、28、32、49	声望地位	从事的工作在人们的心目中有较高的社会地位，从而使自己得到他人的重视与尊敬。	项目经理、公司主管
	14、24、37、48	管理权力	获得对他人或某事物的管理支配权，能指挥和调遣一定范围内的人或事物。	高校教师、科研工作者、作家等

续表

得分	题号	价值观	特点	典型职业
	3、22、39、50	经济报酬	获得优厚的报酬，使自己有足够的财力去获得自己想要的东西。使生活过得较为富足。	研发人员、学者等
	11、18、26、34	社会交际	能和各种人交往，建立比较广泛的社会联系和关系，甚至能和知名人物结识。	销售、市场、人力资源、咨询师等
	9、16、19、42	安全稳定	不管自己能力怎样，希望在工作中有一个安稳的局面，不会因为奖金、加工资、调动工作或领导训斥等经常提心吊胆，心烦意乱。	培训师、技术人员等
	12、25、35、51	舒适	希望能将工作作为一种消遣、休息或享受的形式。追求比较舒适、轻松、自由、优越的工作条件和环境。	办公室人员等
	8、27、33、43	人际关系	希望一起工作的大多数同事和领导人品较好，相处在一起感到愉快、自然，认为这就是很有价值的事，是一种极大的满足。	教师、公务员等

续表

得分	题号	价值观	特点	典型职业
	4、10、29、31	多样变化	希望工作的内容应该经常变换，使工作和生活显得丰富多彩、不单调枯燥。	证券、投资类职业

得分最高的三项：________、________、________。
得分最低的三项：________、________、________。

第六章　法律职业探索

【学习目标】

1. 了解职业世界及探索的意义。
2. 掌握探索职业世界的方法。
3. 了解法律职业的内涵。

第一节　职业世界探索

在此之前，我们探讨了自我世界，即性格、兴趣、价值观和能力以及在职业选择中发挥的作用，本章开始，我们将视角从内部转移到外部，来探讨职业世界，评估你在其中的最佳位置。职业世界探索也是职业生涯规划的基础与前提，它和自我探索就像一个硬币的两面，两者在职业生涯规划中缺一不可。职业世界是什么？职业世界探索有哪些阶段？职业世界探索对职业发展有何意义？通过思考这些问题，法科生能对职业世界有更多的了解，为科学职业生涯规划奠定基础。

一、职业世界概述

职业世界是个人实现职业理想的平台，对人格塑造和个性发展有着重要影响。学会探索与分析职业世界的方法，了解职业世界和法律职业，是法科生探索职业世界的第一步。

（一）认识职业世界

职业是指从业人员为获取主要生活来源所从事的社会工作的类别，它是社会分工的结果，不同的职业要求从业者具备不同的专业知识和技能。根据职业特点和社会分工的不同，职业可划分为不同的类别。在人力资源和社会保障部和国家统计局等单位牵头修订的《中华人民共和国职业分类大典》（2015 年版）中，按照从业人员所从事工作的性质进行的职业划分，我国社会职业有 8 大类、75 中类、434 小类共计 1481 种职业。[1]

表 6-1　职业分类表[2]

类别	中类	小类	细类（职业）
第一大类：党的机关、国家机关、群众团体和社会组织、企事业单位负责人	6	15	23
第二大类：专业技术人员	11	120	451
第三大类：办事人员和有关人员	3	9	25
第四大类：社会生产服务和生活服务人员	15	93	278
第五大类：农、林、牧、渔业生产及辅助人员	6	24	52
第六大类：生产制造及有关人员	32	171	650
第七大类：军人	1	1	1

〔1〕 国家职业分类大典修订工作委员会编：《中华人民共和国职业分类大典》，中国劳动社会保障出版社 2015 年版，第 8 页。

〔2〕 国家职业分类大典修订工作委员会编：《中华人民共和国职业分类大典》，中国劳动社会保障出版社 2015 年版，第 13 页。

续表

类别	中类	小类	细类（职业）
第八大类：不便分类的其他从业人员	1	1	1

随着社会与科技的发展，新兴职业的产生和落后职业的淘汰使得职业种类在不断发生变化。我国经济、社会文化、科学技术在不断发展，产业结构也发生了根本性变化，技术或知识主导型职业占据越来越重要的地位。2022 年颁布新版的《中华人民共和国职业分类大典》包括大类 8 个、中类 79 个、小类 449 个、细类（职业）1636 个。与 2015 年版大典相比，增加了法律事务及辅助人员等 4 个中类，数字技术工程技术人员等 15 个小类，碳汇计量评估师等 155 个职业（含 2015 年版大典颁布后发布的新职业）。法律类职业在新版职业分类中占据了中类的地位。法律职业是典型的知识主导型职业。作为“朝阳产业”，法律行业急需专业的法律人才，处于上升的发展趋势，拥有广阔的发展前景。

（二）法律职业的概念

法律职业是指以法官、检察官和律师等为代表的，受过专门的法律专业训练，具有娴熟的法律技能与法律伦理的法律事务岗位从业人员所构成的共同体。我国从事法律职业的人员归属于专业技术人员中的法律、社会等专业人员，指主要从事律师、公证、司法鉴定、社会服务和宗教活动以及依法行使审判权、检察权等工作的专业人员。

表 6-2　法律和社会等专业人员职业分类表

<table>
<tr><th>大类</th><th>中类</th><th>小类</th><th>细类</th></tr>
<tr><td rowspan="12">专业技术人员</td><td rowspan="12">法律、社会和宗教专业人员（2-07）</td><td>法官（2-07-01）</td><td></td></tr>
<tr><td>检察官（2-07-02）</td><td></td></tr>
<tr><td>律师（2-07-03）</td><td></td></tr>
<tr><td>公证员（2-07-04）</td><td></td></tr>
<tr><td rowspan="2">司法鉴定人员（2-07-05）</td><td>法医（2-07-05-01）</td></tr>
<tr><td>物证鉴定人员（2-07-05-02）</td></tr>
<tr><td>审判辅助人员（2-07-06）</td><td></td></tr>
<tr><td>法律顾问（2-07-07）</td><td></td></tr>
<tr><td>宗教教职人员（2-07-08）</td><td></td></tr>
<tr><td>社会工作专业人员（2-07-09）</td><td></td></tr>
<tr><td>其他法律、社会和宗教专业人员（2-07-99）</td><td></td></tr>
</table>

法律行业是热门行业，除律师、法官等传统职业外，不断涌现新业态与新职业。例如，在线平台上巨大的法律咨询需求市场催生了新职业“法律知识工程师”，该职业以知识管理为主要职能。[1] 时代发展下职业世界在不断发生变化，法律行业蕴藏着巨大的发展机遇。

（三）法律职业探索的概念

职业世界探索的关键是进行行业、职业、单位、岗位及职业环境等系统分析。职业环境分析遵循着从宏观到微观的规律，

〔1〕严青等：《遇见法律知识工程师：互联网时代法律人的职业新选择》，中国政法大学出版社 2016 年版，第 25 页。

包括对行业、职业、单位和地域的分析。法律职业探索，就是基于法律职业的分类，对不同具体职业的行业、单位、地域等因素进行了解，为未来的职业选择奠定基础。

行业分析的主要内容包括某行业的现状和发展趋势，其对从业人员的需求量，以及处于何种发展阶段。《国民经济行业分类》将我国的行业分为20个门类，其下又有更细的划分。同属于法律职业，但不同行业会使得工作内容与工作方式有很大不同。以律师为例，根据专业能力和兴趣偏好的不同，律师们会选择不同行业进行深耕。有律师会选择房地产行业作为主要业务方向，主要负责房屋征收或拆迁案件；有律师则偏好互联网业务，关注电子商务相关案件；而随着我国文化行业的发展，娱乐产业成为炙手可热的行业，专攻娱乐法的律师也不断涌现。

表6-3　国民经济行业分类表

产业分类类别	类别、名称及代码	
	门类	类别、名称
第一产业	A	农、林、牧、渔业
第二产业	B	采矿业
	C	制造业
	D	电力、热力、燃气及水生产和供应业
	E	建筑业

续表

第三产业	F	批发和零售业
	G	交通运输、仓储和邮政业
	H	住宿和餐饮业
	I	信息传输、软件和信息技术服务业
	J	金融业
	K	房地产业
	L	租赁和商务服务业
	M	科学研究和技术服务业
	N	水利、环境和公共设施管理业
	O	居民服务、修理和其他服务业
	P	教育
	Q	卫生和社会工作
	R	文化、体育和娱乐业
	S	公共管理、社会保障和社会组织
	T	国际组织

职业分析是指对某一行业内不同类型的具体职业进行深入了解，包括工作内容、入职门槛、价值收获、发展路径等。法律职业分析与个人的职业兴趣、价值观、性格和能力相结合，共同决定了个人与职业的匹配度。

单位分析主要是指关注不同单位的管理性和发展性特征因素。对于法律从业者来说，这决定了其工作方式和氛围的不同。作为国家公职人员的法官、检察官在机关单位工作，工作环境稳定，人员流动和职工的发展状况也较为稳定。法务则因企业的不同而可能经历不同的组织文化，律师更能享受自由的工作方式和发展空间。对于求职者来说，工作单位的规模、发展状况是影响职业选择的重要因素。在单位的选择上，将法务作为职业方向的同学可以选择进入国企，也可以进入外资企业；而希望成为公务员的同学则可以选择进入机关单位。

表 6-4　单位探索因素表

单位全称		地理位置
管理性特征因素	单位类型	企业、事业还是机关单位
	组织架构	单位的部门构成及相互关系
	组织文化	单位在其发展过程中形成的共同价值观、行为准则
	人员结构	单位员工的性别结构、年龄结构、学历结构
	人员流动	单位人员流动率以及造成人员流动的主要原因
	新手现状	单位近年来招入的员工的发展现状
发展性特征因素	所属主管部门及行业	单位的上级部门或主管部门、所属行业的背景（国家对该行业发展及行业的政策、行业对社会的作用及发展前景）
	业务范围	从事的业务或服务内容
	发展阶段	单位前身、成立时间
	发展规模	单位的员工人数、有无分公司、营业额
	业内排行	国内外著名的业内公司、单位在本地区同行业中的地位

选择经济发达的城市还是环境更优美的城市？去一线城市工作还是留在家乡？地域分析与未来的工作环境、压力和薪资收入相关。以中国政法大学 2021 年毕业生的就业地域分布为例，2021 届毕业生中在北京地区就业的人数最多，占落实单位

总数的 51.71%。京外就业的毕业生主要选择在广东省（6.40%）、上海市（4.77%）、浙江省（3.80%）、江苏省（3.32%）就业。[1] 我国地区差异大，发达地区如上海、浙江、广东、江苏的收入水平明显高于西部地区；相应的，生活成本也比较高，竞争也更加激烈。地区差异还意味着职业流动机会的多少。在欠发达地区，职业流动的机会和收益都较少，因此公务员等公职职业可能要比其他自由职业收益更高、更稳定。

二、职业世界探索的阶段

职业生涯发展随着年龄增长发生变化，在不同的年龄阶段展现不同的职业特征、职业需求和职业发展任务，一个人的职业生涯因此可以划分为不同的阶段。个人的职业生涯大致可以分为：成长——幻想、兴趣、探索阶段；探索——明确、细化、实施阶段；确立——稳定、巩固、进步阶段；维持——把握、更新、改革阶段；脱离——减速、退出阶段。每一个职业生涯阶段，都会因职业发展需要而面对不同的问题甚至职业危机。“什么阶段做好什么事”，这意味着在进入职业生涯时，法科生有必要对相关职业进行深入了解和客观评估。

〔1〕《中国政法大学年毕业生就业质量年度报告（2021）》，载中国政法大学信息公开网：http：//xxgk. cupl. edu. cn/info/1065/3945. htm.，最后访问日期：2022年3月10日。

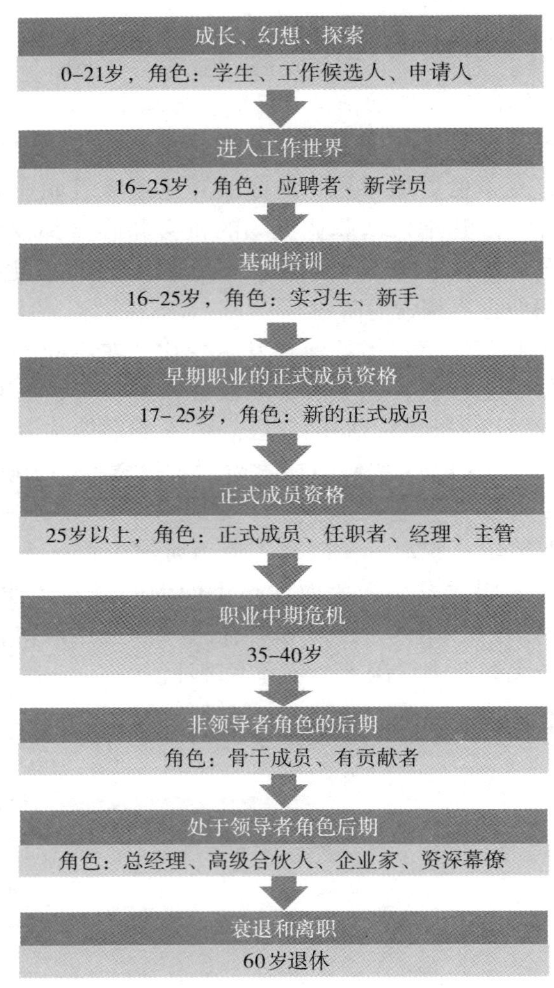

图 6–1　美国心理学家和管理学家施恩提出的职业生涯周期图

不同的职业生涯阶段，每个人都有不同的目标任务。在职业生涯的成长阶段，法科生需要为未来的职业选择奠定知识和技能基础，接受合适的教育和培训；而进入职业世界后，个人需要勤勉工作、谋求晋升，如何提升工作技能和职业竞争力就成为亟需考虑的问题。进入职业生涯的中期后，由于环境变化和个人能力等因素，个人可能面临职业危机，如何评估自己的职业发展、平衡工作和生活的状态就成为重点。而在职业的后期，个人需要对退休、个人价值的实现以及生活方式的变化等问题作出回应。

法科生正处于职业生涯探索的初级阶段，这一阶段对个人成长与发展、职业生涯规划及个人职业发展有着重要意义。进行充分的个人与职业探索，有利于为未来职业发展奠定良好基础。

【课堂练习】

「设计自己的法律职业生涯」

即将迈入职场生活的你，有没有构想过自己未来的职业？又是否设定了职业生涯不同阶段的目标？想在45岁时实现财务自由，还是在50岁时成为行业内的顶级律师？根据自己的职业理想，在不同年龄段设定下想要实现的目标吧！

三、探索职业世界探索的意义

探索职业世界是深入了解职业世界、思考其与自己是否匹配的前提。它有利于为职业生涯决策提供信息，拓宽职业选择的机会，进一步加深对自我的认知，同时提高个人能力，从而帮助法科生作出科学的生涯决策。[1]

（一）拓宽可选择的职业机会

近年以来，高校毕业生数量逐年增多，就业压力也在不断上涨。通过深入了解职业世界，法科生能够发现各种各样的职业机会，拓展可以选择的空间，从而寻找到与自己最匹配的职业，在激烈的竞争中找到最适合自己的出路。

（二）深化自我探索和认知

职业生涯规划的过程是将个人与目标职业进行匹配的过程。探索职业世界，实际上就是深化自我探索和认知的过程。随着对目标职业了解程度的加深，法科生会深入评估该职业对自己发展的帮助和限制。而在思考和抉择的过程中，法科生将逐渐厘清对自己最重要的影响因素，形成独特的价值判断。

（三）促进科学职业生涯决策

持续的自我评估和职业世界探索能够帮助法科生提高信息搜集、处理能力和自我管理能力，锻炼和他人沟通的技能，提升自身综合素质和能力。正是在个人能力的提升和对职业直接的了解中，法科生不断调整自我定位，形成科学的职业生涯决策。

第二节　职业世界探索的方法

职业世界探索要求广泛搜集相关行业和职业信息，法科生因此需要掌握搜集职业信息的方法。法科生可以通过网络检索、师长朋友分享、实践实习等方式了解职业世界。从不同的信息

---

〔1〕 钟谷兰、杨开编著：《大学生职业生涯发展与规划》，华东师范大学出版社 2015 年版，第 95 页。

获取渠道来看，信息的提供源与使用者的接收距离表现出一种由远到近的趋势。较近的信息通常更加丰富、也更容易获得，但内容的深度和广度可能有所欠缺；较远的信息需要投入更多时间和精力才能得到，但更具有真实性，也能够让人对目标职业有更深入的了解。[1]

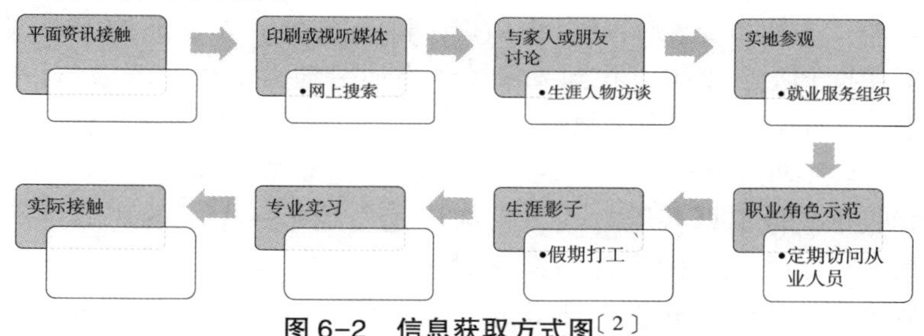

图 6-2　信息获取方式图[2]

职业信息的数量和质量对于求职者的职业决策都至关重要。职业世界探索中获取信息的方式分为以下四种：视听媒体、生涯人物访谈法、职业生涯影子、实习与实践。而从获取类别看，一类是间接信息，比如网络媒体，学校就业中心的介绍等，第二类是直接经验，即和目标职业建立直接关系比如生涯访谈和实习实践。间接信息可以帮助求职者初步了解某一职业，但若想对一职业进行匹配度评估，直接信息的获取就非常必要。网络上有大量关于某职业工作方式、发展趋势等具体内容的信息，但若想了解个性化的信息，从业人员的亲身示范和讲授就更加具体生动。根据个人需求选择多样化的职业信息了解渠道，能够帮助同学们尽可能全面、细致地探索职业世界。

---

〔1〕 陈夏初主编：《大学生职业生涯规划与管理》，江苏人民出版社 2013 年版，第 143 页。

〔2〕 陈夏初主编：《大学生职业生涯规划与管理》，江苏人民出版社 2013 年版，第 144 页。

一、视听媒体

在现代社会，书刊、音讯器材、视听资料等媒体使法科生能够接触到各种各样的职业信息。人力资源和社会保障部等部门联合制定的《中华人民共和国职业分类大典》是我国有关职业信息的权威出版物，它涵盖了我国目前不同行业的绝大多数职业，并初步介绍了其工作内容。除此之外，在各地的商业报纸或期刊上，都可以找到大量关于当地劳动力市场的信息。《中国大学生就业》《中国教育报》等都能提供多样的职业信息。

除专业出版物外，各种人物传记也是获取职业信息的来源。相较于其他信息获取方式，人物传记立足于一个人的职业生涯来讲述某一职业的具体情况，时效性和准确性稍弱；但生动的故事有利于帮助同学们建立起对某一职业的初步认识，为深入了解该职业奠定基础。

除电视、广播、报纸和期刊等传统媒体外，互联网是信息时代下最迅速、最简便的信息获取方式。专业网站、各企业网站以及社交媒体提供的人才需求信息是广泛获取职业信息的重要渠道。为帮助高校学生进一步了解职业世界，中国就业网、高校毕业生就业服务平台等网站汇总了各地、各行业的就业信息，提供丰富的职业指导和岗位速递信息。人力资源和社会保障部、国家市场监督管理总局、国家统计局等部门也会在官方网站上不定时发布有关新兴职业的信息，介绍其职业概况、社会对该职业的需求和从事该职业的具体问题。[1] 这种职业发布方式是法科生及时了解新职业信息的重要渠道，能够开拓职业视角、帮助职业规划。在学校内部，各高校就业指导中心都会在就业网站上发布各种岗位信息，其岗位大多瞄向本校学生，

---

〔1〕《三部门发布 18 个新职业信息——新职业发布折射社会新需求》，载中华人民共和国中央人民政府官方网站：http：//www. gov. cn/xinwen/2021-03/23/content_5595032. htm.，最后访问日期：2022 年 3 月 10 日。

专业相符度、信息质量较高，是同学们了解职业世界信息的优质选择。

在专业的求职网站之外，社交媒体在职业信息获取中扮演着越来越重要的角色。越来越多的微博、微信公众号等社交平台账号专注于职业信息的收集和传播，汇集职业技能培训、企业招聘公告发布、职场经验分享等多种类型的职业信息，成为法科生获取职业信息的重要渠道。例如，由人力资源和社会保障部主办的高校毕业生就业服务平台及毕业生常用的职业信息与求职信息平台。

图 6-3　各高校的就业指导网站

职业信息网络资源的主要来源：

中华人民共和国教育部（http：//www. moe. gov. cn/）

中华人民共和国人力资源和社会保障部（http：//www. mohrss. gov. cn/）

国家职业资格工作网（http：//www. osta. org. cn/）

中国就业网（http：//chinajob. mohrss. gov. cn/）

中国人力资源市场网（https：//chrm. mohrss. gov. cn/）

中国人事考试网（http：//cpta. mohrss. gov. cn/index. html）

全国招聘会信息网（https：//www. zph. com. cn/）

应届生求职网（http：//www. yingjiesheng. com/）

中华英才网校园招聘（https：//campus. chinahr. com/）

智联招聘网（https：//www. zhaopin. com/）

二、生涯人物访谈

（一）生涯人物访谈的概念

生涯人物访谈，是指为了获取职业信息，通过与相关职场人士即生涯人物会谈，了解目标职业岗位的实际工作情况、未来发展状况等信息，以进一步了解该行业或职业。生涯人物访谈有利于帮助同学们直观、深入地了解目标职业情况，这种动态资料接触能够让法科生对自己与职业的适配度作出更为客观评估。

（二）生涯人物访谈的流程

进行生涯人物访谈，关键是要找到合适的访谈对象。访谈对象通常是自己感兴趣的职业从业者，他们可能是老师、亲属以及校友前辈。通过对高校学生获取职业信息的行为进行研究，发现不同高校的学生对职业信息的自主获取状况基本相同，只在学校指导这一方面具有显著性差异。[1] 学校通常拥有着强大的校友资源和丰富的职业信息获取渠道，通过校友分享会、经验交流会等校园活动，同学们有机会和某行业的杰出人物开展职业生涯访谈，获得更开阔的求职视角。在选择访谈对象时，要注重其多样性，囊括不同工作年限和经历的生涯人物，尽量保持访谈的客观性和全面性。

在寻找到合适的访谈对象后，为使访谈达到更好的效果，同学们要提前准备好访谈提纲。同学们也可以就职业兴趣和求职意向准备个人陈述，以应对访谈对象的提问、进行个性化的咨询。在访谈过程中，同学们要注意交流的方式，用亲切、自然的态度开展对话，认真倾听访谈者提供的职业信息。也可以请求访谈者推荐其他的生涯人物，不断拓展自己的职业认知。

在访谈过程中，同学们要做好重要信息的记录，并在访谈结束后及时将其分析整理到生涯人物访谈表中，以便于日后的反思和回顾。

一份良好的访谈提纲应当包含下列问题：

◇职业资讯方面

1. 这种职业需要什么样的技能、能力和个人品质？这种职业对于教育、培训和经验有什么要求？目前这一行业同类岗位的薪酬和福利如何？

2. 从事这类工作的工作时间是怎么安排的，工作和生活平衡的状况如何？工作的主要内容和主要职责是什么？我的专业可以进入哪些领域工作？

3. 该工作有哪些进修和升迁的机会？什么样的初级工作最有益于学到尽可能多的知识？什么样的个人品质或能力对本工

〔1〕 刘春华、李祥飞、张再生：“不同类型高校学生职业价值取向和职业信息获取比较研究”，载《天津大学学报（社会科学版）》2013年第2期。

作的成功来讲是重要的？还有哪些方法能帮助我深入了解该工作领域？

4. 对于一名即将进入职场的新人，需要特别注意哪些职业操守？能给我介绍另一个访谈对象吗？

◇生涯经验方面

1. 当时的职业抉择过程是怎么样的？

2. 生涯发展历程是怎么样的，在从事这一工作之前，在哪些单位从事过哪些工作？对于这份工作最喜欢的是什么？最不喜欢的是什么？对自己现在所在的行业有些什么看法？对自己的未来发展怎么规划？

3. 对于一个即将进入该工作领域的人，有什么特别建议吗？

（三）访谈后的完善与总结

生涯人物访谈表是对访谈内容的总结。通过与不同的生涯人物开展访谈，并将了解到的职业信息、生涯经验等信息记录在表中，不断比较和复盘，法科生对某一职业的认知会越来越深刻。在多次访谈中积累下来的经验，能够使同学们找出该职业的现实状况与自己之前的主观认知之间的偏差，从兴趣、能力、性格等方面客观评估自己是否适合该职业，或者与顺利进入该职业领域还存在哪些差距，更好地制定自我提升计划。

生涯人物访谈是寻找目标职业里从事工作的人，向他们咨询工作相关内容。访谈有多重目的，不仅加深对某一职业的理解，还可以帮助我们培养社交能力。法科生可以与访谈对象保持联系，在未来进入到该职业领域后，也可以向其请教职业方面的困惑，寻求建议或帮助。与不同的生涯人物开展访谈的过程，也是不断开拓人际网络的过程。

三、职业生涯影子

【案例分享】

「“陈氏学堂”里的先生」

在微信群“陈氏学堂”里有111人。在学堂里，陈光中是唯一的“先生”。陈光中是国内第一位诉讼法学博士生导师。他的学生中，不乏国内法学界的权威人物，如卞建林、王洪祥、马怀德、宋英辉、陈瑞华、王万华等。卞建林是陈光中的第一个刑事诉讼法博士，他对恩师如是评价：“在我国刑事司法的民主化和科学化道路上，说他鞠躬尽瘁毫不为过。他形成了独具风格的学术思想和理论体系，如动态平衡诉讼观，在学界受到高度评价，影响很大。”北京师范大学教授彭新林说：“先生学风宽容，为人谦逊，治学严谨。”他说，自己当时有一篇论文，自信写得还可以。但是，陈光中看过后，一个一个字地修改，如此反复不下五遍。“这对我今后的治学产生了非常大的触动。”今年刚读博士的唐露露告诉《新京报》记者，先生仍在坚持上课、出席论坛，每学期都会讲几次课。“他会细细地修改论文的脚注、标点，有时熬到凌晨2点。”正是因为陈光中以身作则的表现，一个个学生将他作为职业生涯的榜样，在法学界的各个岗位坚于职守，实现自己的法学梦想。

（一）职业生涯影子的概念

职业生涯影子是指在目标行业中为自己寻找一个优秀职业人，通过观察和学习他的工作方式，即做他的影子，来熟悉目标职业、锻炼自己。职业生涯影子是近距离接触职场和向职场人士深度学习的方式，有利于同学们将对榜样的崇敬和期望转化为提升自己的动力，不断激励自己向理想职业靠拢。

（二）如何成为职业生涯影子

职业生涯影子的关键在于发现自己的职业目标，并寻找到一个“职业榜样”。并观察他是如何工作的，这是一个学习和增长职业技能的过程：目标职业的工作内容是什么？他每天都在处理什么事情？这些任务应当如何完成？需要具备何种能力或素质？这种观察，促进同学们去思考如何能够提升工作能力，需要学习哪些知识作为支撑。在观摩过程中，同学们也可以为职业榜样提供力所能及的帮助，双向的互动能够使同学们更加熟悉目标职业。

通过观察“职业榜样”在职场中的一言一行，学习他在完成职责过程中具备的能力和态度，同学们能够发现自己与职业理想的差距，从而在学习中更有的放矢。

四、实习与实践

【案例分享】

「我适合哪种职业?」

小 H 是某政法学院的研究生。在入学时，她对于自己未来的职业选择非常迷茫，不知道在毕业后应当从事哪种工作。利用空余时间，她多次尝试去律所、政府机构以及各大企业实习，积累了丰富的经验，并最终决定成为一名律师。在同学们还在为毕业后的去向烦恼时，她已凭借在某知名律所的出色表现，成功留用，拿到了大家羡慕的 offer。

实习与实践是获取职业信息的重要渠道之一。通过体验目标职业的工作方式和内容，法科生能对目标职业做出更真实、客观的评价。网络检索、师长经验分享能够帮助法科生获得内容丰富且较为个性化的信息，但从渠道来看，它们仍属于二手信息。二手信息能使法科生初步了解某一职业的面貌，但想要对其进行深入了解和切实评估，参加专业实习仍然是最佳方法。

实习与实践是最接近职场生活的职业探索方式，要求同学们亲身参与到工作中去，专业性要求最强。以法律职业为例，无论是选择去律所还是法院实习，经历一个案件办理的全过程才能得到较为完整的实习体验。因此，专业实习不能浅尝辄止，只有经过一段时期的沉淀才能有所收获。在实习的过程中，我们能够通过实际运用所学知识发现自己在学习中的不足，为未来正式的求职弥补缺漏。另一方面，如果在实习中发现目标职业与自己的想象大不相同，也可以及时调整自己的职业规划，另外寻找符合自己性格特征和兴趣爱好的职业。

【课堂练习】

思考自己的理想职业，尝试用各种方法去了解该职业的相关信息，并寻找到合适的生涯人物进行访谈。根据搜集到的信息，重新对该职业进行评估，探索自己是否适合该职业。

第三节　如何进行法律职业探索

法律职业探索是将自我认知与职业分析进行匹配的过程。它要求法科生根据各项关键要素，深入分析不同类型的法律职业，从而寻找与自己适配度最高的职业。

一、法律职业探索的要素

法律职业探索的关键要素是求职者评估某一职业是否与自己匹配的标准，可分为入职条件、工作状况和所得所获。前者意味着求职者的能力是否达到了获得该职业的标准，后两者决定了求职者能否适应该职业的工作氛围和能否在该行业持续发展。

在法律职业探索的过程中，法科生会考虑多种要素。有人喜欢自由自在的工作氛围，不喜欢朝九晚五、按时通勤；有人希望在职业生涯中获得级别晋升或薪资上涨，甚至认为为此辛苦工作乃至加班也可以接受；还有人希望在职业中获得能力的提升。不同的人对职业生涯有不同的期待与规划，看重的关键要素也各不相同。

（一）入职条件

入职条件是求职者衡量自己能否进入目标职业的因素，包括个人的基本条件、教育培训状况、心理素质、工作经验和社会关系等。法科生不仅要根据这些条件来筛选岗位，也要以其为指导从各方面提升自己的能力和综合素质。

表 6-5　法律职业探索表—入职条件

<table>
<tr><th colspan="3">评价项目</th><th>内涵</th></tr>
<tr><td rowspan="16">入职条件</td><td rowspan="7">基本条件要求</td><td>性别</td><td>是否对性别有特殊要求</td></tr>
<tr><td>籍贯</td><td>是否对籍贯或户口所在地有特殊要求</td></tr>
<tr><td>身体素质</td><td>是否对身高、容貌、裸眼视力或者运动能力等有特殊要求</td></tr>
<tr><td>年龄</td><td>是否对年龄有特殊要求</td></tr>
<tr><td>婚姻</td><td>是否对婚姻状况有特殊要求</td></tr>
<tr><td>政治面貌</td><td>是否对共青团员、党员有特殊要求</td></tr>
<tr><td>毕业院校</td><td>是否对毕业院校有特殊要求</td></tr>
<tr><td rowspan="5">教育培训要求</td><td>专业方向</td><td>是否对专业方向有特殊要求</td></tr>
<tr><td>学历程度</td><td>是否对学历程度有特殊要求</td></tr>
<tr><td>外语、计算机</td><td>是否对外语或计算机级别有特殊要求</td></tr>
<tr><td>培训经历</td><td>是否要求有与岗位相关的培训经历</td></tr>
<tr><td>资格证书</td><td>是否要求有某项资格证书</td></tr>
<tr><td rowspan="2">心理要求</td><td>性格</td><td>是否对综合能力水平或者性格特征有特殊要求</td></tr>
<tr><td>能力</td><td>是否对优势能力有特殊要求</td></tr>
<tr><td>工作经验</td><td colspan="2">对与工作岗位相关的工作经验有何特殊要求</td></tr>
<tr><td>社会关系</td><td colspan="2">对社会关系网有何特殊要求</td></tr>
</table>

为了使职员的专业能力保持较高水准，岗位提供者可能会

就入职机会和竞争条件设置要求。在法律行业中，从事法官、检察官、律师等职业的前提是通过法律职业资格考试并获得资格证书。这种门槛会将大量非专业人士排除在行业之外，有利于提升整个行业的专业能力和法律素质。而除了入职资质外，一些知名律所或公司，如红圈律所对于学历、英语的要求都比较高，甚至只招聘特定院校的毕业生。有的律所在招聘要求中还会注明“有从事过律师职业的相关经验”。这些入职条件为同学们的求职准备工作提供了方向，例如努力提升自己的专业能力，积极准备相关资质考试，以及在学校期间就开始实习等。

（二）工作状况

工作状况是指某职业的工作对象、内容、强度、环境等实况。它反映着某职业的真实面貌，对求职者能否在该职业持续发展有着极大影响。某法律职业的工作状况指引法科生不断调整自我、适应职业要求，同时它也与所得所获共同决定了法科生对目标职业的满意度。

对工作对象、内容、任务和责任的了解是法律职业探索的关键。在法律行业中，不同职业的工作情况存在着差异。一方面，公、检、法、监等单位在入职初期就能提供较为完备的生活保障，能够让职场新人在较为平稳、安定的环境中逐渐适应职业的运行方式。在律师行业，进入律所的实习生们需要经过一段实习期才能取得律师执业证书，后续通过不断增长的案源才能逐步提升自己的收入。因此，初期不稳定的职业保障，律所的业绩带来比较紧绷的职业压力都会对初入者产生一些挑战。

另一方面，律师享有着更加弹性的工作时间和方式。在成为可以独立办案的律师后，就有了更强的职业自由度——凭借积累下来的专业能力和案源渠道，可以自由地选择自己喜欢的工作重点和方式。而此时，在公、检、法、监等单位依旧会沿袭着严格的管制制度工作，工作时间缺乏弹性，甚至工作内容都存在重复累计。

表 6-6　法律职业探索表—工作状况

<table>
<tr><td rowspan="17">工作状况</td><td rowspan="3">工作内容</td><td colspan="2">对象</td><td>职业行动的直接对象以及为了完成岗位职责所需的活动指向领域</td></tr>
<tr><td colspan="2">任务、责任</td><td>需要做什么、达到什么目标</td></tr>
<tr><td colspan="2">设备</td><td>工作所借助的仪器、工具等</td></tr>
<tr><td rowspan="6">工作强度</td><td rowspan="4">工作时间</td><td>上下班</td><td>从事该岗位工作的上下班时间</td></tr>
<tr><td>加班</td><td>从事该岗位工作需要加班的时间或加班频率如何</td></tr>
<tr><td>节假日</td><td>从事该岗位工作是否影响节假日休息</td></tr>
<tr><td>出差</td><td>从事该岗位工作需要出差的频率和时间长度</td></tr>
<tr><td colspan="2">工作方式</td><td>有固定的上下班时间还是可以在家自由办公</td></tr>
<tr><td colspan="2">工作量</td><td>工作任务的饱满程度，是否有时间照顾家庭等</td></tr>
<tr><td rowspan="5">工作环境</td><td rowspan="2">物理环境</td><td>工作设施</td><td>工作场所的办公设备、办公用品、设施等</td></tr>
<tr><td>工作空间</td><td>工作场所的照明、空气、温度以及户外作业所占的时间比例等情况</td></tr>
<tr><td rowspan="3">社会环境</td><td>人际关系</td><td>工作场所的人际氛围、同事间的关系等</td></tr>
<tr><td>工作气氛</td><td>工作场所员工的工作积极性、配合性等环境</td></tr>
<tr><td>学习氛围</td><td>员工的学习积极性、谋求再培训再发展的积极性</td></tr>
<tr><td rowspan="3">工作控制</td><td colspan="2">直接上司</td><td>分管领导的风格、喜好、能力水平及价值倾向等</td></tr>
<tr><td colspan="2">监督与管理</td><td>对该岗位工作进行监督、管理的方式及严格程度等实况</td></tr>
<tr><td colspan="2">绩效考评</td><td>如何对该岗位工作进行考评</td></tr>
</table>

（三）所得与收获

职业的所得与收获是指通过工作可以获取的报酬和相关的心理感受。这种收获不仅仅是指物质收入，还包括很多情感体验和心理慰藉，两者共同决定了执业者能从所从事的工作中获得多少幸福感和满意感。

表 6-7　法律职业探索表—所得与收获

<table>
<tr><td rowspan="12">所得与收获</td><td rowspan="4">薪酬福利</td><td>工资</td><td>根据职务等级、岗位测评结果以及工龄、学历及资历等因素确定的报酬</td></tr>
<tr><td>奖金</td><td>根据业绩及单位的经济效益而支付给员工的额外报酬</td></tr>
<tr><td>津贴</td><td>一般不与业绩直接挂钩而作为政策性的报酬，是薪酬的补充</td></tr>
<tr><td>福利</td><td>由单位及职位带来的所有非货币报酬</td></tr>
<tr><td rowspan="3">个人发展</td><td>培训、进修</td><td>岗前、职后所能接受的培训及进修项目，以及培训、进修的频率与机会</td></tr>
<tr><td>晋升</td><td>从事该岗位工作能得到的晋升空间与机会</td></tr>
<tr><td>职业变通</td><td>横向转换职业或岗位的机会</td></tr>
<tr><td rowspan="2">社会资源</td><td>人际关系资源</td><td>从事该岗位工作能获得的人际关系网</td></tr>
<tr><td>社会地位</td><td>社会上对该岗位的认识和尊重程度</td></tr>
<tr><td rowspan="3">工作满意度</td><td>公平感</td><td>从事该岗位工作相对于其他岗位或工作是否觉得付出与得到成正比</td></tr>
<tr><td>成就感</td><td>完成该岗位工作任务得到的满足感</td></tr>
<tr><td>自我实现</td><td>从事该岗位工作是否能充分发挥个人潜能</td></tr>
</table>

不同的法律职业给人带来的所得与收获也有所不同。律师被广泛认为是法律职业共同体中拥有较高报酬的一员，但律师

在从业初期和执业多年后的收入有较大的差别，即使能够在行业内坚持拼搏，其收入也与行业状况、个人能力等因素相关，因而律师并不一定会有高回报。此外，高收入的律师通常业务繁忙、工作强度大，不同的人能从中获得的满足感也有所不同。法官、检察官等职业也许不是高收入的代表，但也拥有较为充足的生活保障。同时，法官、检察官是国家公平正义的维护者，具有较高的社会地位，能从工作中获得巨大的成就感和自我实现感。

求职者的目光往返于工作实况、工作状况和所得所感之间，通过以上关键要素不断加深对目标法律职业的了解，最终才能够判断自己是否与该职业相匹配。[1]

二、法律职业的类别

学习法律专业将意味着求职者进入的是一个庞大且多样化的领域，法律专业的职业就业涵盖很多不同类型的职业。法律职业和其他需要以专业知识为基础的工作一样，是一种专门的行业，专业化的工作。法律职业的类型可分为体制内和体制外、研究型和实务型 等，具体而言可分为公、检、法系统工作人员，其他党政机关工作人员，律师，法务以及高校教师等。根据中国政法大学 2021 届毕业生的就业流向信息，毕业生就业去向以党政机关、司法部门、企事业单位为主。在落实就业单位的毕业生中，有 873 人进入机关工作，占落实单位总数的 42. 05%，其中到国家党政机关就业的比例较高，到一流律所就业工作人数也较多。[2] 可以看出，党政机关、司法部门、科研机构、企业

〔1〕 陈夏初主编：《大学生职业生涯规划与管理》，江苏人民出版社 2013 年版，第 123 页。

〔2〕《2021 届毕业生的规模、结构、就业率、就业流向》，载中国政法大学信息公开网：http：//xxgk. cupl. edu. cn/info/1064/3943. htm.，最后访问日期：2022 年 3 月 10 日。

以及律所是法科生主要职业选择，律师、法官、检察官、法务和高校教师则是其中的代表性职业。

（一）律师

律师是法律职业的最常见的职业之一，他们转入与不同的领域，代表客户处理法律相关事务。律师行业拥有着广阔的业务范围，而且由于科技进步、社会生活的多元化进步，律师行业也更加细分，形成多个领域的不同分支和业务区分。律师会将自己打造成某一领域的专家，不断巩固自己在该领域的地位。而律师事务所在内部管理中通常也会注重业务的分类组合，使自己能够拥有多个业务点，既能促进内部竞争，也能提高整体业务能力，避免因单一业务量下滑可能造成的风险。这种业务的细分是律所能力专业化的表现，也展示了律所的规模、层次和发展状况。[1]

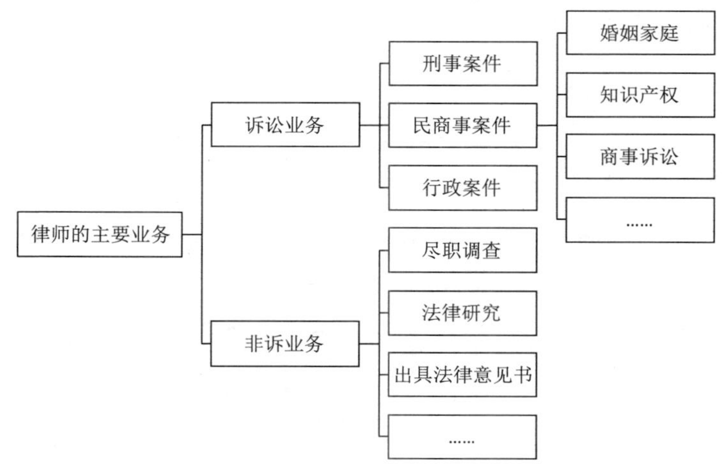

〔1〕 载君合律师事务所网站：http：//www. junhe. com/practices. ，最后访问日期：2022 年 3 月 10 日。

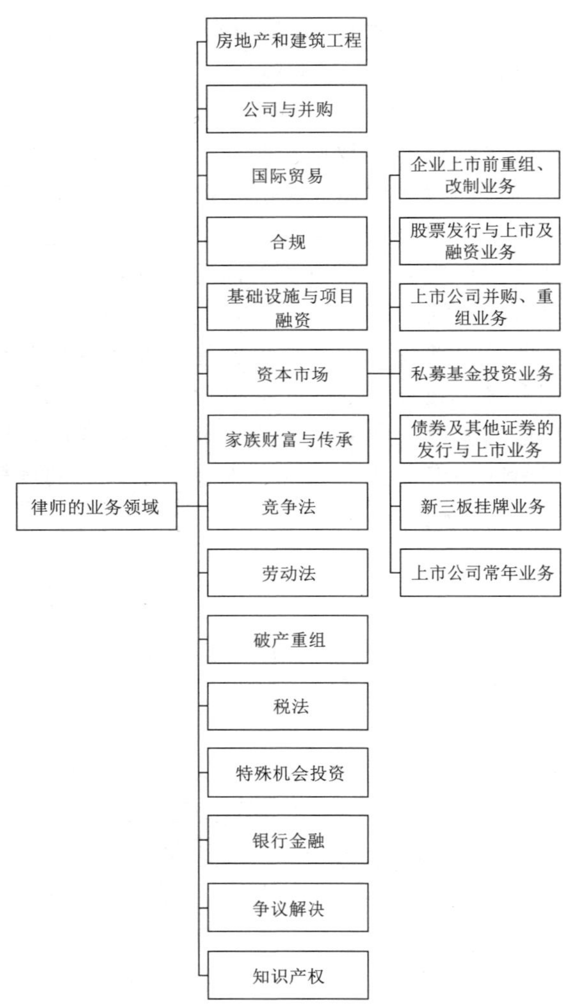

律师职业有着良好的发展前景，是一个充满潜力和前途的行业。社会与经济迅速发展，新行业不断涌现，蕴藏着巨大的法律服务需求，越来越多的律师投入到炙手可热的金融行业、

互联网行业、知识产权保护等领域。在过去几十年，律师的收入伴随着我国经济的高速发展不断增长，体现了该职业广泛的发展空间。从所得与收获来看，律师属于拥有相对高收入的职业，收入与业绩和专业能力的上升成正比。一个白手起家的普通律师，可以凭借着自己的勤奋和能力获取较为丰裕的物质生活。另一方面，律师是一个充满挑战性的职业，需要不断面对纷繁复杂的实际生活，对个人素质和能力的要求极高。在解决问题的过程中，律师能获得巨大的成就感和满足感。始终走在汲取新知识的前端，也使得律师的工作充满乐趣和挑战。

高收入的背后，是律师工作的忙碌和艰辛。律师需要不断处理新领域中的新问题，工作内容复杂。作为法律服务的提供者，律师需要应对不同客户的多种需求，工作时间长、强度大司空见惯。律师也是一门社会化的职业，要求在人际交往中寻找案源、具备敏锐的商业眼光。新手律师通常缺乏眼光和资源去开拓业务，在从业初期会遇到种种困难。但初期的低谷往往隐藏着未来的腾飞，律师的职业前景广阔，上限极高。普通律师可以凭借努力成为事务所的合伙人，有着较快的上升空间。这是自由职业的机遇，背后也蕴藏着风险和挑战。

（二）法官、检察官及其他党政机关工作人员

作为国家机关工作人员，法官、检察官和党政机关工作人员的工作内容各有不同，但都需要遵守单位的严明纪律和工作规则，完成既定的工作任务，在工作状况、所得所获与发展前景上具有相似性。

从进入方式看，都需要参加公务员或者选调考试，经过考试选拔才有可能进入法官检察官和党政机关工作。公务员考试是由各级公务员主管部门组织录用担任一级主任科员以下及其他相当职级层次的公务员的录用考试。不管是中央还是地方都是国家公务。国家公务员考试是指：中央、国家机关以及中央

国家行政机关派驻机构、垂直管理系统所属机构录用机关工作人员和国家公务员的考试。地方的公务员考试是指：地方各级党政机关，社团等为招录机关工作人员和国家公务员而组织进行的各级地方性考试。中央和地方考试单独进行，不存在从属关系，考生根据自己要报考的政府机关部门选择要参加的考试，也可同时报考，相互之间不受影响。中央公务员考试和地方考试性质一样，都属于招录考试，考生填报相应的职位进行考试，一旦被录取便成为该职位的工作人员。具体公务员政策可参看国家公务员网的相关政策。

选调考试是各省党委组织部门有计划地从高等院校选调品学兼优的应届大学本科及其以上毕业生到基层工作，作为党政领导干部后备人选和县级以上党政机关高素质的工作人员人选进行重点培养的一种选拔方式。通过选调进入公务员系统的，是作为省委组织部的后备领导干部，放到基层锻炼，人事权归省委组织部管辖，委托接收单位考评。调动范围是全省建有党组织的各级党政机关、事业单位、人民社团。可以理解成一种特殊的干部身份。

从发展前景来看，法官、检察官和党政机关工作人员需要遵从所在单位的晋升规则，在个人发展和职务提升上具有一定的模式性特征。与律师职业不同，国家机关工作人员不需要通过开拓案源来谋求职业发展，有着稳定的工作方式。相对确定的成长路径使得个人能对职业生涯有清晰的计划，个人能够通过努力不断晋升。但在另一方面，这在一定程度上意味着个人能够预测到职业生涯的终点，在职业发展过程中可能失去了很多未知的期待稳定的职业发展意味着稳定的收入。与完全依靠案源的律师不同，国家机关工作人员不必为没有收入担忧，各种福利保障能够使其在无物质压力下全身投入到公务中去，但也意味着无法通过职业生涯发展获得高收入。随着年龄和职务的增长，与同龄人的收入差距会越来越明显。然而，国家机关工作人员的职业获得感并非收入可以衡量的。投入法官或检察事业，是用青春铸就法治长卷的过程，能够在职业生涯中获得巨大自我实现。

法官、检察官和党政机关工作人员在工作状况方面也有着相似之处。从工作环境来看，法科生进入国家机关后，能够在一个稳定、有较好保障的机制下平稳度过养成期，而不需像律师一样直接面对激烈的市场竞争和优胜劣汰的考验。在国家强大的支持系统下，国家机关工作人员能够在职业初期接受系统和规范的职业培训，在单位的流程化管理下逐渐熟悉工作方式、不断提升工作能力。另一方面，在稳定的保障机制下，是工作责任的沉重和较大的压力。在政府不断提升治理能力、维持高效运转的背景下，无论是司法工作人员还是其他部门的公务人员，都面临大量案件和繁重的工作。而对于法官和检察官来说，对案件负责意味着要对每一个经办的案件都全力以赴，承担着数量和质量的双重压力。

法官、检察官和其他党政机关工作人员在工作内容上存在着差异。法官承担着行使国家审判权的职能，其最重要的职责就是对案件作出公平正义的判决。法院内部有着不同的工作机构，主办不同类型案件也会使得法官有着不同的划分。以北京市第二中级人民法院的机构设置为例，该院有两个刑事审判庭、六个民事审判庭和一个行政审判庭，庭内法官分别主要办理刑事案件、民事案件和行政案件。[1] 除了法官以外，法院内还有其他工作人员辅助法官工作，负责其他的业务或者事务性工作。例如审判监督庭、执行庭和立案庭等功能庭，工作人员主要负

---

〔1〕 载北京市第二中级人民法院网站：https：//bj2zy. chinacourt. gov. cn/article/detail/2019/06/id/4079999. shtml. ，最后访问日期：2022 年 3 月 10 日。

责对申诉和再审案件进行审查、接受应由法院受理的案件、审判结束后的执行工作等。除了上述法庭外，法院内部还有一些辅助部门，如政治部、办公室、监察室、研究室、法警支队、机关服务中心等。不同部门不同业务，对于工作人员的要求也有所不同。法科生可以根据自己的专业能力和特长，选择适合自己的部门。

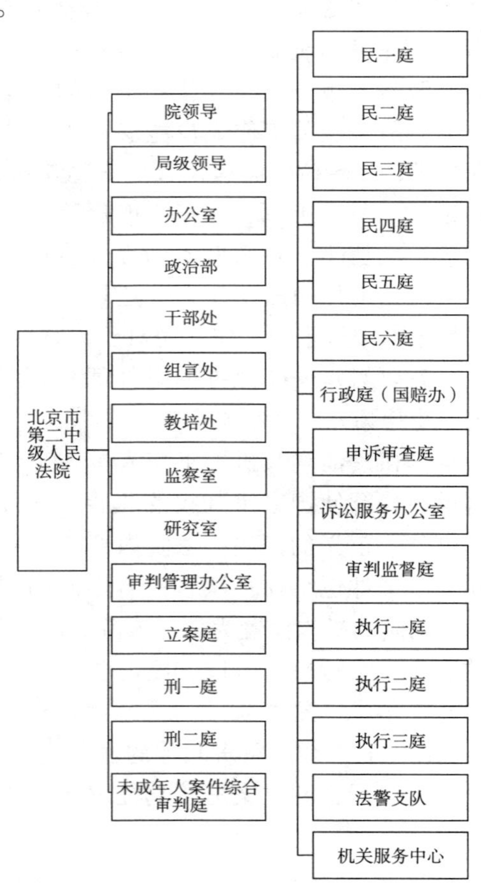

检察机关主要承担打击犯罪与法律监督的职能。检察官在职业生涯中可以参与到刑事案件的侦查、批捕、公诉、审判、执行的全过程中。这要求检察官具有多种思维方式，在法庭控辩、接待来访群众、审判监督和引导侦查等不同工作中灵活变通，运用自己良好的法律素养践行职责。检察机关的工作复杂繁重，但良好的工作氛围能帮助职场新人尽快熟悉工作方式。在“传、帮、带”的传统下，检察官会对新人倾囊相授，新人能够根据检察系统的职级设计不断成长。

其他党政机关工作人员既包括在中央一级的国务院办公厅、全国人大常委会办公厅、中共中央办公厅、外交部、公安部、财政部、商务部等国家机关工作的人，也包括省、市、县等各层级的国家公务人员。通常根据不同机关的性质和主管有着不同的工作内容。有的从事研究性工作，如党史、政策研究；有的进行立法工作，例如立法规划编制、法律草案征求意见以及立法数据统计分析等；还有的根据所在部门的职责开展执法工作，例如通过调研和会议总结法律实施和监督情况，开展专项执法检查和大案要案检查等。政府职能部门高效运转，工作内容复杂繁重，也各有职责和分工，往往要求国家机关工作人员成为全面统筹的多面手。法科生成为国家机关工作人员后，不仅要在法律领域成为实务专家，更要在各个领域都有所涉猎，锻炼多面发展的能力。

（三）法务

法务是指企业、事业单位等法人和非法人组织内部专门负责处理法律事务的工作人员。出于效率和成本控制，企业对法务的需求越来越高，越来越多的企业设置了法务部。法务直接参与企业的运营，在成为法务总监后有希望进入企业管理层成为企业高管，企业法务也是有吸引力的职业选择，有着较好的发展前景。

从工作状况来看，法务的首要工作是审核公司的合同和规章制度是否有法律上的疏漏，并且给予修改建议。法务还会对公司的一些重大的活动项目提出法律意见、进行法律支持，比如针对公司上市进行 IPO 工作等。法务还需要处理公司经营活动涉及的案件，例如劳动合同纠纷案件，涉及公司业务的经营合同纠纷等。法务需要为案件准备证据材料，代理公司开庭参加应诉，进行法庭辩论，和对方当事人进行沟通、参与调解，扮演和律师相似的角色。企业法务收入取决于公司的收益和对法律服务的重视程度。在多数重视法律风险规避的企业，法务有着较普通职位更高的薪酬。而在晋升为法务总监后，其收入就达到管理层水平。

（四）高校教师

我国目前设立法学本科专业的高等院校已达 680 所左右，对于法学教师有较强的需求，高校教师因此成为法科生毕业后的重要去向。高校内部的工作人员可分为教学科研人员和教辅人员。对于教学科研人员来说，高校教师的职业发展存在着较为清晰的发展路径，基本依据助教—讲师—副教授—教授的评价体系。个人的职业发展与所取得科研成果密切相关。

承担法学科研和教学的高校教师通常被称为法学学者。根据研究领域的不同，法学学者也分为不同类型。以中国政法大学法学院的研究机构设置为例。中国政法大学法学院拥有行政法学研究所、法理学研究所、宪法学研究所、立法学研究所、法律语言学科等 9 个研究所，以及大量针对不同领域的研究中心，大量法学学者在这些研究所和研究中心承担着研究与教学工作。学者深入到自己感兴趣的研究领域，产出具有创新性的研究成果，推动法治理论的发展，同时培养出优秀的法治人才，是法学学者自我实现和成就感的重要来源。

从工作状况来看，高校教师职业生涯的发展与科研成果有

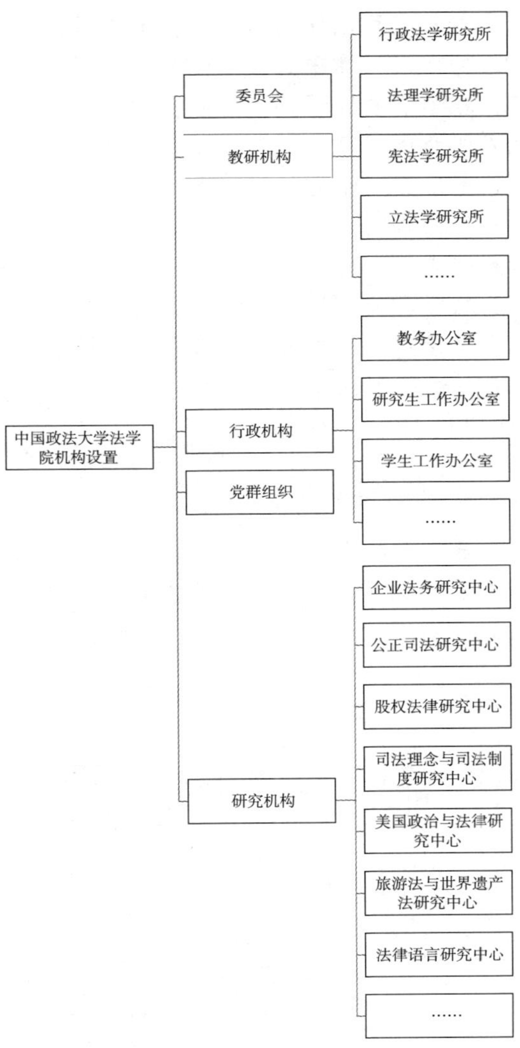
中国政法大学法学院机构设置
委员会
教研机构
行政法学研究所
法理学研究所
宪法学研究所
立法学研究所
……
行政机构
教务办公室
研究生工作办公室
学生工作办公室
……
党群组织
研究机构
企业法务研究中心
公正司法研究中心
股权法律研究中心
司法理念与司法制度研究中心
美国政治与法律研究中心
旅游法与世界遗产法研究中心
法律语言研究中心
……

重要关联，有着较大科研压力。科研任务之外，教学任务也给大多数高校教师带来工作压力。高校教学科研型教师属于脑力劳动者，工作和生活的界限并不分明，常常需要在下班之后继续工作；法学研究也对高校教师提出了不断学习、持续更新知识的要求，这也是其工作准备时间和累计工作时间较长的重要原因。

在教学科研人员之外，高校中还存在着大量教辅人员，他们主要负责为教学和科研提供帮助、处理事务性工作等。行政机构的教职员工是高校的重要组成部分，维持了教学和科研的日常运转，也是法科生就业的去向之一。

【课堂练习】

「探索法律职业生涯的起点」

自我探索是帮助同学们加深自我认知、找到职业兴趣的前提；而职业的客观情况决定了工作的内容、环境、方式等职业因素，这些信息综合决定了一个人职业生涯的起点。

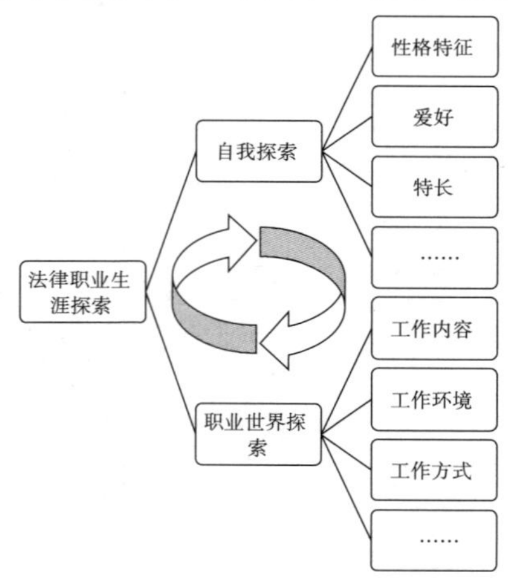

法律职业生涯探索流程图

完成表格，探索自己对哪些法律职业感兴趣，思考如何搜索相关的信息，尝试寻找自己的法律职业生涯起点。

	感兴趣的类型	需要了解的职业信息
行业		
职位		
工作内容		
工作环境		
工作地点		
所得与收获		
……		

附　录　拓展阅读

公务员的职业特点

在跟大家分享公务员这一职业的特点之前，我先做一下自我介绍。我曾就读于国内一流大学，法学硕士，毕业后在省级机关单位工作了14年，3年前辞去公职成为一名律师。于我而言，一方面我既亲身从事过公务员的工作，从一名刚从象牙塔走出来的应届毕业生，一步一步从科员做到了处级干部，对这份职业有切身的感受。另一方面，我已经离开体制转行做律师3年了，这一经历也使我更加客观、理性地从第三视角对公务员这一职业有了更深层次的体会。下面我将从公务员的职业特点和职业发展建议两个方面来谈谈我对这个职业的理解。

一、公务员的职业特点

每一个职业都有自己的光环，同样也有着不为外人所知的辛酸。公务员这一职业，在最初的时候，是权力、地位的象征，甚至是财富的象征，一度还面临着被妖魔化的倾向，但是随着社会的变迁，其特点也在悄悄地发生着变化。如今的公务员，主要有以下几个特点：

第一，稳定的保障。说起公务员这一职业，大家第一认知可能就是“稳定”，尤其是在近几年疫情的影响下，一份旱涝保收的工作确实具有极大的优势和诱惑力，这几年各级公务员招考报名的火爆程度，也说明了这一点。但是，任何事物都有两面性，公务员工作的优点是稳定，缺点也是稳定。作为一名公务员，只要你不违反党纪国法，基本上是没有退出机制的，你可以一眼看到自己几年后甚至几十年后的样子，人生在获得了稳定保障的同时，也失去了很多未知的期待。

第二，繁忙的工作。公务员的工作繁忙，已经成为一个共识，但是忙到什么程度，估计大家还不是特别确切的了解。回想二十年前，我还在校读书时，那时整个社会对公务员工作量的认知，还是“一杯茶，一根烟，一张报纸看一天”。可是自从我参加工作开始，就深切感受到了工作的繁忙，经常一上午过去了，杯子里的水还没顾上喝一口，上卫生间都得跑着去，报纸堆成山也没有时间看。政府的各个职能部门都在各自的领域里高效运转着，尤其是那些涉及国计民生的部门，更是不敢有丝毫的懈怠。

第三，微薄的收入。公务员的薪水的特点是，起点不算低，但是提升的空间不大。如果是作为一个刚刚毕业的应届生，其收入水平与其他行业的新人比起来，不算低的，甚至还可以算是中上水平。但是随着年龄的增长和职务的晋升，其与同龄人的收入差距会越来越明显。过去公务员的福利相对比较好，所以工资低的情况带来的影响并不大。但是在八项规定以后，公务员的各项福利基本取消，其影响就相对明显了。因此，如果期待通过当公务员来改善经济条件或提高生活水平的，那肯定是选错职业了。

第四，友善的环境。很多人一提起公务员的工作环境，第一反应就会想起宫斗剧，好像体制内已经成了钩心斗角、阿谀逢迎的代名词。但事实却正好相反，尤其是在我有了体制外工作经历的对比后，更加觉得公务员的职场环境是相当友善的。对公务员来说，同事之间更像是战友的关系，绝大多数时候他们的目标和利益都是一致的。即便是在遇到了晋升、提拔、评优等看似会发生利益冲突的时刻，往往也会被公务员的大局观所消化。回想我14年的公务员职业生涯，记忆里都是携手并肩共同战斗的美好时刻。

第五，严明的纪律。公务员的管理是非常严格的，“守纪律、讲规矩”不是一句口号，而是要融入公务员的思想、工作、生活中，付诸实际行动中。每一个公务员，在思想上、行动上、作风上都要牢牢树立纪律意识和规矩意识，内化于心、外化于形。也正是因为有这样严明的纪律要求，所以我们的社会治理体系才会不断优化，为人民服务的口号才能真正落到实处。

二、公务员职业发展建议

第一，人生的路，每一步都不白走。这句话是我经常挂在嘴上安慰自己的。每当自己受到了不太公平的对待，或者承担了额外的工作，或者吃了亏的时候，我总是会念叨这句话。反正力气是攒不住的，也是用不完的，多干点也没坏处。现在我依然认同这句话，但是要加上一句：前提是你要认认真真的走。只要你能认认真真经历着你正在经历的，那这段经历就会转化成能量长在你身上，一段一段积累起来，你就获得了个人成长。

如果我没有因为一场知识竞赛天天夜里九点半才离开办公室，我不会知道原来我也可以独立组织一场大型活动。为什么是九点半，因为九点半以后从单位到家的那条背街胡同我就不敢走了。如果我没有长达两年的时间每天定个闹钟凌晨三点钟起床写稿子，我不会像现在这样被人称作“大笔杆子”。虽然从此落下了凌晨三点精神抖擞的严重失眠后遗症，但是再后来面临多大多重的写作任务，我也很少需要用熬夜来完成了。如果我没有经历过24小时随叫随到的领导秘书工作，我不会像现在这样宠辱不惊、淡定从容。虽然那几年我常常吃不上饭、睡不好觉、时时刻刻精神紧绷，但是却锻炼了我心思缜密、办事周到的工作习惯。这样的如果还有很多很多，现在回头看看，每一次艰难的付出和辛苦的努力，都是成长路上的加速器。尤其是在我辞去公职、走出舒适圈去挑战自己的时候，更是真心觉得自己之前的那些苦没白吃，甚至还觉得如果当初可以更勤奋一点，可以体验更多的岗位和工作内容，就更好了。

第二，耐得住寂寞，久久为功。体制内的工作内容是枯燥的，体制内的奖惩机制也是相对滞后的。大多数时候，我们的努力并不能立刻换来肉眼可见的回报，甚至可能还会认为努力和不努力的结果也没有什么不同。公务员的晋升机制虽然已经在不断进行完善，但是依然可能会出现各种各样的特殊情况。比如有职位的时候你条件不够，你符合条件的时候没有空位，或者条件和位置同时具备了，却因为一些特殊原因暂时搁置了。你年轻的时候，因为年轻资历不够不符合条件；等你成熟了，却因为政策调整为要提拔年轻干部而错过了时机。总之，公务员的晋升之路，不但需要努力和个人能力，更需要合适的机遇。机遇这件事情我们控制不了，但是我们可以不断提高自己随时做好迎接机遇的准备。

第三，既要成为专家，也要做个杂家。作为法学专业的毕业生，无论我们进入职场后所从事的工作与法律有多大的关系，都要时刻保持自己的专业性，在自己的工作领域成为专家。我记得初入职场的时候，确实会担心自己不爱在领导面前表现的性格会影响了自己的前途。后来有一个姐姐跟我说，你好好干你的工作，把工作干成无可替代，机会来了自然是你的。后来果然被她言中，我一路的职务晋升和岗位调整，都是因为这四个字。作为一名公务员，光做专家是不够的，还得成为杂家，公务员的工作内容虽有职责和分工，但往往需要全面统筹兼顾，因此需要我们成为一个多面手，成为一个在各个领域都有所涉猎的杂家。因为你无法决定你的服务对象和工作内容会出现什么样的变化，也无法决定你的工作岗位会有什么样的变动。比如，在我 14 年的公务员生涯中，赶上了 08 年奥运会、建国六十周年大庆、九三阅兵等大型活动，在这些大型活动中，都有我们参与保障和服务的身影。负责媒体的岗位，你要懂得传播学的知识；负责餐饮的岗位，你要懂得食品卫生的知识；负责住宿的岗位，你甚至还要有建筑工程的知识。这些不同的经历，都是宝贵的财富，是锻炼自己多面发展的良好契机。

第四，执行力是最重要的能力。做一名合格的公务员需要具备很多基本的能力，比如写作能力、组织能力、语言表达能力、统筹能力、创新能力等，但是最重要的，是执行力。我记得我毕业那年入职面试的时候，被问到的考题就是，当你发现领导已经确定的一项工作有更好的方案时，你应该怎么办？这其实就是一道考执行力的问题。当时正好我在面试宝典上看过这道题，所以背出了答案，即应该向领导提出自己的想法，如果领导拒绝，那就按领导制定的方案去执行。说实话，当时的我作为一个年轻气盛的毕业生，对这个答案并不是很理解，在我的认知里，依然觉得应该是据理力争按照更优化的方案去做。入职多年后，也经历了一些据理力争后，我渐渐明白了这个答案的意义，并且深以为然。那些我们所认为的好，其实是有局限性的，也一次次被实践证明了确实并不好。所以，我建议大家，作为一个初出茅庐的职场新人，千万不要自命不凡、觉得自己是最聪明的那个，我们思考问题的广度和深度跟领导和年长的同事相比，根本不可同日而语。尤其是近20年来，每年都有大批名校的优秀毕业生考入公务员队伍，这个群体已经逐渐精英化了，能走上领导岗位的，更是情商智商双商在线。另外，强调执行力并不是让大家去做提线木偶，遇事不动脑子让干什么干什么。如果是这样的话，用不了多久人就废了，这支队伍也就废了。这里所说的执行力，一定是以思考为前提的执行力，要在执行的过程中去体会决策的过程，从前辈们的身上学习经验、汲取智慧，这样才能不断进步、有所发展。

零零碎碎说了这么多，仅代表我个人从业过程中的一点感悟和经验，希望能对想要从事公务员工作的同学们有所帮助和启发。无论从事什么职业，我都建议大家将眼光放长放宽，从个人成长的角度来看待所经历的，这样就不会计较一时的个人得失，也不会被短暂的不如意蒙蔽了双眼。我们无法决定生命的长度，但是可以无限拓宽生命的宽度，预祝大家都有一个精彩的人生。

（作者简介：高蕾，中国政法大学法学博士，曾是某单位处级公务员，目前是北京志霖律师事务所婚姻家事专业委员会主任，加入志霖前曾担任省级妇联权益部副部长，擅长婚姻家事和继承领域的争议解决和矛盾化解；现为全国人大《妇女权益保障法》立法小组特聘专家、国务院妇儿工委性别平等评估专家组特聘专家。）

第七章 | 法律职业决策

【学习目标】

1. 了解职业决策的类型。
2. 熟悉法律职业决策的影响因素。
3. 掌握法律职业决策流程及决策工具。

【案例导入】

小钟是某法学院研究生二年级的学生，随着校园生活、实习的开展，周围的同学似乎都已经有了自己的目标和方向，而小钟却还十分迷茫，不知道自己未来究竟该做什么。

小郭是校园里的“老生”，每天忙碌地奔波于教室、学校办公室、图书馆等处，上课、听讲座、科研课题、学生工作、助管助教、志愿活动、实习……几乎所有的校园活动他都亲身参与过，他认为多尝试一些可能会对职业选择有帮助，但是他仍然觉得不知所措、没有头绪，不清楚究竟这样的付出对未来的职业发展能够助力几何。父母认为公务员工作稳定，希望他能够考取公务员岗位，小郭虽然同意父母的看法，但又希望能有其他的职业选择，因而他忙碌于各种活动，但却没有找到明确的答案。

小郑是一名法学院的应届毕业研究生，在研究生学习生涯伊始，他便有了比较明确的职业目标，希望在毕业时能够进入红圈所从事律师工作，并没有考公务员的想法。因此，小郑一开始没有将研究生学习生涯规划的重心放在学生工作上，而是利用空余时间在律师事务所实习。但随着实习期间的各种经历以及与他人的沟通交流，小郑发现自己或许不是那么适合律师这一职业，因而便萌生了考公务员的想法。

上述几位法科生的经历是否令你感同身受？校园中，有的人早早就有了清晰可行的职业规划，并一步一步付诸实施。但事实上，大部分同学属于以下情况：有的同学对职业规划毫无想法，认为临毕业时再解决这些问题不迟；有的同学终日忙碌，但却不知自己在忙些什么；有些同学看似对未来职业有些想法，但又不能完全确定，甚至对达到目标缺乏信心。总结以上几种情况，同学们的困惑主要在于如何完成个人的法律职业决策。

第一节　法律职业决策概述

职业决策是基于自己探索和职业世界探索基础上，综合对自我的认识和外部职业世界的认识逐渐形成的。职业决策是个人成长和发展中的必经过程。职业决策是一个不可避免又难度较大的过程，它不仅过程复杂，而且受个体条件影响很大。依据个人作决策的方式、反应，可以将决策者分为不同的风格，决策者的行为差异是与“人格特质”有关的因素，即一种风格者在各种情境下具有相似的行为表现。个体在生活中若干情境下作选择的方式有着极大的相似性，决策方式也有着独特的人格特性，这被称为“决策风格”。

一、法律职业决策的概念

职业决策概念有广义、狭义之分。广义的职业决策指为确定职业所进行的提出问题、搜集资料、确定目标、拟订方案、分析评价、最后选定、检查监督等一系列认知活动（如图 7-1）。而狭义的职业决策把“决策”理解为广义决策过程的其中一个环节，即从几个备选职业方案中选择一个的“确定”环节。[1]

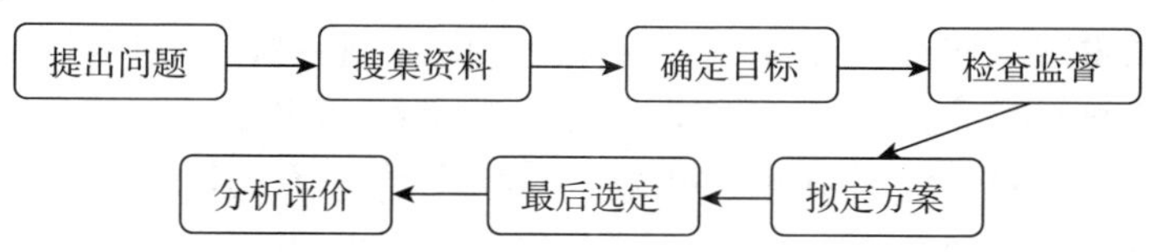

图 7-1　广义的职业决策概念

具体来讲，狭义的职业决策是指决策者根据所确定的职业目标，从两个及以上的备选职业方案中选定一个方案的过程，是决策者采用某种决策工具经过一定的分析比较过程之后所作出的个人职业决定。由此来看，狭义的职业决策包括“明确职业目标”“确定备选职业方案”“根据职业目标选定最终方案”三个环节。因此，职业决策是一个相对复杂的过程，而不单单是一种结果。不单单是职业决策，即使是日常生活中一个极小的决策也遵循着诸如上述的过程，即明确目标——确定可选方案——选择某方案。职业决策是一个选择与放弃的历程，决策者必须做出明确选择并承担每个决策所带来的后果。职业决策没有正确答案，并且通常都在不确定的情况下进行，每个不确定性都可能引发下一个不确定性，职业生涯的魅力就在于没有标准来衡量对错。但也正因如此，对选择的不确定感、对选择项目的取舍、对决策结果的责任都可能使人对职业决策产生焦虑。

---

〔1〕 陈夏初主编：《大学生职业生涯规划与管理》，江苏人民出版社 2013 年版，第 152 页。

法律职业决策，是法科生确定法律职业方案的过程，即根据自我探索与职业世界探索，运用 SWOT 分析法、决策平衡单法等职业决策工具，经过“明确法律职业目标”“绘制法律职业生涯路线”“实施并反馈问题”“评估并完善流程”等系列活动之后形成的职业目标，以及为实现这一职业目标而制定的职业行动方案。职业决策是一个复杂的过程，通过这一过程，决策者能够对自我及外部的有关信息进行重组和再思考，明确可供选择的职业，经过分析和比较，最终明确个人的职业目标和行动方案。对于法科生来说，职业决策是学生生涯中的一个重要命题，是关乎学业质量、职业发展、个人发展与幸福的决策。

二、法律职业决策的类型

职业决策并非易事，是个人成长和发展中必经的抉择过程。事实上，我们的人生便是由不计其数的日常决策所构成的，从我们早晨醒来到夜晚入睡，我们在不断地作出决策，从日常饮食起居到读什么书、与何人交往等。一个决定的重要性程度越高，作出科学合理决策的难度就越大。例如，与决定自己从事何种职业相比，决定午餐吃什么毫不费力。可见，职业决策是一个不可避免又难度较大的活动，它不仅过程复杂，而且受个体条件的影响也很大。

依据个人作决策的方式、反应，可以将决策者分为不同的类型。决策者的行为差异是与“人格特质”有关的因素，这就能解释为何同一种类型者在各种情境下都具有相似的行为表现。也有学者认为决策只有策略的不同，决策者的行为差异是“状态”的不同，每个决策者同时具有若干决策策略，只是依情境的不同而采取不同的策略，决策者之间只有策略使用的差别，而没有人格特质的差异。如约翰逊认为决策是一项亟待培养的能力和可以培训的策略，并根据两个维度划分了职业决策策略类型，这两个维度分别是信息是如何被收集的（数据收集），和这些信息是如何被加工的（数据分析）。[1]

想想平时的购物习惯，你是看到合适的物品会直接选择购买，还是逛遍所有店铺、货比三家后再作抉择，抑或是你常常无法自己作出抉择而需要征求他人意见。再如，高考志愿填报的时候，你是有合意的直接填上，还是仔细阅读招生简章、全面比对所有大学和专业后再填写，又或是直接按照父母或老师的要求填写？

同一个人在生活中若干情境下作选择的方式有着极大的相似性，你的决策方式有着独特的人格特性，被称为“决策风格”。在进行职业选择这一情境之下，你所展现的个人特性被抽象化后所形成的概念，就叫做“职业决策类型”。

最早研究决策类型的是丁克里奇（Dinklage，1968），他将决策者分为8种类型，分别是计划型（Planning Style）、烦恼型（Agonizing Style）、拖延型（Delaying Style）、瘫痪型（Paralysis Style）、冲动型（Impulsive Style）、直觉型（Intuitive Style）、宿命型（Fatalistic Style）、顺从型（Compliant Style）。[2] 根据哈伦（1979）的观察，大部分人的生涯决策方式可以归纳为3种类型，分别是理智型（Rational Style）、直觉型（Intuitive Style）、依赖型（Dependent Style）。综合丁克里奇分类法和哈伦的观察，法律职业决策的类型大致具有以下几种表现：

1. 理智型（Rational Style）或计划型（Planning Style）

该类人合乎逻辑、系统地收集充分的职业信息，分析各个选项的利弊得失，深思熟虑，以作出明智的决定，能够意识到行为的相应后果，愿意承担决策的责任。这类人的典型特质或

---

〔1〕 陈夏初主编：《大学生职业生涯规划与管理》，江苏人民出版社2013年版，第154页。

〔2〕 陈夏初主编：《大学生职业生涯规划与管理》，江苏人民出版社2013年版，第155页。

优点就是会积极主动地解决问题并完成决策，做自己的主人。

2. 直觉型（Intuitive Style）

这类人凭借自己在特定情境中的感受或情绪反应作出直接的决定。他们往往会凭感觉行事，比较了解自我，但很少去系统地收集职业信息、了解职业世界。这种直觉型的决策类型也就是我们俗称的“第六感”，决策的作出非常简单省事，但缺乏对将来的预期，也不能给出恰当的逻辑来说明原因。

3. 依赖型（Dependent Style）或顺从型（Compliant Style）

这类人等待或依赖他人为自己收集信息并作决定的类型。他们十分关注甚至完全依赖于他人的期望、评价、意见，决策的作出非常消极、被动。试想一下，你或你遇到的人中是否有这样一类人，他们或许对自己的职业决策也有一定的想法，但总是怀疑自我，认知并倾向于选择他人的决定，以“我的朋友认为我很适合……”“我的父母认为我很适合……”等作为理由，这就是典型的依赖型决策类型。

4. 犹豫型（Hesitating Style）

犹豫型决策者十分迟疑，或表现为即使搜集了很多资料信息依然无法选择、非常挣扎的烦恼状态，或表现为拖延的状态，或表现为理性上知道该怎么做但感性上选择逃避作决定的瘫痪状态。试想一下，你是否有过因犹豫从而错过最佳决断时机的经历，如果答有，那么你需要认识到犹豫和拖延的不良后果，并增强职业生涯规划的意识。

还有一些其他的决策类型，如冲动型（Impulsive Style），表现为出现一个方案时便立即选定此方案，而出现其他方案后便又立即要冲动地更换方案，全然不去搜集资料、理性判断。再如较少出现的宿命型（Fatalistic Style），用俗话来说就是“船到桥头自然直”的状态，知道应当作决定，但为了减少焦虑或因其他原因而不愿自己作决定，把决策权交给命运。

这些决策类型各有利弊。直觉型最迅速，在时间紧迫的情况下非常有用，但不够理性、经不起推敲；依赖型最省力，但不见得是最有效、最适合的；理智型是最费神费力的，得出的结果较为合理，但时间成本较高，因而有错失良机的可能。当然，如果有充分的时间和精力，选择理智型的方式进行决策是相对来讲最合适的。

【课后习题】

「了解自己的决策类型〔1〕」

1. 请回想迄今为止你在生活中所作的五个重大决定，并按以下几个内容予以描述，并在纸上记录下来：

a. 目标或当时的情境；

b. 你拥有的选择；

c. 你作出的选择；

d. 你的决策方式；

e. 对结果的评估。

想一想：你如何描述自己在上述几项中的决策类型？它们有共同之处吗？当你作一番回顾的时候，你有没有想过自己通常采用了什么样的决策模式？

· 我的五个重大决定：

〔1〕 钟谷兰、杨开编著：《大学生职业生涯发展与规划》，华东师范大学出版社 2016 年版，第 114 页。

·我在重大事件上通常采用的决策类型：

2. 通过学习，我们已经对职业决策的类型有了一定的认识，但也许你还不清楚自己的职业决策类型。请完成下面的小测试，以便深入了解自己的职业决策类型。(本测试根据哈伦的观点，只包含最常见、最普遍的四种决策类型。)

【测试说明】请根据自己的个人特质和实际情况，客观地对以下问题作答（见表 7–1)，若符合，得 1 分，不符合则为 0 分。回答结束后，请将分数填入职业决策类型得分表（见表 7–2）中并进行统计汇总。

表 7–1　职业决策类型测试表

1. 需要作决定时，会多方收集资料。	1（　）	0（　）
2. 经常凭自己的感觉做事。	1（　）	0（　）
3. 做事时，喜欢有人在旁边，以便随时商量。	1（　）	0（　）
4. 遇到需要拿主意的事情时，便会感到紧张不安。	1（　）	0（　）
5. 通常将收集到的信息进行比较分析，列出可供选择的方案。	1（　）	0（　）
6. 时常会改变自己作出的决定。	1（　）	0（　）
7. 发现别人与自己的看法不同时，不知该怎么取舍。	1（　）	0（　）
8. 做事总是瞻前顾后，经常拿不定主意。	1（　）	0（　）

续表

9. 会衡量各个方案的利益得失，判断出最适合的选择。	1（ ）	0（ ）
10. 经常仓促地对事物进行判断。	1（ ）	0（ ）
11. 做事时，不太喜欢独自想办法。	1（ ）	0（ ）
12. 遇到难作决定的事时，就会把它扔在一边。	1（ ）	0（ ）
13. 决定方案后，会展开必要的准备去做好它。	1（ ）	0（ ）
14. 决定之前，一般不会有任何准备，但会进行大概的分析。	1（ ）	0（ ）
15. 很容易受到别人意见的影响。	1（ ）	0（ ）
16. 觉得做决定是一件痛苦的事。	1（ ）	0（ ）
17. 会参考其他人的意见，综合自己的想法来做决定。	1（ ）	0（ ）
18. 容易不经慎重思考就作决定。	1（ ）	0（ ）
19. 在被催促之前，不打算立即作出决定。	1（ ）	0（ ）
20. 处理事情经常犹豫不决。	1（ ）	0（ ）
21. 经过深思熟虑，能得出一套明确的行动方案。	1（ ）	0（ ）
22. 通常情况下，自己对事物的判断是很准确的。	1（ ）	0（ ）
23. 常让父母、师长或朋友给自己提供意见。	1（ ）	0（ ）
24. 为了躲避作决定的痛苦过程，会让事情不了了之。	1（ ）	0（ ）

表 7-2 职业决策类型得分表

决策类型	理智型		直觉型		依赖型		犹豫型	
得分项	1		2		3		4	
	5		6		7		8	
	9		10		11		12	
	13		14		15		16	
	17		18		19		20	
	21		22		23		24	
总分								

第二节 法律职业决策的影响因素

职业决策是个人发展阶段一个不可避免又难度较大的过程，它不仅过程复杂，而且受个体条件影响很大。职业决策之所以难，正是因为其受诸多影响因素的共同作用，甚至其中部分因素的影响可能具有负面性，从而构成职业决策的阻碍。著名的职业辅导理论家克朗伯兹（Krumblotz）将影响个人职业决策的因素划分为四类：遗传和特殊能力、环境和重要事件、学习经验、任务取向的技能。[1] 遵循普遍性的思维认识，我们大致可以从决策者个体因素与外部环境因素两个维度来观察影响个人法律职业决策的主要因素。在此基础上，我们将外部环境因素更为细致地划分为家庭、学校等个体成长环境因素和宏观的社会环境因素两类。此外，还存在一类特殊的不可控因素，即决

〔1〕 钟谷兰、杨开编著：《大学生职业生涯发展与规划》，华东师范大学出版社 2016 年版，第 118 页。

策具有风险性，要求我们承担决策所产生的后果与责任。想要作出合理的法律职业决策，必须先明确其所面临的挑战，从而直面挑战、克服阻碍，理性看待各种影响因素。

一、决策者个体因素

决策者的个体因素包含两个方面，一是遗传因素，二是自我认知因素。

（一）遗传因素。

每个人都有不可抗的遗传因素，比如性别，外貌，身高，智力和个人天赋等，这在某种程度上决定了个人的职业生涯。例如，大家在就业中经常遇到的性别因素，仍旧不可抗的存在于你是否有机会参与面试和招录中，身高会限制你成为一名模特，某些和身体健康相关因素会限制你成为航天员。

（二）自我认知因素

自我认知是第二个来源于个体内部的因素，对自己性格、兴趣、能力、职业价值观等方面的认知，以及对其认知不一致导致的内部冲突都可能成为角色的障碍。根据 MBTI 测验[1]，我们可以明确个体的性格类型；根据舒伯的 15 项职业价值因子，我们可以明确个体职业价值观；根据霍兰德职业兴趣代码，[2] 我们可以知晓个人职业兴趣。但是在同一个人身上性格，兴趣，价值观等很难完全一致，因此决策者要保持清醒和理智，明白鱼和熊掌不可兼得。

狭义的法律职业决策是指法科生根据个人职业目标最终确定法律职业方案的过程，仅仅是个人职业生涯规划的一环。而个体自我评估所形成的决策者自我认知，将直接影响个人职业决策。

---

〔1〕 MBTI 测验详见本书第三章“性格探索”。

〔2〕 霍兰德职业兴趣测试及职业代码详见本书第二章“兴趣探索”。

例如，MBTI 测验结果为内倾型的同学，可能不倾向于选择对表达沟通能力要求较高或者工作内容比较具有对抗性的职业，比如诉讼律师。再如，核心职业价值观是经济报酬的同学可能不会将公务员作为个人职业的首选，而会选择律师行业、金融企业等职业；相反，核心职业价值观是安全稳定的同学则可能会更倾向于选择事业单位、政府等相关的法律职业。

二、个体成长环境因素

除了内在的个体心理因素外，个体职业决策的差异性还体现在决策者的个人成长环境等外部因素。外部因素这一维度，个体所属的微观环境相比于宏观社会环境，对个体职业决策的影响作用更为直接，最常见的就是家庭因素和学校因素。

（一）家庭因素

家庭成员对个体职业决策的结果具有相当程度的决定作用。家庭是孩子的第一所学校，父母是孩子的第一任老师。家庭因素在法科生职业决策过程中的角色不容忽视。

首先，家庭教育方式影响着孩子的职业决策类型。开放式、理解和鼓励型的家庭教育可能使孩子更愿意主动、有所思考地完成职业决策，而“包办”式的家庭教育则可能会使孩子形成依赖型的决策类型，造成自主决策困难。

其次，父母是孩子最早观察模仿的角色，父母的职业选择以及父母的价值观等都会或多或少地影响孩子的职业决策。例如，全国法院先进个人、第七审判团队长欧阳萍便是受父亲的影响选择了法官这一职业。父亲做了一辈子的法官，使她对法官这个职业也有着特别的情感，为此她放弃了原来从事了 7 年的会计工作，于 1994 年通过公开招考进入了法院，之后一路参加法律专业大专、本科学习，通过考试成为一名法官。

家庭经济因素将直接影响学生对经济报酬的重视程度。相比较而言，贫困大学生在职业决策上所面临的困难相对较大，且他们普遍存在着自我认识与职业定位不清晰等问题，在进行职业决策时一般会比较看重经济报酬。

（二）学校因素

首先，高校是否提供准确、丰富的职业信息，是否给学生提供专业的职业生涯发展指导等都会影响学生的职业决策。其次，校风是学校在办学过程中长期积淀而成的具有行为和道德意义的风气，它是一种特殊的“精神航标”。优良的校风“润物细无声”般地塑造着学生，能激发并引导学生重视职业规划的意义，理性完成职业决策并为实现职业目标而奋斗。此外，周围同龄群体的职业价值观、职业态度等都会潜移默化地影响个人的职业选择。“父母和同龄人谁的影响力更大”？他们都在以不同的角色发挥着作用。从经验丰富程度的角度看，父母显然可能给予更多参考性的职业选择经验心得。但人们普遍觉得与同龄人聊天更为舒适，其一是同龄人不会像父母一般说教甚至批评自己，其二是同龄人比起父母更容易理解自己的想法，并且会表现得更加中立和客观。因而在进行职业决策时，与自己有同样专业背景和学习经历的同龄人似乎比父母更能给出令自己接纳的决策结果。

个人的外部环境因素还包括一类周围重要他人对决策者的影响。比如，决策者可能会收到某个法官的指引选择法官这个职业。当然除了决策者的自我认知因素及决策者的个人背景因素之外，职业决策还受个体进行决策时的状态因素的影响。只有决策时的身体、精神状态、心理状况都处于比较良好的状态时，决策的结果才是更为理性合理的。法律职业的大部分选择都是理性型的，为此，在进行法律职业决策时，必须保证个人的心理状况良好，免受不良情绪的干扰，作出理性决策。

三、宏观的社会环境因素

除上述决策者个人因素和成长因素外，职业生涯决策还会受到更宏观层面因素的影响，这些宏观因素体现在政治、经济、科技等众多方面。人工智能、大数据、物联网、云计算等技术的不断发展和普及，人类社会的生产方式和社会形态正在发生深刻的变化，进而影响到众多职业。科技变化推升了新的职位，科技进步也让一些传统行业逐渐消失。这些变化也会对职业决策产生深刻的影响。从法科生近年来的职业发展趋势来看，关联紧密的宏观因素主要有以下几个方面：[1]

（一）社会对人才的需求因素

美国管理学家德鲁克 1994 年在《后资本主义社会》中指出，人类社会正在进入知识社会。在知识社会中，知识资本成为企业最重要的资源，受过良好教育的人成为社会的主流，财富的累积、经济的增长、个人的发展均以知识为基础。在 21 世纪的今天，科技飞速发展，大数据、人工智能、网络科技深入各行各业，现代社会需要的则是掌握复合型知识的人才，往往这类人能够创造出别人意想不到的工作成果或者价值。根据职业招聘平台领英发布的《中国企业迈向“一带一路”人才白皮书》，66%的企业表示难以找到高级别的人才，40%的企业在寻找特殊技能人才上受阻。[2] 可见，复合型人才在当代就业市场上是非常抢手的，正应了俗话说的“技多不压身”。从法科生自身来看，同时拥有法律职业资格证书和证券基金等从业资格证书的人才将更具有竞争力。数字素养、信息管理和沟通技巧等软技能也变得越来越重要。

---

〔1〕 张博编著：《职业生涯规划与管理》，中国电力出版社 2014 年版，第 35 页。

〔2〕 领英：“中国企业迈向‘一带一路’人才白皮书”，载 https：//business. linkedin. com/zh-cn/talent-solutions/recruiting-resources-tips/one-belt-one-road-report，最后访问日期：2022 年 5 月 11 日。

（二）依法治国大环境的影响

“全面推进依法治国是一项长期而重大的历史任务，要坚持中国特色社会主义法治道路，坚持以马克思主义法学思想和中国特色社会主义法治理论为指导，立德树人，德法兼修，培养大批高素质法治人才。”这是 2017 年 5 月 3 日，习近平总书记在中国政法大学考察时对法学院校给予的期望。高素质法治人才，是建设中国特色社会主义法治体系、建设社会主义法治国家的基础性、战略性支撑，对于在法治轨道上全面建设社会主义现代化国家具有重要意义。

在全面依法治国方略的大背景下，社会对法治人才的需求不断增加，法科生职业发展途径的可能性被进一步拓宽。例如，近年来“企业全面合规管理”的呼声高涨，企业合规师更成为一项正式进入《中国职业分类大典》的独立职业。2021 年 12 月 15 日，司法部办公厅发布《关于加强公司律师参与企业合规管理工作的通知》提出：“聚焦重点难点，推动公司律师全面参与企业合规管理工作。”这将为法学人才的职业发展尤其是律师这一职业选择创造更多的机会。

（三）社会文化观念影响

外部社会文化观念的发展将会对职业决策者的职业价值观产生潜移默化的影响。对于法科生职业发展而言，不同的职业价值观将会导致在同一法律职业共同体中不同的职业选择。以法律职业共同体中的律师职业为例，在为当事人提供专业的法律服务、维护当事人合法权益这一共同目标之下，商业律师与公益律师的工作目标又具有一定的区别，商业律师以“创收”为目的，公益律师则以“公益服务”为重点。

四、法律职业决策的风险

法律职业决策具有风险性，法科生将要承担决策所产生的后果与责任。决策没有正确答案，并且通常都在不确定的情况下进行，每个不确定性都可能引发下一个不确定性，而不确定性正是风险的起因，并与风险相伴而生。我们的一生无时无刻不在决策。从法律职业决策风险性大小的角度看，可以把决策分为三种：确定型决策、风险可控型决策以及不确定型决策。[1]

1. 确定型决策

这种决策是指所有的选择及其结果都是毫无疑问、非常明确的，即对结果已有非常明确的预知，不存在任何风险。例如，某人家门口有两条道路通往某超市，两条路都非常通畅便行，只是其中一条道路的路程明显短于另一条，那么，在一般情况下，该人当然会选择更近的那条路前往超市。

2. 风险可控型决策

这种决策是指决策者面临多种选择，各种选择的后果不能完全确定，此时决策就具有风险性，但由于决策者对此有大致的预判，他能够在一定程度上知晓可能面临何种后果，从而使风险居于可控范围内。比如，某人经常到单位附近的一家餐馆就餐，并且尝试过店里大部分菜色，因此他大体可以知道这家餐馆的厨师水平如何、饭菜滋味如何。但是，这家餐馆仍然有一些他从未吃过的菜，或因食材口味差异，或因厨师烹饪水平波动，或因其他原因，他也不能完全确定这些没有尝试过的菜品的滋味如何。但因他经常在此消费，他应该对此有一定预判。

3. 不确定型决策

这种决策使决策者对于有哪些选择以及各种选择相应会产生什么样的结果，几乎完全不清楚。最典型的例子就是投资理财，例如你想炒股，但是少有人对股票的原理了如指掌，并且

---

〔1〕 钟谷兰、杨开编著：《大学生职业生涯发展与规划》，华东师范大学出版社2016年版，第117页。

一般人根本无法对股市行情作出准确判断，那么此时的决策就是一个全然不确定的决策。

在现实生活中，我们所做出的绝大多数决策属于第二种，即风险可控型决策，很少能有作出第一种决策的时候，除非是在一些非常简单的事项上。而对于第三种决策类型，我们应当减少其出现的频率。当我们即将作出第三种类型的决策时，最好先暂缓作出决策，去搜集资料信息，使自己尽量对各种选择及其结果有大致的预判，即将第三种决策转化为第二种决策，从而进一步减少决策的风险性，增加其确定性。当无法将其转化为第二种决策时，出于对风险的不可预知性，或许要考虑是否放弃作出决策。

由于大多数情况下，我们的决策都具有一定的风险性，由此就面临着对风险性结果的责任承担。对决策后果和责任承担的不同态度也就形成了不同的决策类型。例如，有些人逃避对决策结果的责任承担，选择由父母、老师或他人做主，形成了依赖型决策；有些人则干脆放弃自发决策，采取随波逐流、听天由命的态度，形成了宿命型决策类型。

万事万物都具有两面性，矛盾是客观普遍存在的。在逃避承担决策风险和责任的同时，也就丧失了掌握决策自由的权利。但这样的人在逃避决策和责任的同时，也逃离了自由。有人说，生活中最危险的事就是不去冒险。只有敢于冒险、敢于自主决策的人，才是自由的人。

第三节　法律职业决策的流程

在了解法律职业决策的类型和面临挑战的基础上，本节将进入“法律职业决策”一章的重点内容——法律职业决策的流程。在进行法律职业决策时，首先需要明确法律职业决策的前提，即法律职业决策的原则、法律职业目标、自我评估和职业世界评估等。其次，需要排除法律职业决策的障碍，改变消极的决策观念。最后，才进入到正式的法律职业决策环节，通过反复多次进行“明确法律职业目标→绘制法律职业生涯路线→实施并反馈问题→评估并完善流程”的活动，最终确定个人职业生涯发展方案。

一、法律职业决策的原则

基于职业生涯长远发展及个人生命意义的考虑，职业决策应当慎重客观。草率的职业决策不仅不利于个人长期职业发展，使人对工作和个人职业发展缺乏热情和动力，进而使职业发展不具有可持续性。我们在进行职业决策时，需要考虑很多因素，进行多方面的综合考量，但总体来说，职业决策的指导原则主要有以下几点：

1. 兴趣为本原则

兴趣是不会说谎的，职业决策也应结合自己的性格、特长和兴趣来制定。爱因斯坦曾说：“我认为，对一切来说，只有热爱才是最好的教师，它远远超过责任感。”兴趣是最好的老师，是内生的驱动力。从事自己热爱的工作，才能具有持之以恒、持续奋斗的动力，才能具有不断寻求突破、追求更高职业目标的热情。当然，这里的兴趣并非等同于宽泛意义的个人爱好，而是指职业兴趣。在面临与所学专业相关的职业选择时，与个人职业兴趣相一致的便是同自己追求最为契合的职业选择。

2. 可执行原则

职业决策既要仰望星空又要脚踏实地，我们不仅要从事自己热爱的职业，更要从事自己擅长的职业。理性的职业决策应客观评估自我，分析岗位需求和自身匹配度，并且具备可实现性和执行力，保证自己能胜任所选择的工作，从而有效发挥自身价值。例如，对于几乎没有任何工作经验的法学应届毕业研究生来说，以知名企业法务部门负责人作为近期的职业目标是不切实际的。但是，应届毕业生先通过校招成为知名企业法务工作人员的目标便具有较高可实现性，之后通过考核晋升逐步成为法务主管、法务经理等，此种职业决策便是具有较高可执行性。

3. 立足长远原则

职业决策是一生的事业，并非立竿见影、一劳永逸的。职业决策时，应秉持长远的目光，实现个人回报最大化并能满足职业发展的需求，应综合考虑经济回报、精神满足和发展前景等因素，最终在收入、社会地位、成就感和工作付出之间做出明智的选择。法科生的职业决策领域，最典型的长远性职业规划的例子便是“从体制内到体制外”，即有一部分求职者毕业时会选择先进入体制内从事法律工作，待熟悉工作流程、积累丰富的工作经验、工作能力历练成熟之后，如因现实压力对收入报酬有更高的要求，会选择在体制外寻找新的职业机会。

4. 社会需求原则

职业决策不能仅关注自我评估，还要密切关注社会需求，做好职业世界评估。按照马克思主义经济学的观点，价值量决定价格，供求关系影响价格。在人力资源市场上，同样存在求职者与招聘者这对供需双方，求职者在某种程度上也能被视为教育培养出的人力资源“商品”，只有供给与需求相匹配，人力资源市场才能健康均衡地发展。我们面临的是一个知识经济社会，对相关职业信息的搜集、对招聘单位用人需求的了解是职业决策所不可忽视的重要工作。法科生需要在职业需求和个人情况之间不断地评估、预测、匹配、调整。

二、法律职业决策的前提

（一）完成自我与职业世界评估

充分的自我评估和职业世界评估是法律职业决策的前提。

自我评估是对个人兴趣、能力、价值观等的探索与评估，相关内容在本书的前序章节中已有涉及。而法律职业世界评估则与职业定位理论（又叫“职业重心理论”）相关，这是职业决策过程中的辅助性理论，可用来协助人们确定职业发展所需围绕的中心，帮助个人确立职业生涯的发展高度。[1] 职业定位理论源起于职业生涯规划“教父”——美国著名职业指导专家埃德加·H. 施恩（Edgar. H. Schein）教授领导的专门研究小组所提出的职业锚理论。职业锚，实际就是人们选择和发展自己的职业时所围绕的中心，是指当一个人不得不作出选择的时候，他无论如何都不会放弃的职业中的那种至关重要的东西或价值观。职业锚强调个人能力、动机和价值观三方面的相互作用与整合，是个人同工作环境互动作用的产物，在实际工作中是不断调整的。

1978 年埃德加·H. 施恩（Edgar. H. Schein）教授提出的职业锚理论包括五种类型：自主型职业锚、创业型职业锚、管理能力型职业锚、技术职能型职业锚、安全型职业锚。在 90 年代，又发展出三种类型的职业锚：安全稳定型、生活型、服务型职业锚。施恩先生将职业锚增加到八种类型，并推出了职业锚测试量表。

根据研究，笔者总结出适合法科生从事的几类职业，将其按照职业锚的各种类型进行对应，形成下表：

---

〔1〕 涂雯雯、魏超主编：《大学生职业生涯规划（慕课版 | 双色版）》，人民邮电出版社 2019 年版，第 104 页。

表 7-3　法科生职业锚对应职业表

职业锚类型	特征	代表职业[1]
技术/职能型（TF）	注重工作专业化，追求专业技术/技能提升。	如司法鉴定中心的鉴定员或法医、企业法务专员、法律翻译
管理型（GM）	追求并致力于工作晋升，倾心于全面管理，具体的技术/功能工作仅仅被看作是通向更高、更全面管理层的必经之路。	如法律新媒体运营、法律科技产品运营、企业法务主管
自主/独立型（AU）	希望随心所欲安排自己的工作，喜欢能发挥所长、自主性高的工作。	如律师、自主创业者、自由职业者
安全/稳定型（SE）	追求工作中的安全与稳定感。	如公务员（法官、检察官、政府工作人员等）、高校教师
创造型（EC）	喜欢不断有新的挑战目标，渴望变化，希望使用自己能力去创建属于自己的公司或创建完全属于自己的产品（或服务）。	如自主创业者、律师、法律类自媒体运营
挑战型（SV）	喜欢有难度的工作，喜欢解决看上去无法解决的问题。	如高校教师、某些科研学术机构专职法学研究者

〔1〕 每种职业都具有多重面向，因而表格中列举各职业锚类型所对应的较有代表性的法律职业，而非穷尽式列举。

续表

服务型 (CH)	以服务他人、帮助他人为核心职业追求，喜欢从事有社会意义的工作。	如高校辅导员、公益律师、公务员
生活型 (LS)	强调工作和家庭的和谐，将成功定义得比职业成功更广泛。	如法律类自媒体运营等自由职业者、公务员

【课堂练习】

「施恩职业锚测评量表」

测评说明：下面一共有40个关于职业的描述，请根据你的真实想法，为每题打一个分数。

选“1”代表这种描述完全不符合你的想法；选“2”或代表你偶尔这么想；选“3”代表你有时这么想；选“4”代表你经常这么想；选“5”代表你频繁这么想；选“6”代表这种描述完全符合你的日常想法。除非你非常明确，否则不需要作出极端的选择。例如：1或6。

1. 我希望做我擅长的工作，这样我的内行建议可以不断被采纳。

2. 当我整合并管理其他人的工作时，我非常有成就感。

3. 我希望我的工作能让我用自己的方式，按自己的计划去开展。

4. 对我而言，安定与稳定比自由和自主更重要。

5. 我一直在寻找可以让我创立自己事业（公司）的创意（点子）。

6. 我认为只有对社会作出真正贡献的职业才算是成功的职业。

7. 在工作中，我希望去解决那些有挑战性的问题，并且胜出。

8. 我宁愿离开公司，也不愿从事需要在个人和家庭方面作出一定牺牲的工作。

9. 将我的技术和专业水平发展到一个更具有竞争力的层次是成功职业的必要条件。

10. 我希望能够管理一个大的公司（组织），我的决策将会影响许多人。

11. 如果职业允许自由地决定自己的工作内容、计划、过程时，我会非常满意。

12. 如果工作的结果使我丧失了自己在组织中的安全稳定感，我宁愿离开这个工作岗位。

13. 对我而言，创办自己的公司比在其他的公司中争取一个高的管理位置更有意义。

14. 我的职业满足来自于我可以用自己的才能去为他人提供服务。

15. 我认为职业的成就感来自于克服自己面临的非常有挑战性的困难。

16. 我希望我的职业能够兼顾个人、家庭和工作的需要。

17. 对我而言，在我喜欢的专业领域内做资深专家比总经理更具有吸引力。

18. 只有在我成为公司的总经理后，我才认为我的职业人生是成功的。

19. 成功的职业应该允许我有完全的自主与自由。

20. 我愿意在能给我安全感、稳定感的公司中工作。

21. 当通过自己的努力或想法完成工作时，我的工作成就感最强。

22. 对我而言，利用自己的才能使这个世界变得更适合生活或居住，比争取一个高的管理职位更重要。

23. 当我解决了看上去不可能解决的问题，或者在必输无疑的竞赛中胜出，我会非常有成就感。

24. 我认为只有很好地平衡个人、家庭、职业三者的关系，生活才能算是成功的。

25. 我宁愿离开公司，也不愿频繁接受那些不属于我专业领域的工作。

26. 对我而言，做一个全面管理者比在我喜欢的专业领域内做资深专家更有吸引力。

27. 对我而言，用我自己的方式不受约束地完成工作，比安全、稳定更加重要。

28. 只有当我的收入和工作有保障时，我才会对工作感到满意。

29. 在我的职业生涯中，如果我能成功地创造或实现完全属于自己的产品或点子，我会感到非常成功。

30. 我希望从事对人类和社会真正有贡献的工作。

31. 我希望工作中有很多的机会，可以不断挑战我解决问题的能力（或竞争力）。

32. 能很好地平衡个人生活与工作，比达到一个高的管理职位更重要。

33. 如果在工作中能经常用到我特别的技巧和才能，我会感到特别满意。

34. 我宁愿离开公司，也不愿意接受让我离开全面管理的工作。

35. 我宁愿离开公司，也不愿意接受约束我自由和自主控制权的工作。

36. 我希望有一份让我有安全感和稳定感的工作。

37. 我梦想着创建属于自己的事业。

38. 如果工作限制了我为他人提供帮助或服务，我宁愿离开公司。

39. 去解决那些几乎无法解决的难题，比获得一个高的管理职位更有意义。

40. 我一直在寻找一份能最小化个人和家庭之间冲突的工作。

计算方法：

(1) 附加分：找出你给分较高的描述，从中挑出与你日常想法最为吻合的三题，给这三个题目额外各加 4 分。(例如：原来得分为 5，则调整后的得分为 9)。

(2) 计算总分：将每一题的分数填入施恩职业锚测评得分表（见表 7-4）中，然后按照“列”累加分数得到一个单列总分。

(3) 计算平均分：最后，将每列总分除以 5，得到每列的平均分，并填入表格。最高平均分的职业锚类型，就代表了最符合你的职业锚。

表 7-4　施恩职业锚测评得分表

职业锚	TF 型		GM 型		AU 型		SE 型		EC 型		SV 型		CH 型		LS 型	
得分项	1		2		3		4		5		6		7		8	
	9		10		11		12		13		14		15		16	
	17		18		19		20		21		22		23		24	
	25		26		27		28		29		30		31		32	
	33		34		35		36		37		38		39		40	
总分																
平均分																

（二）排除职业决策的障碍

职业生涯决策时常会遇到一些障碍，为了确保职业生涯决策的成功，个体应当能够识别这些障碍，以更好地采取措施排除这些障碍。所谓职业生涯决策的障碍，即个人职业决策影响因素中对个人职业决策形成现实的消极性、负面性影响的部分。

个人职业决策的消极障碍中，有一类非常重要的不良影响因素——非理性信念，需要被尽可能杜绝和克服。克朗伯兹（John D. Krumboltz）认为个人职业决策的影响因素交互作用的结果，形成了个人对自我和世界的推论或信念，这些推论不一定完全正确，要视个人的学习经验是否丰富而定。但是，人们往往会以偏概全，在一两次深刻经历的基础上得出一些刻板的印象和先入为主的偏见，这就是所谓的“非理性信念”。[1]

非理性信念由理性情绪行为疗法的大师艾利斯（Albert Ellis）在1955年首次提出，他认为人天生就具备了非理性的人格倾向，因此每个人的思考或多或少都以某种无效或顽固的方式进行，产生了许多不合理、不具逻辑性或与事实不符的非理性信念。艾利斯在1962年总结了人们最常见的11种非理性信念并据此编制出影响广泛的量表，即非理性信念测验（Irrational Beliefs Test，IBT）和理性行为量表（Rational Behavior Inventory，RBI）。艾利斯等人对11条非理性信念进行因素分析，抽取了4条核心概念：糟糕至极的信念；应该、应当、必须的信念；低挫折承受力的信念；自我价值的信念。

在1986年，霍华德·卡席诺夫（Howard Kassinove）等人进一步编制了不涉及情感内容的条目组成的个人信念调查表（Survey of Personal Beliefs，SPB）。SPB有五个分量表，分别是自我

---

〔1〕 钟谷兰、杨开编著：《大学生职业生涯发展与规划》，华东师范大学出版社2016年版，第120页。

应该（self-directed dictatorial shoulds，sds）；他人应该（other-directed dictatorial shoulds，ods）；糟糕至极（awfulizing，awf）；低挫折承受力（low-frustration tolerance，lft）；贬抑自我价值（self-worth，sw）。[1]

我国国内对非理性信念的研究较少，付建斌在国外研究成果的基础上于1996年编制了中国人信念量表（CBI），分为三个分量表：第一个分量表为专断倾向，反映的是一个人具有绝对化思维，倾向于把主观愿望强加于自身和环境之上，对自身和环境持专断或完美主义态度。第二个分量表为自控倾向，反映的是一个人不愿对自己的行为负责、依赖他人，自身行为受他人看法所左右，不敢标新立异。第三个分量表为挫折倾向，反映的是一个人认为任何失败都是不可接受的，生活是很沉重的，未来是令人担忧的。下表是一些常见的与职业生涯相关的非理性信念：

表7-5　职业生涯发展常见非理性信念

非理性信念方面	维度	具体条目
自我方面	有关个人价值	我必须得到他人的认可
		我不知道自己该干什么，我真没用
	有关工作能力的信心	我无法从事任何与我本身能力、专长不合的工作
		只要我愿意去做，我就能做任何事
		虽然我很喜欢/希望当一个……但如果我真的去做的话，我可能会一事无成

〔1〕 DEMARIA T P, KASSINOVE H, DILL C A. *Psychometric Properties of the Survey of Personal Beliefs: A Rational-emotive Measure of Rrrational Thinking*, 53 Journal of Personality Assessment 329 (1989).

续表

非理性信念方面	维度	具体条目
职业方面	有关工作的性质	我想只有某一种职业才是真正适合我的，我一定要设法把它找出来
	有关工作的条件	一份“好工作”就是薪水和福利优厚的工作
		这个职业不适合男生/女生
		我所做的工作应该满足我所有的要求
		专业工作所要求的条件是非常苛刻的
决策方面	方法	我会凭直觉找到最适合我的职业
	结果	总有某位专家或比我懂得更多的人可以为我找到最好的职业
		也许有某种测试可以明确指出我最适合从事的是什么职业
		在选择职业时，最好选择就业市场最热门的职业
		在我采取行动之前，我必须有绝对的把握
		世界变得太快，根本不可能规划我的职业
		一旦我作出了职业选择，就很难再改了
		如果我改变了决定，那我就失败了
		在我的职业生涯发展中，我只能作一次决定

续表

<table>
<tr><th>非理性信念方面</th><th>维度</th><th>具体条目</th></tr>
<tr><td rowspan="3">满意的职业所需条件方面</td><td>他人的期待</td><td>我所选择的职业也应该让我的家人、亲友感到满意</td></tr>
<tr><td rowspan="2">自我的标准</td><td>除非我能找到最佳的职业，否则我不会感到满意</td></tr>
<tr><td>在工作中，我必须成为专家或者领导者，才算是成功</td></tr>
</table>

非理性信念体现了思想观念上的束缚，将个人的职业选择限制在狭小的范围内，最终阻碍了个人职业生涯的长远发展。作为法科生应尽力避免非理性信念对个人思维、选择的不利影响，无论在面临法律职业决策抑或是法律问题时，都应保持理性客观，不应专断、挫败、失控。因而，从某种程度上来看，经过法学教育熏陶的法科生，在克服非理性因素上似乎具有优势。

【课堂练习】

「生涯幻游」

生涯幻游是职业生涯规划中自我认知的一种非正式评估方法，是依据生命历程理论进行的个人职业生涯探索，是通过预演未来对自己产生积极心理暗示的一种活动。如果说幻游是“彼时—彼地”（there-then），现实是“此时—此地”（here-now），那么“彼”与“此”虽不能在时空的序列里并存，却可以在心里的空间上互补。正因如此，生涯幻游的目的其实是唤醒当事人内心真正的需要，使当事人更有朝向目标的行动力。

现在，请大家以舒服的姿势坐好。深呼吸，放松。想象现在是五年后的某一天，一个平常的工作日。早晨，你从一夜的安睡中醒来，想到即将开始的一天，心中充满了兴奋和期待。你起身，从衣橱中挑出你今天上班要穿的衣服。现在你正站在镜子前装扮自己，你穿着什么样的衣服呢？(停顿) 现在你开始吃早饭。有人跟你一起吃早饭吗？还是你一个人吃？(停顿) 接下来，你准备去上班。你是在家里办公吗？如果不是，你工作的地方在哪里？离你家有多远？你乘什么样的交通工具去那里？(停顿)

现在你正走向你工作的地方。它位于什么地方？看起来怎么样？(停顿) 你做些什么工作？你主要是操作器械、工具，还是跟人打交道？你的办公场所是什么样的？是在室内还是在室外？(停顿) 你跟别人一起工作吗？你跟他们会有一些什么样的交往？

到吃午饭的时候了，你准备去哪儿吃饭？跟谁一起去？你们会谈论些什么问题？(停顿) 现在回到工作中来，完成这一天的任务。下午的工作与上午的工作有什么不同吗？(停顿) 你什么时候结束工作？离开前完成的最后一项任务是什么？(停顿) 一天的工作结束了，你会怎样度过夜晚的时间？(停顿) 夜里，当你躺在床上回想这一天，有哪些事情让你感到愉快和满足？为什么？(停顿)

当你准备好时，请睁开你的眼睛，并静静地坐一会儿。

在生涯幻游结束后，请试着回顾一下在幻游过程中出现的场景。然后思考下面几个问题：

1. 在整个幻游的过程中，你的心情怎么样？感觉如何？

2. 幻游的过程中，你有遇到什么困难吗？

3. 幻游过程中有哪些让你印象深刻的场景？有没有哪些重复出现的意象？比如明亮的窗户、干净的地板、鲜艳的颜色等。

你觉得它们说明了什么？

4. 幻游过程中出现了哪些人？他们跟你的关系怎么样？他们在现实生活中和你的关系怎样？

5. 你对自己有哪些发现？比如，你喜欢什么样的工作内容、工作环境和生活方式？

三、法律职业决策的步骤

（一）明确法律职业目标

目标是人生路上的指明灯，亦是职业决策的起点，良好的职业目标对职业生涯发展的引领和促进作用不言而喻。哈佛大学一项著名的长期性社会调查显示，具有清晰且规划长远的职业目标的毕业生在毕业后的 25 年间朝着一个方向不懈努力，几乎都成为社会各界的成功人士；毕业时职业目标模糊的人能够有安稳的生活与工作，但都没有什么特别成绩，几乎都生活在社会的中下层；而那些没有任何职业目标的人生活得非常不如意，是社会最底层的那批人，常常怨天尤人抱怨这个世界“不肯给他们机会”。日本经济界泰斗土光敏夫先生曾说：“一个没有理想与目标的人，在思想上往往偏于保守；在行动上，常常想维持现状。”可见，目标对于职业生涯发展具有重大的意义。

确立职业目标可以从自我探索入手，根据自己的性格、兴趣、能力和价值观去发现可能从事的职业。并借用管理学领域的著名目标管理工具——SMART 原则（S=Specific、M=Measurable、A=Attainable、R=Relevant、T=Time-based）为指引，进一步确定职业目标。以 SMART 原则为指引，良好的法律职业目标必须具有以下特质：

1. 明确性

所谓明确就是要用具体的语言清楚地说明要达成的行为标准，不能模棱两可、抽象不清晰。一般来讲，目标设置至少要包含目标项目、达成措施、完成期限等。

2. 可衡量性

可衡量性就是指目标应该是明确的、量化的，而不是模糊的、大略的，应该有一组明确的数据，作为衡量是否达成目标的依据。比如“去律所实习”的目标，可以改进为“暑假期间到红圈所或知名律所实习至少三个月”。

3. 可实现性

一个完全不具有转化为现实可能性的目标对于职业生涯决策而言是毫无意义的。当然，这里的可实现性是指基于现阶段的自我认识、环境评估而言是与自身实际相匹配的。

例如，作为即将毕业的法科研究生，以毕业后三年内成为知名企业的法务总监为职业目标似乎不太可实现，但是，如果计划期限调整为毕业后十到十五年，这个职业目标就具有可实现性了。可实现性的潜在含义是这个目标一定是实现起来具有一定难度的，毫无挑战性、必然能实现的职业目标对职业生涯发展的意义很微弱，也没有谈论实现可能性的必要。

4. 价值性

价值性就是实现这个目标能带给你成就感、愉快感；反之，则会使你有所损失。

5. 时限性

目标特性的时限性就是指目标是有时间限制的。良好的职业决策路线要有计划分步骤地在限定的时间内完成，以一周、一个月或一学期为单位设立目标，对于实现职业目标来讲要有效得多。

【课堂练习】

「设立个人职业目标及行动计划」

请结合所学练习制定你的法律职业生涯发展五年目标。

你的五年目标：

要达到这一目标，你需要经过哪几个步骤？

据此设定你在一个月内的短期目标和行动计划。

你在一个月内的短期目标：

你在两周内的短期目标：

到了你设定的短期目标的实现期限时，回答下列问题：

你是否实现了你自己的目标？________

为什么？

你是否需要对自己的目标作什么调整？

（二）绘制法律职业生涯路线

职业生涯路线是指一个人选定职业目标后选择以何种途径去实现自己的职业目标。职业生涯路线的选择通常需考虑以下三个问题：

（1）我想往哪一路线发展？

（2）我能往哪一路线发展？

（3）我可以往哪一路线发展？

职业生涯发展路线主要有以下几种类型：

1. 直线型职业发展路线

直线型职业发展路线是指一生职业发展中就从事一种职业，通过不断学习和成长实现垂直化的晋升。

2. 螺旋型职业发展路线

螺旋型职业发展路线是指一生职业发展中从事两种或两种以上的职业，在不同职业甚至不同行业中寻求发展，培养灵活的专业能力，最终实现螺旋式的职业发展。

3. 跳跃型职业发展路线

跳跃型职业发展路线是指一生职业生涯中职务等级或职称等级不是依级晋升而是越级晋升。走跳跃型职业发展路径可用较短的时间到达较高职业高度。但是，这不算一种普遍适用的路径，需要特殊的机遇或个人特别的努力。

4. 双重型职业发展路线

双重型职业发展路线是指有两个可以相互跨越的职业发展通道，可自行决定自己职业发展的方向。走双重职业发展路径的多为兼有专业性生涯路径和管理性生涯路径的人，可以从中选择一条最适合自己的路径实现个人职业发展。[1]

（三）实施并反馈问题

职业生涯决策实施的关键是制订有执行性和可实现性的职业生涯决策实施计划，没有执行计划的决策是空洞无效的决策。实施计划至少需要包含个体要采取的职业生涯决策实施步骤、时间安排，以及实施职业生涯决策可利用的资源。一个好的计划应该预料到可能遇到的困难，虽然没有任何计划能够详细列出所有可能出现的意外情况，但也要尽力把所有成本和风险降到最低。

---

〔1〕 张博编著：《职业生涯规划与管理》，中国电力出版社 2014 年版，第 43 页。

职业生涯决策实施的另一项核心任务是建立反馈机制。在实施过程中，如果发现问题，应及时反馈，避免该问题影响职业生涯决策的顺利实施。同时，对职业生涯决策中可执行的、有效的内容也应进行整理反馈，为后续职业生涯决策提供指导。

（四）评估并完善流程

马克思主义的唯物认识论认为认识具有反复性和无限性，人们对一个事物的正确认识往往要经过从实践到认识、再从认识到实践的多次反复才能完成，是一种波浪式的前进或螺旋式的上升。职业决策作为受多种不确定因素综合作用、结构复杂的思维活动过程，同样也要经过反复的实践、评估和完善。自我认识的不充分性、人类主观能动性的局限性、客观世界的多变性都会导致职业决策的偏颇和不够细致。因此，就需要在职业生涯决策制定及实施过程中进行不断的评估和完善。

四、职业决策流程的 PIC 模型

职业决策是具有反复性的活动，需要一个满足此类认知循环活动的模型。PIC 模型是由以色列职业心理学家盖蒂（Gati）于 20 世纪 80 年代末期提出的一种系统的职业决策方法，其构建兼顾理论验证与实践运用。PIC 是排除阶段（Prescreening）、深度探索阶段（In-depth exploration）和选择阶段（Choice of the most suitable alternative）的缩写。盖蒂等人把职业分成具有不同目标、过程和结果的三个主要阶段：

1. 预先筛选可选职业

预先筛选阶段的目的是，把选择数量减小，产生一组可以管理的有希望的职业。

2. 深度探索有希望的可选职业

该阶段目标是确定一些既有希望、又适合个体的职业。在该阶段个体所希望的结果是，获得一个适合个体的职业列表。[1]

3. 选择最适合的职业[2]

经过深度探索阶段，可能产生两种结果：个体获得一个确定的适合职业，或者获得两个以上可选的合适的职业。第一种结果很简单，不需要个体再进一步选择，直接进入下一个决策执行阶段即可。如果有两个或两个以上适合职业出现，则要求个体将这些职业进行对比并分析利弊，选出最适合的一个职业。

在职业选择中往往存在着不确定性。一个最适合的职业由于应聘人数太多或其他应聘者的条件都很好，个体也可能得不到该职业，也就是职业不能实现。这时个体就需要选择额外的适合职业。不论个体选择了最适合的职业，还是比较适合的职业，完成选择阶段就结束了系统化的职业决策过程。如果个体对自己的选择不满意或不自信，那么就需要重复执行整个决策过程，直到选出最适合的职业。

第四节　法律职业决策的常用工具

本节将简要介绍两种常用的法律职业决策工具，从而有效辅助你完成法律职业决策。

一、SWOT 分析法

SWOT 分析法是市场管理和营销中经常使用的决策方法，该方法指对自身的优势（Strengths）、劣势（Weaknesses）、机会

---

〔1〕 全国高等学校学生信息咨询与就业指导中心组编：《大学生职业发展与就业指导》，高等教育出版社 2013 年版。

〔2〕 于泳红、汪航："当代国外职业决策理论模型解析"，载《宁波大学学报（教育科学版）》2008 年第 6 期。

(Opportunities) 和威胁 (Threats) 全面进行分析判断。因其兼顾内外因素和正负面因素，所以能够很好地完成职业生涯决策。

(一) SWOT 的基本含义

S—优势 (Strengths)：可控且可用的内在积极因素。

W—劣势 (Weaknesses)：可控并可改善的消极因素。

O—机会 (Opportunities)：不可控但是可用的外部积极因素。

T—威胁 (Threats)：不可控但可弱化的外部消极因素。

将上述因素两两组合，便是 SWOT 模型的核心内涵——“优劣势分析+机会和威胁分析”。优劣势分析主要着眼于自身的实力及其与竞争对手的比较，机会和威胁分析将注意力放在外部因素的变化及对自身的可能影响上。在确定内外部各种变量的基础上，我们可以通过变量因素组合的方式来加深对这一模型核心内容的理解。将自身与外部环境相应的变量因素进行充分组合，出现以下四种情形：

1. 优势+机会 (SO)

当个人内部优势与外部机会相互一致和适应时，我们可以用自身内部优势撬起外部机会，使机会与优势充分结合发挥出来，因此在此种情形下将会产生杠杆效应般的个人优势回报。

2. 劣势+机会 (WO)

当环境提供的机会与自身内部资源优势不相适合，或者不能相互重叠时，自身优势再大也将得不到发挥。在这种情形下，我们就需要提供和追加某种抑制性资源，以促进内部资源劣势向优势方面转化，从而迎合或适应外部机会。

3. 优势+威胁 (ST)

当个人优势遭遇到来自外部环境的威胁时，意味着优势的程度或强度的降低、减少。当外部因素对自身优势构成威胁时，优势得不到充分发挥，将会出现“优势不优”的脆弱局面。

4. 劣势+威胁（WT）

当内部劣势与外部威胁相遇时，我们就面临着严峻挑战，必须要十分重视、谨慎处置此时可能出现的各种问题。

（二）具体操作

首先，我们需要将自身职业优势、职业劣势、外部机会、外部威胁均予以充分列举，依照矩阵形式排列。

其次，将识别出的所有优势分成两组，分类原则是，它们是与行业中潜在的机会有关，还是与潜在的威胁有关。用同样的办法把所有的劣势也分成两组。至此，我们就可以运用系统分析的方法把各种因素组合起来进行分析（如下图 7-2 所示），从而帮助我们从中得出具有价值的结论，对职业生涯规划作出合理的策划和安排。

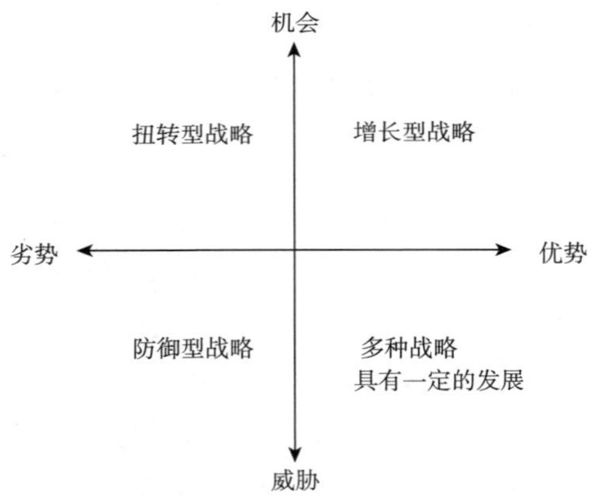

图 7-2　SWOT 分析示意图

或者，运用 SWOT 分析表（表 7-6），将优势和劣势按与机会和威胁的关系分别填入下表。

表 7-6　SWOT 分析表

2 充分利用	3 改进这些	机会
4 密切注视	1 消除这些	威胁
优势	劣势	

二、决策平衡单法

职业决策实际上是为了平衡多方利弊，并最终作出最符合自身利益的决断。决策平衡单正是针对这一特点，根据个人的利益和需求，直接对预备选项进行筛选的。决策平衡单的聚焦以下四个方面：

1. 个人物质方面的得失

收入、工作的困难、升迁的机会、工作环境的安全、休闲时间、生活变化、对健康的影响、就业机会、其他。

2. 他人物质方面的得失

家庭经济、家庭地位、与家人相处的时间、其他。

3. 个人精神方面的得失

兴趣的满足、挑战性、社会声望、其他。

4. 他人精神方面的得失

父母、师长、配偶、其他。

平衡单能够帮助我们迅速识别出备选职业的核心差异点，从而通过全面客观的利弊平衡，最终作出最符合自身实际利益的理性决策。以公务员和律师两种备选职业为例，在个人物质得失方面，最核心因素是收入；在他人物质得失方面，最核心因素是家庭经济和与家人相处的时间。同样，公务员体制内法律职业又可以被进一步细分，以政府组成部门工作人员和法官两种备选职业为例，在个人物质得失方面，最核心因素是收入；

在个人精神得失方面，最核心因素可能是社会声望，我们都熟知法官的社会地位和社会声望一般较高。

决策平衡单运用起来简单直观，经过初步的职业筛选，它可以帮助我们对每个职业选项进行具体地分析，并对其予以排序，从而作出最优的职业决策。其具体使用过程如下：

（1）列出预备的职业选项。需要列出有评估价值的潜在职业选项。

（2）各模块的加权计分。我们需要立足于自身的实际情况，自主认定平衡单四个模块的重要程度，并为其分别设定 1~5 的权重系数。

（3）判断各个职业选项的利弊。运用各模块的考虑因素逐一检视各个职业选择，用 0~10 的分值，来衡量各个职业在对应栏目下的优劣性。

（4）计算各职业选择得分。结合各个栏目的权重系数，计算出各个职业选择的加权总得分。

（5）对职业选择依照分数高低进行排序。

表 7-7　生涯决策平衡单

<table>
<tr><th colspan="2" rowspan="2">考虑模块
具体因素</th><th rowspan="2">权重
1-5</th><th colspan="2">法律职业选择一
(1-10)</th><th colspan="2">法律职业选择二
(1-10)</th></tr>
<tr><th>得分</th><th>小计</th><th>得分</th><th>小计</th></tr>
<tr><td rowspan="5">个人物质得失</td><td></td><td></td><td></td><td></td><td></td><td></td></tr>
<tr><td></td><td></td><td></td><td></td><td></td><td></td></tr>
<tr><td></td><td></td><td></td><td></td><td></td><td></td></tr>
<tr><td></td><td></td><td></td><td></td><td></td><td></td></tr>
<tr><td></td><td></td><td></td><td></td><td></td><td></td></tr>
</table>

续表

考虑模块 具体因素		权重 1-5	法律职业选择一 (1-10)		法律职业选择二 (1-10)	
			得分	小计	得分	小计
他人物质得失						
个人精神得失						
他人精神得失						
总分						

【案例分享】

「薪火相传——前辈经验分享」

列夫·托尔斯泰曾说："正确的道路是这样：吸取你的前辈所做的一切，然后再往前走。"前辈的人生经验是一盏明灯，能够指引我们前行的脚步。某法学院2010届毕业生小胡在毕业后成功入职某国家部委，相信她的生涯故事或多或少都能为我们完成法律职业决策提供一些思路和启发。

在刚进入大学攻读硕士研究生时，小胡就在思考自己三年的研究生生涯应该如何规划。但对于实现个人职业发展目标应当锻炼哪些个人能力，又应当如何锻炼个人能力，她十分迷茫。幸运的是，她选修了《研究生职业生涯规划》课程，在和老师的多次谈话中，小胡渐渐明确了自己的目标，当时的她希望自己成为一名法官。在有了较为明确的职业目标之后，小胡又进一步明确了自己的行动方案：

首先是专业能力。由于法律史专业与法院工作不是完全对口的，为了弥补专业上的不足，她选修和旁听了民商经济法学院的很多课程。同时，实习也是积累实务经验、提升个人专业能力的有效途径。因为希望毕业后能去法院工作，小胡努力争取在校期间的一切机会参加法院的实习，她不仅仅了解了法院的业务，也对自己能否胜任这一项工作有了一个全面的评估和了解。

其次是组织和沟通交往能力。为此，小胡参加了一些院校的社团，在那里工作的两年中，她认识了很多很好的朋友，开阔了视野，也因此获得了一些内推实习的机会。同时，学生工作大大锻炼了她的组织和协调能力，活动策划、宣传、选手的选拔、案例的选择、嘉宾的邀请等，一系列的活动做下来，使她学到了很多。

最后是文字表达能力。为了锻炼自己的文字表达能力以及提高语言的规范性，小胡担任了学校出版社的兼职编辑。同时，她也给自己定下一个目标，就是每年必须发表一篇文章。按照这个目标，她在研究生阶段发表了三篇论文。

就这样，通过全面的职业规划和在校三年具体行动的努力，小胡以优异的成绩顺利考取了心仪的公务员岗位。虽然未能完全实现当初的职业目标，如愿成为一名法官，这让她稍有遗憾，但总体来讲，小胡对这样的求职结果还是很满意的。她说，她将在新的工作岗位继续努力，成为一名优秀的法律人。

小胡的研究生生涯故事充分展现了职业决策对学业、职业发展方向乃至人生发展与幸福的重大意义。正是基于职业决策的强大激励和清晰指引，小胡对个人研究生生涯如何度过制定了明确、有针对性、可执行的规划，这不仅令她度过了快乐且充实的研究生生活，更成为帮助她求职成功的强大助力。

附　录　拓展阅读

检察机关工作的AB面

近年来，随着《人民的名义》《巡回检察组》等电视剧的热播，检察机关日益被人们所了解，越来越多的学子进行职业规划和选择时，将目光投向了检察机关，期盼能穿上“检察蓝”，手握正义之剑，维护司法公正。

做好检察工作，做一名合格的检察人并非易事，说说检察机关工作的AB面吧，供大家作为职业规划的参考：

一、有人带

许多的职业，新人在入职后的适应期会受到一段冷落，找不到人请教，更别提有人会带你。一来是别人没时间，也没义务带你；二来“教会徒弟、饿死师父”，人家为什么要带你呢？这种情况，新人适应工作会有一段艰难期。即使有师父带，也会要求你在很短的时间内成长起来，独当一面，否则就会被淘汰。

在检察机关，不存在这种情况。只要你愿意学，师父会不遗余力地教你。这是因为，一方面案件很多，每个人的压力都很大，早点把新人带出来，可以多一个人分担办案压力；另一方面，检察机关有“传、帮、带”的传统，如果个人很努力、愿意学，任何一个检察官都会乐意不遗余力地倾囊相授。与此同时，检察机关在职级上设计有检察官助理、检察官，中间隔有一定的年限，个人也有慢慢成长的时间和空间。因此，大学毕业生进检察机关还是比较好的选择。

二、能稳定

在检察机关，有一份稳定的收入，一般情况下都提供食宿，不用操心到哪解决吃饭问题。只要兢兢业业把自己的事做好，不犯原则错误，国家一般不会炒你鱿鱼，更不用早上一睁眼就想，又快要还月供了，去哪找钱呢，这个月的业绩完成了吗，竞争对手又发展了什么新业务，等等。各级检察机关的办公条件也都还算不错，各项工作都比较成熟，检察机关的公众形象也很正面，有国家作为个人的后盾，一般情况下其他单位和个人都会支持检察工作，个人适应期过了，就可以专注于提高自己的业务能力，夯实个人发展的基础。

三、案源多

在检察机关，可以接触到刑事案件、民事案件、行政案件、公益诉讼案件以及司法工作人员职务犯罪侦查案件等各种各样的案件。即使你不亲自参与案件的办理，通过内部的沟通交流、学习培训等，也能较全面的了解这些案件法律适用的关键与技艺。尤其是，检察机关不仅拥有最丰富的刑事案件案源，还是适用《刑事诉讼法》规定的刑事诉讼程序最多的机关。刑事案件的侦查、批捕、公诉、审判、执行、申诉等，检察机关均有参与。在检察机关工作，可以在短时间内熟悉刑事案件常见的诉讼程序，真刀真枪地检验教科书以及著作上那些华丽的理论在实践中应用到什么程度，哪些华而不实、纸上谈兵，哪些洞悉本质、一招制敌，哪些是灰色的并将永远是灰色的，哪些因为实用而常青。

四、多思维

检察工作会促使个人熟悉多种思维方式。比如，法庭上的控辩必须熟悉律师的辩护思维；审判监督必须熟悉法官的判决思维；引导侦查必须熟悉公安机关的侦查思维；接待来访群众必须熟悉来访人的思维方式；等等。检察机关刑事检察、民事检察、行政检察、公益诉讼检察的“四大检察”总体布局，要求检察官必须熟悉不同人群的多种思维方式，熟悉司法机关的运作模式，既有良好的法律素养，又有强烈的社会责任感，既能担当作为，又不越俎代庖。例如，刑事案件的公诉是“夹心饼干”，前一阶段的侦查由公安机关主导，检察机关即使提前介入，也只是从证据使用的角度作方向性的引导，不能取代公安机关的侦查；后一阶段的审判，则以法院为中心，检察机关建构的证据体系，最终需要经过法庭的检验，获得法官的认可。公诉就像用证据作为一砖一瓦，筑起法律事实的大厦，能经得起一砖一瓦的挑剔和考量，才是真功夫。同时，公诉时坚守检察官的客观义务，要站在中立的立场上指控，不偏不倚，切忌单一的控诉思维。检察官如果不具备多种思维方式，则不可能成为优秀的公诉人。

五、宽视野

因为法律监督是检察机关的核心职能，作为监督者的检察官也必须具备其他法律工作者所不具备的多种视角，这样才能进行有效的监督，实现真正的公正与衡平。一般而言，监督者需要比被监督者更专业，能力更强、站位更高。如果说刑事案件的监督还能因检察机关上承侦查、下启审判，具备专业优势，那么，民事案件和行政案件由法院进行审判，进入检察机关申诉的案件仅占少数，在办理数量和经验积累上，检察机关均不占优势。如何提高监督质量、提高专业水平，是每个检察官面临的难题。公益诉讼等新兴业务更是要求检察官不但要有发现问题、找准关键的慧眼，更要有解决问题的魄力。总之，如果能将监督职能运用充分，达到“共赢”的局面，则检察官个人能力就可以适应绝大多数法律职业。检察机关可以作为司法者“求极致”的终点，也可以成为任何法律职业的高起点。

六、大事业

加入检察机关，是真正的进入了“国家队”，检察官代表国家进行公诉，代表国家公益诉讼，国家是检察官最强大的后盾。检察机关是垂直领导，实行检察一体化办案机制，上下级检察院、同级检察院、不同检察官之间都可以上下一体、协作联动。因此，个人的力量可能微不足道，职业生涯可能有时空局限，但是，检察事业是真正的千千万万人用心血和青春铸就的大事业。作为检察官，检察事业也是每一个人的事业，正如涓涓细流汇入时代长河，大河汤汤、气象万千，不必区分哪一滴水是你。虽然每一个检察官都显得微不足道，但如果将个人的职业生命融入检察事业的浩荡长卷，则每一个人都是这幅法治长卷的庄严底色，每个人都至关重要。

当然，凡事都有两面性，长处与短处、优点与缺点总是相携而行、互为正反。检察工作当然也有 A、B 面，取决于个人观察的视角。说完了检察工作的 A 面，再聊聊 B 面。

一、收入不会太高

新入职时，可能和其他行业的同学差不多，因为不用过多操心食宿或其他问题，可能开始还是比较舒服的。但是，若干年之后，在企业的同学开始拿年薪，在律所的同学开始当合伙人，而检察官的工资基本上只会比新入职时多个一星半点，在未来的若干年还将如此。

二、其他事务不少

检察机关有一句人人皆知的名言："检察工作是政治性极强的业务工作，也是业务性极强的政治工作。"埋头干业务，虽然有工匠般技艺精进的快乐，但检察机关同时要求检察官要有政治站位，要看到法律之外的大局，要达到政治效果、社会效果、法律效果的有机统一。所以平时的政治理论学习必不可少，认真学习贯彻党和国家的大政方针和重要决策部署、重要会议精神和领导的重要批示指示精神是工作的重要组成部分。同时，公平正义和司法温度不仅仅是个人办案时的感觉，还要有能力传递给案件当事人和人民群众，让人民群众在每一起案件中感受到公平正义，故检察工作不是就案办案，还要综合考虑并做好其他相关事务。另外，检察机关还有多个部门对个人业绩进行考评考核，还有众多的规章制度约束。因此，业务之外的其他事务也不少。

三、个人发展局限

在检察机关，虽然可以接触到各种各样、不同性质的案件，但检察机关部门之间案件交流的互动性并不强，人员流动性也不强。因此，长期从事某一项业务，容易固化思维。更为重要的是，大多数人的职业生涯会结束在差不多的职级上，即使是进入前列的人，工资收入也不会有实质的差别。大家都是国家机器的一部分，都服务于这架机器的顺畅运转，从某种意义上讲，所有人都可以被取代，没有人必不可少，待遇上自然也不会天差地别。各级检察机关对大多数人而言都有职级天花板，也就是说，对大多数人来说，一眼就能看到个人发展的尽头。检察机关是垂直领导体系，检察官在独立性的基础上还要求服从性，不太适合对个性实现要求比较高的人。

四、专业可能用不上

每个检察机关都有大量从事行政、后勤等服务保障工作的人员，一旦从事这些工作，特别是新入职即从事这些工作后，往往很难通过轮岗转到其他业务部门。在这种情况下，做好本职工作时如何坚持业务学习，保持专业水准，就成为现实问题。如果没有良好的自律和自觉，很可能慢慢荒废了专业。

（作者简介：孔静，最高人民检察院第十检察厅三级高级检察官；周海洋，前检察官）

第八章 ｜ 法律职业生涯管理

【学习目标】

1. 了解法律职业生涯管理的概念和理论。
2. 理解法律职业生涯管理的目标和意义。
3. 掌握法律职业生涯管理的方法。

第一节　法律职业生涯管理概述

【案例导入】

小唐是某法学院一名知识产权法专业的研究生，毕业后进入某互联网法院担任法官助理，工作上她很快进入工作角色，在工作中得心应手，同时还用掌握的新媒体技术，承担了法院普法宣传网络直播的任务。小唐在回母校向师弟师妹们分享经验时说，她在读研期间除了专业知识的学习，每天坚持研读最高人民法院的指导案例以了解法院裁判思路，这对于她尽快度过职业适应期帮助很大。同时，她还自学了新媒体等相关技术，数字化、信息化的理念融入到她的专业领域。

案例中，小唐是如何进行职业生涯管理的？在所有内部和外部探索结束，并制定职业生涯决策之后，这才是职业生涯规划的开始，生涯规划伴随我们一生。大学或者研究生毕业走进职场是迈出职业生涯非常重要的一步，还需要继续进行职业生涯管理，做好从学生到职场人的转变。

一、法律职业生涯管理的概念

（一）职业生涯管理概述

1. 概述

职业生涯管理的概念兴起于西方国家，20 世纪 90 年代中后期我国学者开始关注职业生涯管理相关理论与实践问题。职业生涯管理作为人力资源管理领域的新兴模块和重要组成部分，也是高校学生职业生涯发展教育课程的重要内容之一。

有学者以个人为侧重点，强调职业生涯管理是个人随着对自身与职业世界了解程度的加深而不断调整职业规划的过程，代表学者为美国的杰弗里·H. 格林豪斯（以下简称“格林豪斯”）他认为职业生涯管理是对一个人一生工作经历中从事的一系列活动和行为进行规划和管理，将职业生涯管理定义为“个人对职业生涯目标与战略的开发、实施以及监督的过程”。[1] 个人职业生涯管理强调的是个人对自我职业生涯的管理，包括对自己想要从事的职业、工作组织、自己的职业发展目标、职业发展路径等作出职业生涯规划和设计，是个体制定、实施职业规划等一系列行为和活动的总和。

也有学者以组织为视角，认为职业生涯管理是组织依据发展的需要，帮助个人设计、规划、执行、评估、反馈和修正职业生涯的综合性过程。[2] 亦有学者主张职业生涯管理是个人与组织间的动态平衡，以实现双赢为目标，一方面促进个人目标与价值的实现，另一方面推动组织职能和效益的发挥，在两者

---

〔1〕［美］杰弗里·H. 格林豪斯等著，王伟译：《职业生涯管理（第三版）》，清华大学出版社 2006 年版，第 11 页。

〔2〕张再生编著：《职业生涯管理》，经济管理出版社 2002 年版，第 262 页。

间形成良性互动。[1] 组织视角的职业生涯管理是有组织开发的，目的在发展员工潜力，帮助员工实现个人职业目标和职业发展的一系列管理活动。

本书主要从个人视角探讨职业生涯发展的管理。

2. 职业生涯管理特点

职业生涯管理可兼顾组织与个人的发展，特点主要表现在三个方面。

第一，职业生涯管理是一个过程，贯穿个人职业生涯发展的始终，从职业选择开始到职业目标的确立、职业路径设计及职业生涯发展过程，均伴随着职业生涯管理的身影。

第二，职业生涯管理是一个动态变化的概念，个人的职业生涯发展并非一成不变，会根据自身能力和需求的变化以及职业环境等情况的改变而不断调整。

第三，职业生涯管理是一个综合性的概念，涉及领域较为广泛，职业生涯规划、职业生涯开发等一系列内容均属于职业生涯管理的范畴，是职业生涯管理的重要环节，职业生涯管理是以这些环节为载体而最终得以实现的。

（二）法律职业生涯管理

1. 法律职业生涯管理的含义

法律职业生涯管理是职业生涯管理的一个以专业划分的领域。它的含义，特点都和职业生涯管理一样，只是在内容、规律上有法律专业特点而已。法律从业者一般指接受过法律专业训练，掌握专门法律知识和技能，从事与法律工作相关的人员，以法官、检察官、律师等为代表。法律职业生涯管理是法律从业者根据自身特性、职业属性、组织目标等，从需求层次、职

---

〔1〕 龙立荣、方俐洛、凌文辁：“组织职业生涯管理的发展趋势”，载《心理学动态》2001 年第 4 期。

业目标出发，制定职业规划并根据实际情况不断调整修正以实现个人职业生涯发展的过程。法律职业者进行职业生涯管理需要收集自身信息及行业情况，摸清自己的兴趣、价值观、能力和性格，以及希望选择哪些职位、工作和组织，且以这些信息为基础，提出现实的职业生涯目标，并制定、实施为达成此目标而设计的战略，并在此过程中获取有效性和目标相关性的反馈。

2. 法律职业生涯管理的意义

（1）带来动力。科学有效职业生涯管理将给个人带来完美的职业生涯蓝图，使个人努力的方向会较为清晰，引导个人将全部的时间和精力都投入其中。在完成职业生涯每个阶段的任务后，我们离职业生涯目标越来越近，成就感和喜悦感随之而来，这会激励我们继续前行，对前进道路充满信心。

（2）分清主次。现实生活是丰富而立体的，复杂的生活总是充斥着各种选择，我们亦有可能在无尽的诱惑中迷失方向。但当自身拥有清晰的职业生涯规划后，我们便能够根据不同事情对职业生涯发展的优劣作出正确的选择，分清主次、把握重点，避免成为不必要琐事和诱惑的俘虏。

（3）确定目标。自我分析是法律职业生涯管理的核心内容之一。通过对自己进行周密、细致的探索与分析，法科生可以确定适合自身的职业生涯路线，是成为一名律师、法官、检察官，亦或是公司法务，为自己量身打造合理的职业发展目标并制定行动计划，以科学方法化解职业生涯道路上的困境和危机。

（4）鞭策个人。当我们有职业生涯目标时，我们奋斗的方向会更加明确，会在其鞭策之下更加努力，可激励我们最大程度发挥自身力量和优势，克服短板、弥补缺点，一步步实现曾经设立的职业规划，向职业成功之终极目标逐渐靠拢。[1]

（5）把握机遇。职业生涯管理可以帮助个人不断提高竞争力。前景光明的工作不是仅凭借运气就可得来的，我们需要拥有足够的实力，才能够在竞争中把握机遇，脱颖而出，机会永远是留给有准备之人的。有效的职业生涯管理可以指导法科生提升法律素养与专业能力，不断实现自我价值、完成自我超越，不错失职业生涯发展的机会。

（6）调整方案。职业生涯管理是进行自我评估的重要手段，给个人提供了自我评估的标准和尺度。法科生可随时根据对法律知识的掌握及实习经历等实际情况评估目前的职业生涯目标和规划是否合理，并适时地调整行动方案或阶段性目标。如若缺少职业生涯管理作为评估依据，我们很可能会偏离正确的方向，在错误的道路上愈走愈远。

（7）实现理想。每个人都有很多目标或梦想，但并非所有人都能将其变为现实，法科生只有将自己的理想融入职业生涯管理，制定更加明晰的阶段性目标和行动计划，才能缩短自己与理想间的距离，将在头脑中描绘过无数次的美好未来转变成现实，为维护社会之公平正义注入自己的一份力量。

（8）着眼当下。拥有良好的职业生涯管理，长远目标可以被分解为阶段性小目标，并按照具体的行动计划，踏踏实实一步一个脚印地落实，这不仅避免了好高骛远，也有助于我们着眼于当下，减少无谓的焦虑，仰望星空，脚踏实地，以梦为马，不负韶华。

（9）应对挑战。无论高考、考研结果是否令我们满意，这些都已经成为过去式，人生不如意十之八九，但我们不能因为

---

〔1〕 黄水光、刘琰主编：《职业生涯管理》，广东高等教育出版社 2015 年版，第 22 页。

曾经的不如意而停止前行的步伐，我们需要及时调整心态、重整旗鼓，找到重新出发的勇气，回归正常的轨道，职业生涯管理可以帮助我们有效应对前行道路上的挫折与挑战。

（10）取得成果。虽然人们常说过程比结果重要，但职业生涯阶段性的成果是激励我们前行的动力，往往可以给我们提供坚持下去的理由和信心，是我们单一学习或工作中的调味剂，可有效缓解职业倦怠，且职业生涯管理可以帮助我们及时总结目标实现的经验或未达成的教训，并调整和制定新的目标和策略，以取得满意成果。

（11）发掘价值。很多同学考上大学之后会发现，高中老师所描绘的大学生活只是激励我们努力学习的善意谎言，沉重的课业负担使不少同学陷于负面情绪中，甚至开始质疑努力的意义。这时需要职业生涯管理将我们带离自我怀疑，每个人都有理想和追求，而自我价值的实现唯有努力这一条途径，天上掉馅饼的事是不存在的，职业生涯管理有助于我们找到生存的意义和价值，让生活更有意义与价值。

（12）把控方向。法律职业生涯管理不仅加深了法科生对自身的了解，还促使其对工作环境和工作目标进行分析，这有助于法科生科学作出自我评估，找准定位，找到适合自己的工作，探索出自己的职业生涯发展方向和路径，增强对职业环境的把控能力，并提升职业生涯规划的自主意识和责任感，为今后事业发展作出全面、长远的打算。〔1〕

（13）协调关系。法律职业生涯管理有助于法科生通过对自身优缺点的分析，和对不同法律职业的了解，树立更明确的职业发展目标，评估个人目标与现实的距离，不断努力学习以弥

---

〔1〕 赵富强主编：《职业生涯管理——理论与实务》，科学出版社 2015 年版，第 17 页。

补两者间的差距。良好的职业生涯管理可帮助我们综合考量职业目标、个人追求与家庭生活等问题，避免我们陷入顾此失彼、左右为难的困境，使我们的工作和生活更加充实和有效，从而增加工作满足感、提高生活质量。

二、职业生涯管理相关理论

（一）职业生涯阶段理论

职业生涯阶段理论以职业生涯的动态发展为视角，将个人的职业生涯划分为若干阶段，通过明确每个阶段的特征和目标，为个人职业生涯提供指导，是职业生涯管理的重要内容。职业生涯阶段理论提出，根据年龄对职业生涯进行划分，相同年龄段往往会面临类似的职业发展问题与困境。施恩、金斯伯格、格林豪斯等学者均以年龄为基础提出了各具特色的职业生涯发展阶段理论，而年龄段的选取并不是绝对的，学者们将个人职业生涯分为三、四或五个阶段，甚至更多。舒伯的“五阶段理论”极具代表性，该理论认为个人职业生涯大体可分为成长阶段（0~14 岁）、探索阶段（15~24 岁）、确立阶段（25~44 岁）、维持阶段（45~64 岁）和衰退阶段（65 岁以上），每个阶段均设定职业发展任务，从而使个人为自身职业发展探索指向性明确的职业发展策略。[1]

（二）职业发展模式理论

职业发展模式理论为职业生涯发展提供了多维度的解决方案，是职业生涯管理理论的重要内容之一。该理论由美国学者施恩于 1971 年提出，认为个人职业生涯发展模式可分为横向运动、纵向运动与核心方向运动三种，前两种发展路径并未超出传统职业发展观念，横向运动即个人通过跨岗位任职而积累丰

---

〔1〕 章达友编著：《职业生涯规划与管理》，厦门大学出版社 2005 年版，第 172~175 页。

富的知识和经验，为担任高层管理者积蓄力量；纵向运动则指个人通过职务等级提升而实现职业生涯的发展。施恩教授在传统二维模式的基础上，创造性地提出了核心方向运动路径，建立了三维立体职业发展模型，核心方向运动指个人虽未得到直接向上的职位提升，但由于被授予更多的职权或承担较大的责任，而对核心决策具有一定的影响力，该发展模式对个人职业生涯的影响不容小觑。[1]

三种职业发展路径并没有优劣之分，亦不是非此即彼的关系，三者的有机结合更有助于个人职业生涯的发展。职业发展模式的提出和丰富，拓宽了个人选择职业发展路径的视野，为个人职业生涯道路设计提供了更多的方案，帮助个人以多种方式实现职业发展。

（三）职业锚理论

职业锚理论为职业生涯规划提供了理论框架，是职业生涯管理的基础理论。施恩认为职业锚是个人作出职业选择时坚守的东西或价值观，是个人经过探索而确定长期从事某职业的重要原因。职业锚的形成往往不是一蹴而就的，而是在职业生涯发展过程中经过长期工作和不断成长而逐渐产生的较为成熟的自我认知，在考察自身价值观、能力、态度、动机、需求、喜好等综合因素的基础上确立职业定位，这是一个动态变化的过程，只能在实践中探索与积累。[2]

施恩将职业锚划分为五种类型，包括技术职能型、管理型、安全稳定型、创造型和自主型。后来，经过大量实验研究，职业锚的分类又增加了生活型、服务型、挑战型三种，至此职业

〔1〕［美］E. H. 施恩著，仇海清译：《职业的有效管理》，生活·读书·新知三联书店出版 1992 年版，第 36~41 页。

〔2〕［美］E. H. 施恩著，仇海清译：《职业的有效管理》，生活·读书·新知三联书店出版 1992 年版，第 127~132 页。

锚理论的八种类型最终确立。不同类型职业锚的人拥有不同的特点和倾向，如技术职能型的人致力于精进专业技术，追求技术方面的突破；而管理型的人承担管理性质工作的意愿较为强烈，勇于承担责任……如果能够在职业生涯中准确判断自身的职业锚类型，则能够制定较为清晰的职业目标，选择和自身适配度更高的职业，可以游刃有余面对工作，充分发掘个人潜能，显著提高工作效率，使得职业生涯规划与管理事半功倍。

【课后习题】

1. 根据本栏目中的全部回答，找出回答中的模式。你在答案中看到某种职业锚了吗？（根据以下回答，逐一评定下列职业锚，从 1 到 5 代表重要性由低到高。管理能力、技术/职能能力、安全、创造性、自主性）

职业锚自我分析表

	外在因素和事件	内在理由和情感
1	你在大学主要的注意力放在哪个方面？	你为什么选这个方面？你对此感觉如何？
2	离校后你的第一项工作是什么？	你在第一项工作中寻求的是什么？
3	你开始自己的职业时，你的抱负或长期目标是什么？它们有过变化吗？何时？为什么？	
4	你的第一个主工作或主公司变动是什么？	启动这次变动的是你还是公司？你为什么启动或接受这次变动？在接下来的工作中你在追求什么？

续表

	外在因素和事件	内在理由和情感
5	变动--	你为什么启动或接受？ 你在追求什么？
6	变动--	你为什么启动或接受？ 你在追求什么？
7	回顾自己的职业，看看什么时期特别愉快。	你这段时间感到愉快的是什么？
8	回顾时，看看什么时期感到特别不愉快？	你这段时间感到不愉快的是什么？
9	你拒绝过工作流动或职位提升吗？	为什么？
10	你是如何向他人描述自己的职业的？	你认为自己是什么样的人？
11	你看到了自己职业中的主过渡点了吗？客观地描述这种过渡。	你对此过渡感觉如何？你为什么启动或接受它？

2. 请你分析一下自己的职业生涯管理现状，思考自身职业生涯发展中遇到的困境，职业生涯管理对于解决这些困难有哪些帮助？

3. 访谈一到两名近五年参加工作的师兄或师姐，请他们谈谈工作感受以及给师弟师妹们的建议。

第二节　法律职业生涯管理的决策与实施

【案例导入】

小邓研究生毕业后，顺利进入某律所成为一名实习律师，虽然小邓有较好的英语基础，但接触所在团队的涉外业务依旧感到力不从心，且和团队中的同期律师相比略显逊色，小邓并不气馁，在感受到工作压力的同时，坚持每天在工作完成后学习法律英语，工作中遇到不懂的问题及时向前辈请教，一段时间后，小邓对工作逐渐得心应手，工作能力得到了认可，由实习律师转为了正式律师。

案例中，小邓运用了哪些方法度过职业适应期?

一、法律职业生涯管理的决策

职业生涯管理对法律从业者的职业生涯发展至关重要，科学的职业生涯管理决策是法律从业者进行有效职业生涯管理的前提。职业生涯管理决策是保障法律从业者在职业生涯管理过程中自我定位和职业认知精准化、确立职业生涯目标的基础，而作出有效的职业生涯管理决策则需要法科生学习相关知识、咨询专业机构、端正管理态度、恪守职业道德。

（一）学习相关知识

法律从业者不能仅仅具备丰富法学方面的专业知识，还要学习职业生涯规划与管理的相关知识，阅读有关职业生涯管理的国内外著作，了解职业生涯管理的理论研究成果及实践应用，正确理解职业生涯管理的内涵和外延，职业生涯管理并非只是组织层面的任务，个人在其中扮演着不可或缺的角色，法律职业者需要结合职业差异和个体差异，通过思考将具有普遍指导意义的概念与自身职业发展相结合，寻找适合自身的法律职业发展道路。职业生涯管理意识的增强不仅要求法律职业者单纯学习职业生涯管理知识，还需要其对该领域的知识进行消化吸收，能够融会贯通，为我所用，留存在头脑中的死板知识对法律从业者职业生涯管理帮助不大。

（二）咨询专业机构

除了学习职业生涯管理知识，法律职业者在遇到职业迷茫期时向专业的职业生涯咨询机构寻求帮助是职业生涯管理意识有所提升的又一表现。职业生涯管理意识不强时，法律从业者尽管遇到职业困境，也不会十分重视，可能选择得过且过顺其自然，或者向亲朋好友发发牢骚，无论是哪种处理方式都很难得到专业性的建议，当遇到职业难题时，寻求专业的职业生涯咨询不失为一个好办法，避免职业问题越积越多而逐渐放弃职业生涯管理。

职业生涯咨询可以帮助法律从业者了解职业生涯管理的重要性及重要节点，理清职业发展的思路，为其职业生涯规划和职业生涯管理出谋划策，既可解决法律工作者眼下的困境，又能为其分析将来可能遇到的逆境并提出相应建议。通过职业生涯咨询，法律从业者的职业生涯发展方向和路径都会更加清晰，职业信心亦会有所增强。当然职业生涯咨询并不只是在职业发展不顺畅之时才会派上用场，其可以作为调整职业心态而贯穿职业生涯管理全过程的一种方式。

（三）端正管理态度

端正职业生涯管理态度也是职业生涯管理意识提升的重要一环。法律从业者的职业生涯道路难免会遇到一些磕磕碰碰，且不同职业阶段会面临不同的难题，如果消极悲观地逃避问题，那么困难将始终横亘在职业生涯道路之上，阻碍从业者的职业发展道路。唯有保持积极乐观、沉着冷静的心态处理职业生涯管理中的困境，才可能看到不一样的风景，不同的态度会使职业生涯发展轨迹截然不同。

法律从业者不仅要端正对职业生涯困境的态度，还要摆正对待考核机制及考核结果的心态。每个用人单位都有系统的考评机制以考察评价衡量员工的工作状态和工作效果，绝大部分机制整体上都具有一定的科学性，某些部分缺乏合理性及实践操作中产生的偏差有时可能会使法律从业者的考评结果略显不公，法律职业者要正确看待考核机制及考核结果，切不可怨声载道、牢骚满腹，这并不是说要对此漠不关心，而是没有必要为了一次不尽如人意的结果而破罐子破摔，影响了自己职业前程，丢了西瓜捡芝麻着实不太划算。法律职业者应以积极的心态面对结果，寻找不足之处并努力提升自我，风物长宜放眼量，为职业生涯发展增添正能量。

（四）恪守职业道德

对于法治工作队伍而言，职业操守和理想信念至关重要，唯有时刻铭记依法办事的准则，才有可能在法律职业道路上越走越远，法律从业者若想恰当地管理自身职业发展，就必须坚守职业道德。

1. 树立崇高法律职业理想

法律从业者应树立崇高的法律职业理想。认真学习习近平新时代中国特色社会主义思想等马克思主义中国化的成果，掌握习近平法治思想等中国特色社会主义法治理论，正确对待自己的职业和手中已有的权力，在充满诱惑的复杂社会环境中冷静自持，始终保持头脑清醒，恪守法律职业道德底线，做到有所为有所不为，坚决抵制违法乱纪的事项，牢固树立遵纪守法的职业信念，将更多的时间精力投入到法律事业中，而非仅把眼下的工作看成获得权力和金钱的平台或跳板，一方面避免自己的职业生涯走上歧路，另一方面为维护社会的公平正义而奋斗。

如果你将成为一名立法者，请你科学立法，恪守以民为本、立法为民的理念，将公正、公平、公开原则贯穿立法全过程，防止部门利益和地方保护主义法律化；如果你是一名执法者，请你严格执法，做到法无授权不可为，确保权力行使不恣意任性；如果你是一名司法人员，请你秉持公正司法的态度，不枉不纵，坚定地站在公理一边守卫公平正义。法律职业者对于法律职业理想和初心的坚守不仅会换来职业生涯的一片光明，还会推动法治国家、法治政府、法治社会一体建设，完善中国特色社会主义法治体系。

2. 树立家国观念

法律从业者应树立家国观念。法律事业与国家发展息息相关，一名合格的法律职业者不能仅将视线聚焦于自身职业生涯发展，还应在工作中切实践行党和国家的大政方针，为促进国家政治经济发展、维护人民群众利益贡献自己力所能及的一份力量。古语有言，覆巢之下焉有完卵，唯有以国家利益、集体利益、人民利益为重，大我价值的实现方能促进小我利益的达成，法律职业者的个人职业发展与国家法治腾飞是有机统一的，法律工作者在追求家国利益的同时可以获得更多的职业认同和职业尊重，从而在强烈的职业归属感、荣誉感和获得感的趋势下促进自我价值的实现，赢得自身职业发展的成功。

【榜样人物】

焦洪昌，现为中国政法大学法学院院长、教授、博士生导师，长期从事宪法学、人权理论、宪政理论研究，兼任中国宪法学研究会副会长，港澳基本法研究会副会长等职务，曾作为中国中央电视台聚焦“两会”的特约嘉宾。

焦洪昌院长在毕业致辞中提到，法科生要守住法律的底线。底线思维是一种技巧思维，它能让我们在风险社会中换算利害，化险为夷。小到生活礼节，中到个人前途，大到国族命运，都一体适用。进入新时代，规则之网越织越密，执法力度越来越强，无论当法官、检察官、律师，或者普通公务员，都要养成“宪法法律至上、法律面前人人平等和权由法定、权依法使”的意识，谨遵“有权必有责、有责要担当、失责必追究”的教诲，踏踏实实做人，认认真真做事。

二、法律职业生涯管理的实施

在实施法律职业生涯管理的过程中，制定法律职业生涯规划书是一个必不可少的环节。职业生涯规划书，是付诸纸面的职业生涯规划过程，是职业生涯规划的浓缩与集中展现。通过职业生涯规划书，法科生可以对职业规划进行设计和陈述，有助于法科生进一步认识自我，了解职业环境，确定职业目标，规划行动步骤，鼓励法科生朝着自己理想的目标去奋斗。

法律职业生涯规划书一般包括引言、自我分析、职业分析、职业定位、计划实施、评估调整与结束语等内容（具体如下所示）：

法律职业生涯规划书目录

引言

一、自我分析

职业兴趣分析

职业价值观分析

技能分析

性格分析

自我分析小结

二、职业分析

家庭环境分析

学校环境分析

社会环境分析

职业环境分析

职业分析小结

三、职业定位

SWOT 分析

职业目标
职业发展策略
职业发展路径
具体路径

四、计划实施

五、评估调整
评估的内容
评估的时间
调整的原则
备选方案
结束语
（一）自我分析

准确的把握自我特质是法律从业者进行职业生涯管理的重要前提和基础，法律职业者若想进行成功的职业生涯管理，必须先形成较为完善的自我认知，综合考察自身职业兴趣、职业价值观、职业技能、职业性格等并在此基础上分析自身优势和劣势，唯有如此才能在职业生涯开发、职业生涯规划等一系列职业生涯管理活动中占得先机，所谓“知己知彼，百战不殆”，较为全面的自我认知是法律职业生涯管理的开端，因此法律从业者万不可轻视自我认知和定位。

自我分析内容

◆职业兴趣——喜欢干什么

我的职业兴趣前三项是××型（×分）、××型（×分）和××型（×分）。我的具体情况是……

◆职业价值观——最看重什么

我的价值观前三项是××取向（×分）、××取向（×分）和××

取向（×分）。我的具体情况是……

◆能力——能够干什么

我的职业能力中××能力得分较高（×分），××能力得分较低（×分）。我的具体情况是……

◆性格——适合干什么

我的人才素质测评报告结果显示我的性格类型是××，我的具体情况是……

自我分析小结：

1. 职业兴趣——喜欢干什么

职业兴趣探索中最重要的理论就是霍兰德兴趣理论，本书第二章对此进行了详细论述。然而在职业生涯规划书中，将兴趣结果罗列出来并不是重点，测评的结果与报告都只是作为参考，最重要的是用生活事件与经历来证明自己有某方面的兴趣特征。

2. 职业价值观——最看重什么

本书在第五章中详尽介绍了职业价值观，法科生可以对照第五章初步评价自己的价值观。有着不同价值观追求的法科生，会期望获得不同的环境满足。那么，就需要基于这个职业价值观结果来分析自己期待的职业环境是什么。

3. 能力——能够干什么

根据本书第四章对能力的描述，法科生需要用自己的实际生活经历来阐述这些能力表现，只有这样，这些能力才能变得活生生而有生产力。

4. 性格——适合干什么

性格特征最通用的就是 MBTI 的性格类型划分。法科生需要针对自己的 MBTI 类型及描述，结合自己的具体特征进行分析。性格是在自己的生理遗传、生活经历、社会互动过程中慢慢形成的，而不是由测评决定的。所以，测评只是给出一个笼统的、猜测性的描述，真实的性格还需要自己去证实。

5. 自我分析小结

以上只是在“分析”的维度上分析了自我的各个特质，接下来还要整合各方面的特质，进行初步的职业定位，得出一个或几个具体的意向职业。

6. 精准自我定位的途径

法律职业者获得精准的自我定位主要有三个途径。其一，个人判断，即个人通过自我剖析对自身综合实力进行分析，判断自己是否有兴趣从事某项法律职业，是否掌握该项工作所要求的知识与技能，自身性格特点、价值追求是否与所从事职业相符，挖掘潜力以最大限度的发挥自身优势和能力，为职业生涯管理提供支点，虽然个人判断可能会受到主观因素的影响而有失偏颇，但其直观、便利的优势也是不容忽视的。

其二，他人评价，即亲朋好友、同事、领导等人对个人作出的评价，可以帮助个人更全面地认识自我，关注到自己先前并未意识到的闪光点或缺点，和同事多沟通交流，不仅有助于建立良好的人际关系，还可加深自我认知，他人评价虽然具有一定的客观性，却并不一定完全正确，不是说要将他人评价全盘吸收，而是可以作为自我定位的补充。

其三，科学评估，由专业机构对个人进行测试和考评，借助测量软件、测量设备等专业评估工具对个人素质、能力等进行多维度的科学评价和定位，专业性较强的职业建议有助于法律工作者获得更加全面科学的自我定位，便于其在职业环境中寻找发展机会、跨越职业障碍。专业评估的客观性、科学性当然毋庸置疑，但其过程复杂繁琐，也可能由于个体差异而产生偏差，因此，三种途径对于法律从业者找准自我职业锚，完善自我认知和定位缺一不可。

精准的自我定位才能帮助法律职业者匹配到最适合自己的

职业，避免职业选择时的手足无措和盲目从众，才能使其更加自信从容地迎接职业生涯道路上的各种挑战，为其职业生涯管理路径的选择提供决策支持。

（二）职业分析

若想对职业生涯进行有效管理，仅有成熟的自我认知是不够的，还需要全面获取职业信息，了解工作职位信息与熟悉自我一样，是作出恰当职业生涯管理的前提基础。虽然都是法律职业，但不同法律工作特点不同，如公检法公职人员和律师的工作时间弹性并不一样等，法律从业者在获得精准自我定位的同时，还要知晓具体职业信息，才能实现人岗匹配，扫清职业生涯规划的部分障碍。

职业分析内容

◆家庭环境分析

如经济状况、家人期望、家族文化等以及对本人的影响。

◆学校环境分析

如学校特色、专业学习、实践经验等以及对本人的影响。

◆社会环境分析

如就业形势、就业政策、竞争对手等以及对本人的影响。

◆职业环境分析

◇行业分析——如行业现状及发展趋势，人行匹配分析。

◇职业分析——如职业的工作内容、工作要求、发展前景，人职匹配分析。

◇单位分析——如单位类型、单位文化、发展前景、发展阶段、产品服务、员工素质、工作氛围等，人企匹配分析、人岗匹配分析。

◇地域分析——如工作城市的发展前景、文化特点、气候水土、人际关系等，人城匹配分析。

职业分析小结：

1. 家庭环境分析

家庭对于法科生职业生涯发展的影响可以从家庭经济状况、家人期望、家族文化等方面入手。需要强调的是，所有这些环境分析，都要以与职业生涯发展关联为落脚，而绝对不是单纯地客观分析。

2. 学校环境分析

学校环境具有双重含义：一是学校环境本身就是探索的对象，尤其对于大学低年级学生或者准备继续升学的高年级学生来说，学校环境即其身处的环境和可能的去向；二是学校环境也是我们发展职业或学业的资源性因素，如学校可以为我们提供提升多方面能力与获取多方信息的资源库，是我们成长与发展的背景与平台。从探索对象与发展平台两个角度去分析学校环境，会有不同的侧重点，前者关注的是“它是什么”，后者侧重“它可以为我提供什么”。

3. 社会环境分析

社会环境包含面非常广，且较难把握，表述这方面内容的基本要求是要言简意赅、突出特色，要选择与我们的职业生淮发展密切相关的环境和事件加以分析，而无需把所有的事情都论述清楚。关键是要对这些环境事件有自己的分析和思考，而不仅仅是陈述或摘录事实。

4. 职业环境分析

职业环境分析是分析某职业在社会大环境中的发展状况、技术含量、社会地位、未来发展趋势等。对职业环境进行分析时，应多途径获取职业信息，只有充分掌握职业信息，才能对职业环境进行客观准确的评估。

（1）法律职业生涯开启前。在求职开始时，法科生可通过多种途径获取职业信息。比如和已经工作的师兄师姐进行沟通交流，了解其获取职业信息的途径及从事某一法律职业的感受；

向学校老师进行请教，听取老师对各项法律工作的评价和看法；亲身参与实习，直观清晰地感受意向职业的真实工作状态，但由于实习生和正式职工的工作强度和工作内容可能是存在一定差别的，还需要认真观察正式职工的从业状态；或利用互联网广泛收集法律职业信息和求职经验，以多种方式获取全面的职业分析，这是法律职业者进行职业选择、摆正职业心态、规划职业发展模式的必经之路。

（2）法律职业生涯初期。职位信息了解不全面不只存在于职业生涯开始前，职业生涯初期依然可能存在类似问题，这可能会影响法律从业者的职业目标与规划制定，干扰其职业生涯路径设计，产生得过且过的心态，最终阻碍其在组织内部的职业发展，因此，职业认知并不局限于求职过程，而是贯穿于职业生涯发展的始终，尤其是在职业生涯初期，法律从业者在此阶段的主要任务除了尽快适应职业要求，还有搜集职业信息。

法律职业者要加强对自身所处职业环境的研究，全面了解工作职责和内容、绩效考核标准、工作所需能力要求、职工培训、职业发展机会和空间、组织架构及发展战略、组织内部文化和价值观等，结合自我认知和定位进一步分析自己是否与该工作相契合，自身是否可以接受并为此作出相应调整以满足职位要求，弥补短板以应对可能遇到的挑战，抓住职业生涯发展的机会以实现职业生涯目标。

同时，还有必要了解所在组织是否存在职业生涯规划与管理的专业部门，是否关注从业者的职业生涯管理，并提供职业生涯管理建议。〔1〕如若实在无法适应职业要求，考虑更换职业时，也要先行了解所换职业的相关情况，避免由于信息不对称

---

〔1〕周文霞、辛迅："组织职业生涯管理对个体职业生涯管理的影响：一个被调节的中介模型"，载《中国人民大学学报》2017 年第 3 期。

所带来的职业风险。

从业后的职业信息获取途径显然多于求职过程，可以通过查阅组织内部公开的职位信息和工作手册，与同事领导进行沟通交流等方式，准确获取职位信息，形成全面的职业认知。职业生涯开启后加深对职业的认知，一方面有助于法律职业者尽快完成从学生到职业人的角色转换，另一方面可以促使其职业发展道路更加顺畅。

5. 职业分析小结

在自我分析的基础上进一步进行职业领域的定位，最理想的是明确到某个行业某个单位的某个职位，但对于大学低年级同学而言，进行如此明晰的定位可能较为困难，所以建议在尽可能明确的程度上定位即可。

（三）职业定位

职业定位包括 SWOT 分析、职业目标、职业发展策略、职业发展路径、具体路径等内容。

职业定位内容 综合第一部分（自我分析）及第二部分（职业分析）的主要内容得出本人职业定位的 SWOT 分析结果：		
内部环境分析（SW）／外部环境分析（OT）	机会（O）	威胁（T）
优势（S）	优势机会策略（SO）	优势威胁策略（ST）
劣势（W）	劣势机会策略（WO）	劣势威胁策略（WT）
结论：		

续表

职业目标	举例：从事××行业的××职业（××企业××职位）
职业发展策略	举例：进入××类型的组织（到××地区发展）
职业发展路径	举例：走专家路线（管理路线/业务路线等）
具体路径	举例：××员——初级××——中级××——高级××

职业目标确定和发展路径设计要符合个人特质和外部环境，即基于自我分析和职业分析基础之上。SWOT 分析是基于一定职业生涯目标的分析，SWOT 分析之后是 SWOT 策略分析，通过 SWOT 策略分析，目标才能转化成他的行动导向，SWOT 分析的价值方才体现出来。职业生涯目标制定须客观、明确，职业发展路径应充分考虑进入途径、胜任标准等探索结果，符合逻辑和现实，具有可操作性。

（四）计划实施

计划实施就是针对如何实现职业生涯目标制定一个详细而又切实可行的行动计划和策略方案，包括计划名称、时间跨度、总目标、分目标、计划内容、策略和措施等。

计划名称	时间跨度	总目标	分目标	计划内容（参考）	策略和措施（参考）	备注
短期计划（大学计划）	2022 年~____年	如大学毕业时要达到……	如:大一要达到……大二要达到……或在××方面要达到……	如专业学习、职业技能培养、职业素质提升、职业实践计划等	如大一以适应大学生活为主，大二以专业学习和掌握职业技能为主……或为了实现××目标，要……	大学生学涯规划的重点

续表

计划名称	时间跨度	总目标	分目标	计划内容（参考）	策略和措施（参考）	备注
中期计划（毕业后5年计划）	___年~___年	如毕业后第五年时要达到……	如毕业后第一年要……第二年要……或在××方面要达到……	如职场适应、职位转换及升迁等	……	职业规划的重点
长期计划（毕业后10年或以上计划）	___年~___年	如退休时要达到……	如毕业后第十年要……第二十年要……	如事业发展、工作生活关系，健康、心灵成长、子女教育、慈善等	……	方向性规划
详细执行计划如下： 本人现正就读大学×年级，我的大学计划是……						

职业生涯管理的实施并不是在职业生涯开始后才进行的，为职业生涯所做的准备工作亦包括在职业生涯管理范围之内，法科生在本科阶段、硕士博士阶段的学习都是在为今后的工作打好基础，依据职业生涯发展阶段理论，不同阶段的任务重心略有不同。

1. 本科阶段

对于法科生来说，本科阶段的主要任务是认真上课，阅读法学书籍，较为全面地掌握法学基础知识，打下牢固的基础；尽可能抓住机会参加模拟法庭、辩论赛等活动，培育自身法律素养，增强思辨能力，提高核心竞争力；积极参与实务课程，学习法律文书的撰写，提升文字表达能力。这些都会为将来从业打下良好的基础，是法律职业生涯管理的重要组成部分。

值得注意的是，在国家法律职业资格考试改革后，法科生本科毕业后才能参加考试。本科阶段进行法考复习备考，毕业后顺利通过考试，是从事大部分法律工作的前提。

2. 硕士博士阶段

在硕士博士阶段，法科生除了进行专业学习和科研训练之外，还可适当进行实习实践，根据自身情况选择在法院、律所、互联网公司等实习，增加职业体验，探索适合自身的职业，为职业做准备，同时法科生也可通过实习，发现自身不足之处，及时弥补缺点，逐渐掌握相关职业所需技能。但也不能过于偏重实习，还是要认真完成硕士博士研究生阶段的相应课程，增加阅读量，做好知识积累，关注社会热点问题。高质量地完成毕业论文也是一件不容忽略的事情，这是顺利毕业取得学位的前提。

无论是选择升学，还是就业，都应尽早开始准备，基本上从研二下学期就应当有条不紊地开始规划，不要临时抱佛脚，也许会听到有成功者分享经验，自己只准备了一两个月就顺利上岸，但每个人的实际情况存在差异，还是要给自己留下充裕的准备时间，不打无把握之仗应该作为职业生涯管理的准则。

（五）评估调整

职业生涯规划是一个动态的过程，必须根据实施结果以及变化进行及时地评估与调整。主要包括评估内容、评估时间、调整原则、备选方案。

评估调整内容

◆评估内容

职业目标评估（是否需要重新选择?）假如一直……那么我将……

职业路径评估（是否需要调整发展方向?）当出现……的时候，我就……

实施策略评估（是否需要改变行动策略?）如果……我就……

其他因素评估（身体、家庭、经济状况以及机遇、意外情况的及时评估）

◆评估时间

一般情况下，我定期（半年或一年）评估规划；

当出现特殊情况时，我会及时评估并进行相应的调整。

◆调整原则

◆备选方案

评估调整一般情况下应围绕以下三个任务进行：检查目标的设定是否合理，检查计划、措施的制定是否科学，检查实际的执行情况是否顺利。

调整不是360度大转变，而是在利用原有优势和条件的基础上进行优化组合，在调整中达到提升。

备选方案应该是积极的，也要充分根据个人与环境的评估进行分析确定，备选路径设计与主路径要有关联性。备选方案的制订也应该是一个深思熟虑的“自内而外”的规划过程。

发掘出自己的最新需求。职业生涯是一个漫长的过程，在这个过程中，无论是环境还是法科生自身，都会发生很多变化，针对变化着的内外环境，要善于捕捉最新的趋势和影响，并注意与自己的职业目标有机结合。

【课后习题】

1. 请你列出目标职业（可以是一个也可以是多个）及目标职业对从业者的要求。

2. 为自己量身打造一份职业生涯规划书。

第三节 法律职业生涯管理的挑战与应对

【案例导入】

小刚通过法律职业资格考试后，进入某大型企业担任法务，小刚认为工作已经落实就可以开始“混日子”了，小刚在工作得过且过，对于法律法规的修订并不了解，对公司业务也没有深入钻研，对于领导交代的工作也是应付了事，当有学习培训的机会的时候小刚也以各种理由拒绝参加。他认为自己拿到了铁饭碗，就没有在考虑职业发展的问题。这种散漫的工作态度使其在工作中总是出现一些低级失误，在同期入职的同事都升职加薪时，小刚却出现在了裁员名单上。

案例中，小刚是如何一步步陷入职业生涯管理困境的？

一、法律职业生涯管理的挑战

职业生涯发展过程并不是一帆风顺的，法科生在职业生涯管理过程中会遇到各种各样的困难与问题，对于法律职业生涯管理中的常见困境我们应予以了解并积极面对。

（一）职业生涯开启前

1. 无所适从

职业生涯开启前，法科生面临的往往是彷徨和迷惘。决定求职的学生怕是已经过了激烈的思想斗争，在升学和工作这两个选项中作出了抉择，但也有部分学生可能会做两手准备，这或许只是毕业生面临的第一个选择。在接下来的求职过程中，法科生常常会陷入不知所措的状态，不知道如何作出职业选择，不清楚自己更适合从事哪种法律职业，是应该遵从自己职业兴趣，还是听取父母的意见或者是老师同学的建议，就自己本身了解的职业信息来说，每条法律职业道路都各有利弊，比如担任公职人员虽然稳定但是否会承担较大的责任，从事律师行业可能会获得更高的薪酬但工作强度是否过大，将来从业后是否会为今天的选择而后悔；除此之外，还可能会纠结工作地域的选择，是以家为圆心选择工作地点，还是在自己更加向往的城市谋求发展机会，这些选择题常常困扰着毕业生。

2. 自我怀疑

初步完成选择题的毕业生并不意味着就摆脱了焦虑的情绪，在确立了求职目标后，可能会陷入持续的自我怀疑当中，担心自己获取的职业信息不够全面，可能会影响职业面试；忧虑自己的能力与想要从事的职业之要求存在一定差距，不知道自己努力的方向是否正确，向某一方向努力前行是否会收获心仪的职业；害怕自身的努力无法得到公平的对待；担忧该工作的真实从业状态与自身了解到的信息存在出入，自己不能胜任某项工作，自己的能力、兴趣、价值观等与将要从事的职业不相匹配该如何是好。对未知的恐惧时刻伴随着求职者，且屡屡碰壁可能会加重其自我怀疑和焦虑的情绪。

（二）法律职业生涯初期

1. 理想与现实的差距

对于刚刚开启法律职业生涯的从业者而言，学习生涯结束，正式步入职场，从校园到社会，生活发生了巨大转变，同时也面临着诸多挑战，比如时间安排弹性减小、节假日减少、团队合作增多、人际关系更加复杂等，这些都是法科生成长为法律人所必经的过程，从最初的茫然到逐渐适应新环境，尽快实现学生到职业者的转变是每一位法科生需要完成的蜕变。

新入职的法律工作者由于刚刚踏上工作岗位，进取心极强，职业竞争意识也较为强烈，渴望尽快得到大家的认可并融入新集体，但这也是法律职业者容易陷入困境的一个时期，面对不熟悉的工作环境、工作内容和工作方式等，法律职业者可能会对自身能力产生怀疑，且从其他途径了解到的信息和亲身体验还是存在差别的，法律职业者在工作过程中可能会产生理想与现实差距较大的落差感，认为现在从事的工作无法实现自己的抱负，和想象中的工作内容相差甚远，不符合自身职业生涯发展目标与规划，这种心理落差和挫败感可能会打击法律职业者工作的积极性和主动性，从而影响其工作效率，阻碍其职业生涯发展。

面对理想与现实不符的境况，法律职业者如果不能及时调整心态重新出发，可能会一蹶不振，对法律职业生涯产生失望和畏难情绪，无法找准自己的位置，阻碍职业生涯发展。

2. 缺乏长远职业规划

缺乏职业生涯规划是法律职业者未妥善进行职业生涯管理的重要表现，其虽然不仅仅存在于职业生涯初期，但在这一时期中体现得较为突出。

法律从业者通常是经过长期备战、层层选拔而最终获得了心仪单位的入场券，一部分从业者可能还会沉浸于自己在求职阶段胜出的喜悦当中，忘记及时进行角色转换，还可能会因为已经端上了“饭碗”而放松警惕和对自身的严格要求，这都可能导致法律职业者忽视了长远的职业规划。没有长远规划的影响可能不会立刻显现，但长此以往，法律职业者的职业生涯会逐渐失去方向和目标，当从业者醒悟时才发现，自己和同期入职的同事已然存在较大差距，这会给法律职业者的职业生涯发展造成重创。

（三）法律职业生涯中后期

1. 职业倦怠

度过职业生涯初期后并不等于今后的职业道路就会顺畅无阻，职业生涯中后期可能会遇到新的职业困境。职业生涯中后期较为漫长，是最容易产生职业倦怠的时期，法律职业者已经对工作环境十分熟悉，可能每天都在重复类似的工作，因缺乏新鲜感而感到枯燥无聊，可能会对工作产生敷衍的情绪，逐渐丧失工作的积极性和动力，在本职工作中也会出现各种失误，工作效率持续下滑，工作拖延情况严重。[1]

马斯勒最早用三维度模型诠释了职业倦怠的定义，他认为职业倦怠是人们在长期的工作中产生的与个人压力有关的一种心理上的综合病症，主要有三个方面的表现：情绪耗竭、人格解体以及个人成就感丧失。[2] 随着职业生涯的发展，来自生活和工作的压力都会逐步增多，适当的压力可能会激发从业者的潜力，但过大的从业压力只能适得其反，让法律职业者产生抗拒逃避的心理，进取心持续下降，甚至会出现消极怠慢的情绪，对工作应付了事，毫无建树。

---

〔1〕 翁清雄等："职业妥协研究：量表开发及对职业承诺与工作倦怠的预测作用"，载《管理世界》2018年第4期。

〔2〕 叶红春主编：《职业生涯管理》，湖北人民出版社2016年版，第278页。

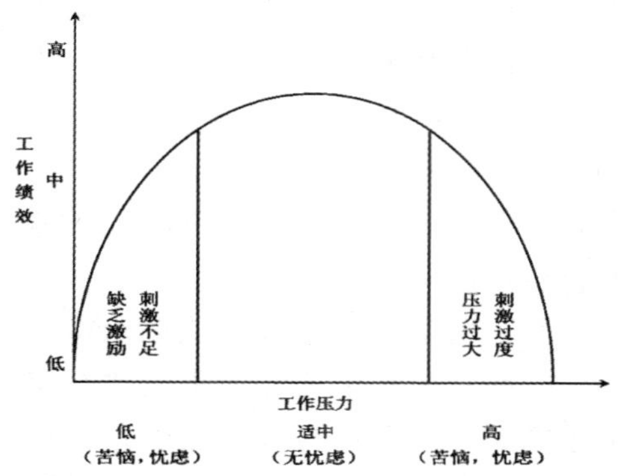

2. 安于现状

职业生涯发展中后期，不同法律职业者的职业发展境遇可能差距较大，部分法律工作者逐渐丧失了努力工作的主动性，认为即便努力也无法获得对等的回报，那么不如得过且过，只要工作不出大的差错就可以混日子等退休，这种安于现状不思进取的心理可能是部分从业者在职业中后期的真实写照。职业生涯中后期，法律职业者往往容易陷入职业瓶颈，包括职务晋升和薪资提升在内的职业发展空间较小，面对这种情况，部分法律职业者产生了挫败感，认为干多干少都一样，能完成本职工作就已经不错了，继续钻研新问题、扩宽学习领域着实是强人所难。如若在职业生涯的中后期安于现状，放弃职业生涯管理，那么职业生涯发展可能会前功尽弃，法律职业者也许距离职业成功仅有一步之遥，但由于半途而废导致无法继续领略前行道路上的风景。

二、应对法律职业生涯管理的挑战

（一）目标制定

法律工作者设立明确的职业生涯目标，并在此基础上设计适当的职业生涯规划，是进行职业生涯管理的有效方式之一。清晰的职业生涯目标和发展规划有助于法律职业者确定努力的方向，可以支撑其尽快度过职业迷茫期，寻找到解决问题方向和路径，促使其保持较高的工作积极性和工作效率，这对于法律工作者的职业发展道路无疑是有帮助的。

1. 目标具体化

法律职业者制定职业生涯目标应具体化。过于笼统的目标可能会让从业者在长期的职业生涯中疲于应对而逐渐丧失工作动力，饱满的工作热情也可能被逐步消耗殆尽，但如果目标足够清晰具体，根据此目标制定的计划也就愈发详细，越细致的规划越容易被遵守执行，职业目标自然也就更易实现，每个小目标的完成可有效激发法律职业者的工作积极性，促使其冲击职业生涯的终极目标。

将抽象的职业目标进行拆分，职业目标可细化为职位目标和个人目标，职位目标包括薪资水平、职位等级与岗位等，个人目标则包括知识学习、能力增强、自我价值实现等，并为此制定周严的提升规划，如通过每天阅读一定数量的判例尽快熟悉某类案件的裁判思路，每天学习半小时英语以提升法律英语水平，通过定时定量的管理实现稳步前进以最终达到职业生涯成功的目标。分解目标的具体方法包括剥洋葱法、鱼骨图法、目标数法、逆推法等，将宏大的职业目标具体化为若干个小目标，考量影响目标实现的因素，量化行动计划，增加职业生涯目标实现的可能性。[1]

2. 目标时效性

法律职业生涯目标和规划要有时效性。依据职业生涯阶段理论，职业生涯管理是在动态变化中进行的，整个职业生涯可划分为不同的阶段，由于职业发展阶段不同，法律从业者的职

---

〔1〕 陈夏初主编：《大学生职业生涯规划与管理》，江苏人民出版社 2013 年版，第 194~196 页。

业目标和规划自然也不尽相同，应随着职业发展阶段的变化而进行相应调整，但职业规划并不能因为从业者的惰性而随意改变，如若依据心情随意调整，那么职业目标和规划也就丧失了其存在的意义。

法律职业生涯初期，近期目标可以是尽快适应新环境，找准自己的位置，妥善处理心理落差和焦虑情绪，敢于接受有挑战性的工作，提升职业竞争力。而法律职业中后期，也是从业者最容易丧失职业目标和规划的阶段，不少法律职业者在长期从事某一项工作的过程中逐渐产生职业倦怠，事业原地踏步，甚至出现职业生涯危机，因此打破职业生涯瓶颈的目标和规划至关重要，能一直维持生活高速运转的人少之又少，哪怕是奥运冠军也会有状态起伏的时候，一时半刻的松懈可以被体谅，但最重要的是拥有重新出发的勇气。

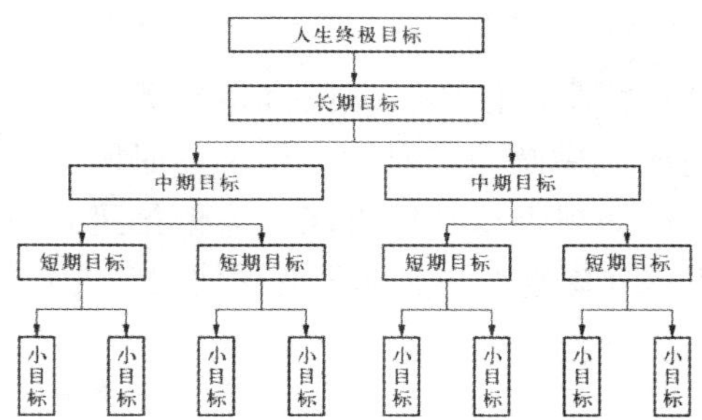

3. 目标评估与反馈

职业生涯规划和管理往往是一辈子的事情，有时需要回顾过去，但并非是沉浸于过去达成目标的喜悦和失利的悲伤中。生涯规划档案就是一个适当回顾职业生涯的方式，可采用生涯规划档案的方式系统记录职业目标、规划及目标实现过程,[1]一方面落实在纸面的文字比头脑中的想法更易激励从业者，另一方面档案记录可有效帮助法律职业者及时进行反思和回顾，如果实现了一个既定目标，可总结经验并在今后的职业规划中继续沿用，但若未完成职业目标，则需考虑问题何在，目标与规划是否存在不合理之处并进行相应调整。适当的反思将有助于法律工作者少走职业生涯中的弯路。

(二) 目标管理

制定合理的职业目标固然重要，但如果缺乏落实行动，再美好的目标和计划也只能沦为空谈，这就需要我们在制定职业目标与实施目标二者间搭建一座桥梁，即职业目标与规划管理，有效的目标与规划管理有助于推动职业生涯目标的达成，常见的管理方式主要有两种。

1. 甘特图

第一种是甘特图的使用，即以直角坐标系的方式直观展现特定目标的完成顺序及完成时间，横轴以时间为单位，纵轴为目标任务，目标的顺序以其轻重缓急为依据进行排列，还可在图表中通过对比计划进度与实际进度评估工作进展。[2]

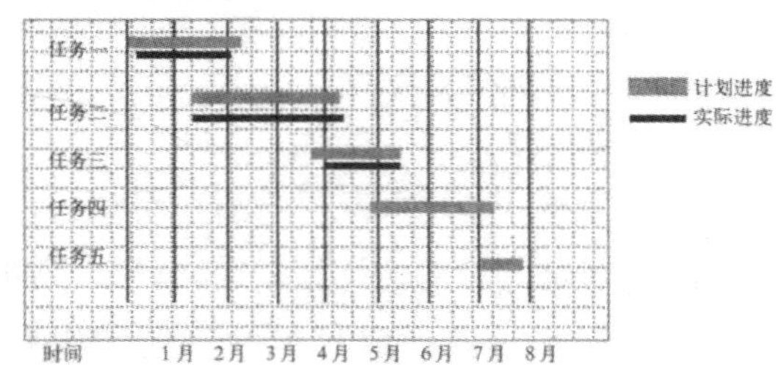

---

〔1〕 钟谷兰、杨开编著:《大学生职业生涯发展与规划》，华东师范大学出版 2016 年版，第 171 页。

〔2〕 陈夏初主编:《大学生职业生涯规划与管理》，江苏人民出版社 2013 年版，第 197 页。

2. PDCA 循环法

第二种是 PDCA 循环法的应用，即通过不断循环 P（Plan）——计划；D（Do）——执行；C（Check）——检查；A（Act）——行动这四个环节，最终实现职业目标，但这并不是一个简单的循环往复的过程，而是呈阶梯式上升的，法律职业者根据设想的计划采取行动后，还需要对此进行反思和总结，以提升能力积累经验，促进下一目标的完美实现。[1]

（三）时间管理

1. 时间管理意义

法律职业生涯管理有赖于妥当的时间安排来执行。时间对于每个人来说都是十分宝贵的，亦是十分公平的，利用时间的方式不同收获也是不同的。时间是不可取代且无法失而复得的，任何人都无力挽回挥霍的时间。学会时间管理是落实职业目标的有效方式，充分利用时间可提高工作效率，有助于法律工作者更好地平衡工作与生活的关系，提升工作和生活质量，促进职业生涯发展。

2. 认识时间管理

回顾时间管理的研究历史，时间管理概念的发展大致经历了五代，今天我们所说的时间管理已经进入了第五代，强调我们在实现个人效益和社会效益的同时，还能享受更加舒适的生活。法律从业者学习时间管理，其实不仅是在掌握一项简单的技巧，实质上是在学习自我管理，体现了一种积极向上的生活态度。时间管理并不是让我们成为工作狂，始终处于忙碌状态，而是强调要平衡好自己与时间的关系，学会享受生活，有张有

---

〔1〕 陈夏初主编：《大学生职业生涯规划与管理》，江苏人民出版社 2013 年版，第 198 页。

弛对于我们的职业生涯发展有益无害。

3. 时间管理倾向

《DISG性格大全》按照人们的时间管理倾向将其分成4种类型：主导型、首创型、稳重型和严谨型。主导型时间管理者倾向于自主分配时间，充分利用每分每秒；首创型时间管理者习惯自发性思维，做事跟着感觉走，认为时间会对其形成束缚；稳重型时间管理者往往厌恶时间压力，或提前很久完成任务或拖延很长时间完成；严谨型时间管理者常常因为需要比别人花费更多时间而无法按计划完成任务。多数人身上会呈现出两三种行为模式，并非仅有一种，而每种类型各有优劣，所以，识别自己的时间管理倾向，有助于我们在时间管理中扬长避短。〔1〕

4. 时间管理方法

（1）分析追踪。为了能够在有限时间内高效地完成更多任务，首先要清楚自己的时间是如何被利用的，以及自己从事某项工作所需时间。可采用时间分析与追踪的方式记录时间去向，这样可避免自认为每天忙忙碌碌但却一无所获，也有助于法律工作者大致了解每项任务的用时，便于职业规划。

（2）统筹安排。时间管理其实也是事件管理，要学会统筹安排，依据事件的轻重缓急分配时间和精力，会让法律职业者在工作中更加游刃有余。史蒂芬·柯维提出的四象限法值得法律工作者学习借鉴，即将工作中的事件分为紧急且重要的事件、重要但不紧急的事件、紧急但不重要的事件、既不紧急也不重要的事件，据此统筹安排时间，会使从业者逐渐接近目标，避免时间无谓的流失和浪费，增加充实感与成就感。

---

〔1〕 陈夏初主编：《大学生职业生涯规划与管理》，江苏人民出版社2013年版，第210~212页。

（3）4D 法则。在选择是否需要做某件事情时，可运用 4D 法则：

放在一边（Dump it）：学会拒绝做某件事情。

委托别人做（Delegate it）：并非所有工作都需亲力亲为，可将不需要本人完成的工作分派给他人，而不要有愧疚和负罪感。

移交（Defer it）：要求本人完成，但不是马上，可另找时间实行。

工作（Do it）：眼下需要全身心投入的开始工作，迅速行动是最好的选择。

除最后一项是需要立刻行动的事情，其他三类都是可以为当下腾出时间的，这一原则对于处理突如其来、计划之外的事情显得尤为重要。

（4）学会自律。手机、电脑几乎成为当代人的生活必需品，打游戏、追剧、刷微博、逛淘宝占据了人们大部分时间，有人甚至患上了“手机依赖综合症”。自律是时间管理的基础，如果遇到放不下手机的时候，可以反思一下，将时间都花费在玩手机上我们可以得到什么？如果将这些时间用在学习工作上我们又能收获多少？以帮助自己有节制地使用手机等电子产品。

【课后习题】

1. 请你分析自身的职业生涯管理现状，在职业生涯管理过程中遇到了哪些挑战？

2. 你掌握了哪些应对职业生涯管理挑战的方法？

附 录 拓展阅读

法科生的职业发展路径选择
——兼谈法官与律师的职业区别

职业选择是关乎人生发展的重大问题，作为一个法科生，毕业后是选择做法官、检察官还是做律师、公司法务，会对自己未来的人生产生重大影响。作为一个曾做过法官又来做律师的“前浪”，把自己的经历和诸位法科生分享，以资借鉴。

一、工作还是考研？

这可能是同学们首先纠结的问题。希望同学们不要因为逃避就业而去选择考研。考研最好是你真心喜欢这个专业，真的就喜欢读书，真的就想再研究研究这个问题，而不应该是觉得不想工作所以要考研。工作当然不是件容易的事，社会残酷，但你终究有一天要到社会里去游泳，早经历社会的磨砺，你也能够更快的成长。不要怕，社会的海洋只会让你呛水，淹不死人，因为每个人都要在这片海里游大半生。刚下水，难是一定会难的，但早点下水也能早点学会游泳。

二、去哪个城市工作？

假设同学们决定了就业，那毕业了是去北上广深这些一线城市还是去一些中等规模的城市工作就是一个需要考虑的问题。大城市的优势是显而易见的，经济更发达，发展机会多，但与之相伴的是巨大的工作压力，激烈的竞争环境，还有高企的房价压得年轻人喘不过气来。像北京这种城市，还有户籍的门槛，如果无法获得户口，对在这个城市生活的未来预期不明。

相对于大城市，小城市的生活压力更小、更容易立足。但由于发展的空间有限，职业发展的瓶颈期可能也会到得更早。

那么，关键是，该怎么选呢？我想，所有的选择都是基于个人自身具体情况作出的。比如，你是在什么样的环境长大的？喜欢什么样的环境。再比如，你的性格是什么？有的人生性恬淡、知足常乐，小城市可能就更适合他。而有的人性格更具有开拓性和冒险性，喜欢在压力大风险高的地方闯荡，那他可能就更适合把职业选择的第一站选在大城市。人生是自己的，对于人生重大选择，要理性思考，基于自身的具体情况，作出符合自身实际的选择。

当然，虽然大学毕业后的这一次职业选择很重要，但这绝不是人生唯一一次或最后的选择机会，就像高考很重要，但绝不是说高考没考好，人生就完蛋了，我们的人生会有若干次重大选择，只能说每一次的选择都要基于上一次的选择，并会影响到下一次选择。大学毕业时的这次选择也是一样，我们基于过往的经历和背景作出了去大城市或小城市的选择，但人是无时无刻不在发生变化的。那位热爱自己家乡并选择留在家乡的同学，由于工作成绩特别突出，不断的擢升，逐级遴选选拔到省会、到首都工作。那位喜欢冒险决定去大城市闯荡的同学，可能在阅尽都市繁华后，最后回归平淡，选择回到家乡过上平凡的市井生活。所以，同学们一定不要用静态的思维来看待人生选择。

三、要选择专业对口的工作吗？

要选择与自己大学所学的专业相关的工作吗？其实对于法学学生而言，所谓专业对口的工作，就是法官、检察官、律师这些法律职业，这些职业相对整个社会的就业面来说其实是很小的。纠纷和矛盾是与人类社会并存的，人类社会自诞生以来就在创设纠纷解决的制度和机制，到了今天，法律专业已是一套非常完整的知识系统。社会中的各类纠纷由受过专门训练的人员来处理，法官、检察官和律师就是这类专业人员，这些职业有专门的门槛和准入资格，不是谁都能干的，无论社会如何变革，这个专业门类肯定是少不了的。如果你喜欢法学这个专业，在选择就业时，就尽量选择与法学相关的职业。比如，法学的同学们都爱考公务员，公务员有各种部门，法科生可以报的部门很多，但与法学联系最紧密的就是法院和检察院，在法院和检察院干的也是和专业最相关的活，所以，如果你喜欢法律，最好就报考法院和检察院。当然，大家注意到我的前提是“如果你喜欢”。如果大学四年都没建立起对法律专业的喜欢，我觉得也许你就是打心眼里对这个专业没有兴趣了，那也就没必要非在这个领域发展了。比如有的同学就是对做生意感兴趣，那就业时候当然就没必要去选跟法学相关的职业。有的同学想走仕途，那也没必要进检察院和法院，在考公务员时可以选择进步空间更大的党委系统。

四、是做法官好还是做律师好?

如果你们喜欢法学，并选择法律职业作为职业选择，那是选择做法官好还是做律师好呢?首先，不谈好不好，仅从职业流通通道来看，当了法官，目前来看，还保留着重新选择做律师的权利和可能性。但如果一开始就做律师，从目前的制度安排来讲，再做法官就很难了。其次，再说好不好的问题，经常会有同学问我生活中某个选择是好还是不好，我一般都会反问，你先告诉我什么叫好。“好”是一个价值判断，价值判断取决于我们的价值偏好。有人喜欢稳定有人喜欢挑战，有人喜欢朝九晚五有人喜欢自由工作时间，价值偏好不一样价值判断自然不一样。所以你要问我法官好还是律师好，我无法给你答案，但由于这两个职业我都亲身经历，所以能做到的是给你呈现这两个职业不同的工作内容和状态。

第一，身份的不同。在我国，法官属于公务员，公务员的工作稳定，是“铁饭碗”，只要你不辞职不犯罪，一直干到退休大概率是没有问题的。至于收入，国家对于公务员（法官）的薪酬有系统的规定，即使政策有调整也是所有人一起调整，完全不用你操心，所以在法院里大家的工资收入也是透明的。而律师是典型的自由职业者，一个独立执业的律师可以没有上下班的概念，7×24小时随时都可能在工作，也可能随时处于休假状态，其收入来源于当事人委托代理所支付的律师费。

第二，成长的路径。法官的成长路径是先考公务员考到法院里，从书记员、法官助理做起，一步步成长为法官。在以前，当法官的这条路确定性是很强的，比如我当年进法院，先做助理，基本上三年就可以成为助理审判员，然后晋升为审判员，如果比较优秀，假以时日，就可以晋升为副庭长、庭长等。但现在由于法院推行员额制的司法改革，法官的成长道路确定性减弱。每个法院有自己的法官员额数，只有出现员额空缺，才会选拔新法官。有些法院员额空缺数很少，而排队的助理很多，这就使得当法官的年限存在很多不确定性，到法院工作七八年当不上法官的可能性也是存在的。律师的成长路径相对法官要简单一些，大学毕了业，过了司法考试，就可以进入律师事务所，从实习律师干起，过了实习期，就可以申请成为执业律师。

第三，成长的环境。如上所述，要成为一名律师，似乎并不太难，但难的是成为一名合格的执业律师。在法院里，对于法官的培养有一个强大的支持系统。每个法院都有一个管教育培训的部门，负责法官的培训工作，一个大学毕业生从进入法院开始，就由国家的财政资金支持，接受系统和规范的职业训练。从卷宗的整理归档到庭审的记录，从实体法律规定到案件处理的程序规则，都有法院内经验丰富的法官和书记员进行授课培训。而且，进入法院工作后，先要分配到某个审判庭和法官那里从事助理工作，基于法院工作的严谨性要求和流程化管理，长达数年的法官助理工作本身就是一个很好的职业训练过程，法院庞大的案件数也是最好的培训教材。但对于律师来讲，实习期只有一年，由于缺乏国家搭建的强大后台支撑系统，加之律师行业本身就是一个流动性很大的行业，要遇到一个好的指导老师多少是需要凭借一些运气的。

第四，职业挑战性。律师行业是一个充分竞争且充满个性化的行业，这一行业特性给律师提出了极高的要求，带来了极强的挑战性。正如前面所说的，想获得一个律师的身份不难，但成为一个优秀的律师是一件非常难的事情。律师没有国家系统的支撑，但律师除了法律专业知识，需要掌握的知识体系范围却非常宽广。一个优秀的律师要有营销思维，善于营销律所、营销团队、营销自己；要精于商务谈判，在磋商代理事项时，既要确保合同的订立又要为自己争取最大的利益；要有过硬的业务水平，到了法庭上能够凭借专业知识说服法官，维护本方当事人的合法权益；要懂心理学，提高情商，累积人脉，善于与人打交道；要能写会说，下笔能成文，出口即成章……如此高的要求，原本就不是短短一年的实习所能涵盖的；如此宽广的范围，原本也不是靠集中的培训学习所能完成。律师行业就是一个大江湖，这里有各种门派，有各种武功绝技，有人长于营销，有人长于谈判，有人长于专业；有人精于公司法，有人精于刑法，有人精于行政法。所以，为了能获取更多的业务，为了能在激烈的竞争中立足，律师们必须迎接挑战，不断学习，一刻也不能松懈，这是一个挑战和压力巨大的行业。相对于律师，个人认为，法官的职业挑战性要小很多，司法是被动的，法官也是被动的，坐在办公室等着案件上门就好了，法官只要保持专注，深耕某一专业领域，就可能成为一个优秀的法官。

第五，收入。凡事有因才有果，一个以系统知识为基础的专业技术职业，一个高压力、高挑战、高要求的职业，你们认为它的收入水平会怎么样呢？是的，如果你符合了前面那些条件，成为一个优秀的律师，那收入当然是不低的。但要成为一个优秀的律师自然是不容易的，也有一个长期训练和学习的过程。而对于年轻律师而言，可能有很长一段时间，没有高收入，只有高强度高压力的工作。事实上，以我的观察，无论哪行哪业，年轻人都不轻松。在法院里也是一样，年轻人需要很长一段时间的锻炼才能成为法官，而法院的收入也同样是和进入法院的年资密切相关的。所以，对于年轻人，不必过于纠结于此时此地的收入情况，更多的应该是关注这个职业有没有发展前途，是否能得到成长。虽然不同行业职业收入的性价比会有不同，但只要你在行业中坚持不断持续学习成长进步，你的行业同比收入肯定是不低的。

第六，职业发展瓶颈。在做职业选择的时候，对于职业发展瓶颈的了解是十分有必要的。比如法官的职业发展通道，《法官法》规定法官实行单独职务序列管理，法官等级分为十二级，依次为首席大法官、一级大法官、二级大法官、一级高级法官、二级高级法官、三级高级法官、四级高级法官、一级法官、二级法官、三级法官、四级法官、五级法官。从五级法官到一级法官，都可以按年限晋升，但到了四级高级法官以上，就是择优晋升，在这个择优的过程中，就可能遇到职业天花板。还有，法官现在实行逐级遴选制度，上级法院的法官原则上都是从下级法院逐级遴选产生，所以对于基层法官而言，一个好的职业通道是从基层法院遴选到中级法院，再遴选到高级法院甚至最高法院。但如果在基层法院干了十几年法官，却没有机会遴选到上级法院，这可能也是一个职业天花板。当遇到职业天花板的时候，人生就要面临抉择，这就是我前面说的，人生不是静态的，可能要面对若干次选择。比如我自己，在基层法院工作了十年后就重新作出了选择。对于律师的工作，好像是没有天花板，一个律师，只要自己愿意干，可以一直干，无所谓退休不退休。但事实上，律师工作也有天花板。因为每个人在不同年龄阶段发展阶段的诉求是不同的，年轻时可能更看重的是学习和成长，等到了一定阶段，更看重事业的发展壮大，再后来，可能更看重事业的传承。一个律师，最开始是跟着老师学习，后来自己独立执业，再后来，可能想着组建团队甚至开办律所。所以，可能任何职业都存在发展的天花板，对于职业发展的天花板，要有客观的认识，在合适的时机及时调整自己的人生轨道或者调整自己的心态。

（作者简介：杨帆，中国政法大学法学博士，北京某法院前法官，现某律所合伙人）

第九章 | 法律职业的求职与应聘

【学习目标】

1. 了解求职简历的基本要素。
2. 掌握简历制作的基本要点和规范。
3. 掌握笔试的种类、准备和技巧。
4. 掌握面试的类型与种类、准备和技巧。

【案例导入】

小中是某法学院研究生三年级的学生，临近毕业还没有找到一份满意的工作，看到周围的同学们陆续考上公务员、找到心仪的工作，小中的心中焦急万分。某天，他在校园招聘会上看到了自己梦想中的律所在招聘应届毕业生，小中决定投一份简历试一试，于是他制作了如下的一张简历：

小中的简历

小中 男 | 1998 年 12 月生 | 现居住于××市××区××路

联系电话：18098087×××× | 电子邮箱：xiao××××@121. com

教育背景

2016. 09—2020. 06　某大学 | 法学专业 | 学士学位

2020. 09—2022. 06　某大学 | 民商法学专业 | 硕士学位

工作经历

2018.07—2018.09　某人民法院 民事审判庭实习生

工作内容：负责整理卷宗，编制涉案当事人详情表，更新案情汇总信息表、有关案件的证据材料目录、诉讼案卷文书，跟随法官及其助理、书记员协调民事案件、送达相关文书，定期与当事人联络案情，负责庭审记录。

2020.08—2021.06　某律师事务所 律师助理

工作内容：收发、整理和保管文件档案资料；处理有关法律问题的来信、来访，解答简单的法律询问，代写简单的法律文书；协助律师调查取证、抄写文书、摘录案卷材料、会见被告或当事人，送达文件及办理其他辅助性工作；协助律师办理案件，在出庭时负责做开庭记录，传递文件证据等；撰写相关法律文件，如起诉书、答辩状、谈话记录、当事人声明书等；负责日常律师与客户之间的沟通等工作。

学生经历

曾担任班级团支书一年，组织班级各种团支部活动。

担任校学生会某部门负责人，负责组织社团各项活动。

通过担任班级团支书和校学生会部长锻炼了我的各项能力，使我具有了良好的组织策划能力，具有较好的人事协调能力。

获得荣誉

获得二等奖学金 2 次 校级荣誉

获得校三好学生 3 次 校级荣誉

获得优秀共青团干部 1 次 校级荣誉

证书资质

大学英语四级 580 分

大学英语六级 532 分

全国计算机等级考试二级 C 语言

证券从业资格证

法律职业资格证 A 类

自我评价

性格温和、平易近人，喜欢与人沟通。工作认真负责，团结同学，具有较强的组织和协调能力，具有敢为人先的精神。能够尽力做好自己的每一件事情，做好每一份工作，遇到困难不畏惧、不退缩，能够积极向人请教，具有吃苦耐劳的意志和品质，具备较高的思想道德素质和良好的心理素质。

投完简历后的小中度日如年、焦急万分，每时每刻都在等待律所的回复。念念不忘，必有回响，小中终于收到了律所的回复。律所告知小中按照他们的招聘要求，小中还必须经过笔试和复试才能够正式入职，然而律所等法律实务部门不同于公务员考试，既没有专门的教材，也没有固定的程式，究竟应当如何准备笔试和复试，小中一筹莫展，不知道究竟如何是好。

求职是从大学走向职业的必经之路，在求职的过程中，我们会遇到用人单位的“重重关卡”：第一关便是将自己的求职意向告诉用人单位。这时就面临着简历制作的问题——如何制作简历？简历应当写入哪些内容？如何才能够让自己的简历脱颖而出？冲破第一道的关卡后，一些用人单位还设置了笔试作为招聘的第二关。不同用人单位的关注点不同，因此在笔试内容的设置上会不同于具有固定程式的升学考试或公务员考试，在应试的准备策略上也会有所不同。最后一关是面试关，用人单位通过面试进一步了解法科生的综合素质，并判断其适合从事何种岗位的工作。当然，用人单位也会根据本单位和有关岗位的需求，选择合适的面试形式和题目，法科生也需要提前作出相应的准备。

本章将针对法科毕业生在求职过程所需要面对的简历、笔试和面试“三座大山”，对其中涉及的要领、技巧、形式和要求作出讲解。通过本章的学习，法科生们要了解求职过程中简历、笔试与面试的基本知识，简历的类型、基本内容和撰写要求，笔试的类型与知识能力储备；知晓面试的类型、方式和面试过程中的应对技巧，从而进一步了解用人单位的人才需求及其考核程式，提高自身求职竞争力。

第一节　求职简历

学生求职的过程就是学生与用人单位沟通的过程，求职简历是表现求职者书面沟通材料的重要载体。求职简历是证明法学毕业生学业情况、成长和个人经历知识技能及求职意愿的重要文件，也是用人单位对其招聘、录用的第一印象之所在。可以说，求职简历的好坏直接影响着法学毕业生的就业成功率。

前述案例中的求职简历，是求职简历中写得较为完善的一种，小中把自己的个人信息、主要经历、荣誉等较为重要的内容放在了首要且比较瞩目的位置，符合简历写作的一般要求，但在求职简历内容的详细程度、布局设计和内容的完善度等方面，依然存在着欠缺。本节即将对上述问题作出回应，帮助法科生了解什么是简历、需要什么样的简历以及怎样撰写简历。

一、认识求职简历

（一）求职简历的概念

求职简历，也可称为求职履历表，是概括介绍法学毕业生个人自然状况、学业情况、成长经历、特长爱好、性格特点、所获成就，求职意愿和联系方式等有关内容的个人书面材料，是对自己学习（工作）生活经历的再加工。求职简历的重要价值在于使用人单位能在第一时间了解法学毕业生的基本状况，使毕业生达到“推销”自己的目的。一份好的求职简历可以让法科生在众多求职者中脱颖而出，而一份糟糕的简历也会让求职的法科生在第一重关卡中即遭淘汰。

（二）求职简历的基本内容

法科学生的求职简历一般应当包括以下几个方面的内容：

1. 标题

一般为“简历”“个人简历”或“求职简历”。

2. 个人基本信息

包含姓名、性别、出生年月、求职意向、政治面貌、联系方式、性格、特长与爱好等。

3. 学习经历

包括就读学校、所学专业、学历、学习成绩和排名等，主要按照时间顺序进行描述，可从中学开始，也可以直接从大学本科开始。

4. 学习情况

一般通过排列的形式对在校期间所研修的主要科目的成绩进行说明，尤其是对 14 门法学必修课程的成绩逐一列明，也可以对英语、计算机能力等学习情况进行说明。

5. 实习与工作经历

主要按照时间顺序对自己在校期间的实习情况或社会工作情况作出描述，一般应当说明实习单位名称、地点、担任职务与工作职责，以及实习的时间。根据所应聘单位的不同，在排列时间顺序时也应当按照不同的要求进行：如果是国内单位，一般是按照从过去到现在的顺序填写；如果是国外单位，尤其是欧美单位，则一般按照从现在到过去的顺序填写。

6. 科研与实践经历

可以选择按照时间顺序、重要性程度或者层级等顺序对在校学习期间参与的科研项目或社会实践经历作出描述。一般来说，应当包括项目时间、项目名称、项目层级、主要内容等，有学术成果的，可以注明有关学术成果。

7. 学生（工作）经历

是法科生在校期间参与的社会活动情况、学生工作情况等内容的概述，一般包括什么时间担任何种职务，负责什么工作，组织或参加过何种活动。

8. 荣誉与获奖情况

即法科生在校期间获得了哪些荣誉、何种奖项，可以按照荣誉和获奖的时间顺序排列，也可以按奖项的重要性或层级进行排列，一般列明获得荣誉和奖状的时间、名称、颁发单位与级别。

9. 发表的作品

发表过的学术论文、文章等内容。

10. 求职说明

对与自己求职工作有关的能力或要求可以作特别说明，以引起用人单位的兴趣。

11. 个人评价

即个人对自己作出简要、精练的评价。

（三）求职简历的类型

求职简历一般包括两种形式：表格式和非表格式。不同的形式有着不同的特点与侧重。所谓表格式，就是用表格的形式列出自己的基本情况和学习、工作经历，特点是简洁、整齐、一目了然，但在美观度上会有所欠缺。非表格式则是以时间或学习工作经历为线索，按照年月的顺序，列出自己的学习和工作经历，其优点在于能够使用人单位详细地知晓过去不同时间阶段的个人发展情况，从而更好地掌握个人成长信息、能力与品格，但缺点在于无法将一些信息写入其中。

1. 表格式

<table>
<tr><td colspan="8">个人简历</td></tr>
<tr><td>姓名</td><td></td><td>性别</td><td></td><td colspan="2">出生年月</td><td></td><td rowspan="3">照片</td></tr>
<tr><td>籍贯</td><td></td><td>民族</td><td></td><td colspan="2">学历</td><td></td></tr>
<tr><td>联系电话</td><td></td><td>电子邮箱</td><td></td><td colspan="2">外语能力</td><td></td></tr>
<tr><td rowspan="4">教育状况</td><td>时间</td><td>学校</td><td>专业</td><td>成绩</td><td colspan="2">排名</td><td>说明</td></tr>
<tr><td></td><td></td><td></td><td></td><td colspan="2"></td><td></td></tr>
<tr><td></td><td></td><td></td><td></td><td colspan="2"></td><td></td></tr>
<tr><td></td><td></td><td></td><td></td><td colspan="2"></td><td></td></tr>
<tr><td rowspan="4">实习与工作经历</td><td>时间</td><td>单位</td><td>职务</td><td colspan="4">工作内容</td></tr>
<tr><td></td><td></td><td></td><td colspan="4"></td></tr>
<tr><td></td><td></td><td></td><td colspan="4"></td></tr>
<tr><td></td><td></td><td></td><td colspan="4"></td></tr>
<tr><td>获得荣誉</td><td colspan="7"></td></tr>
<tr><td>科研成绩</td><td colspan="7"></td></tr>
<tr><td>资格证书</td><td colspan="7"></td></tr>
<tr><td>自我评价</td><td colspan="7"></td></tr>
</table>

2. 非表格式

个人简历

基本信息：

姓名：　　　　出生年月：

性别：　　　　政治面貌：

籍贯：　　　　电子邮箱：

民族：　　　　联系电话：

照

片

学习经历：

荣誉奖励：

学生工作：

课程水平：

实习经历：

技能水平：

自我评价：

需要强调的是，上述模板中的内容并非绝对固定，法科生可以根据用人单位的需求自行增加、减少或改变其中的某一项或某几项。同时，非表格式简历形式丰富多样，可以按照求职者本人的个人喜好及用人单位的要求、喜好自行装扮。

二、求职简历的撰写要求

（一）求职简历撰写的基本原则

1. 客观性与真实性原则

客观性和真实性是撰写求职简历的首要原则。它们代表了求职者的诚信意识，其无关于法科生的技能和水平，而关乎法科生的道德素养。新时代下的卓越法治人才应当德法兼修，德在法前，一旦用人单位发现求职简历中的内容有假，便会怀疑求职者的道德素养不够，求职者可能因此失去该单位的录用机会。同时，求职简历的目的是准确展示自己的真实面貌，使用人单位了解自己，从而获得入职机会，所以更偏向于说明文，其目的就是为了就业，切不可过分追求文笔的华丽而舍本逐末。

2. 针对性与突出性原则

求职简历不应当千篇一律或“放之四海而皆准”，应当根据不同用人单位的行业、职业与单位特点、岗位要求，以及求职者的求职意向有重点有侧重地强调突出内容、排列内容的呈现顺序，即求职简历所撰写的内容应当与所应聘的单位和职位具有一定的关联性，能够展现出本人可以担任、胜任这一职位。同时，也不能完全按照用人单位的侧重来布局写作，还应当基于本人的特长和优势，扬长避短，着重将自己的独特与擅长之处安排在简历的重要位置。

3. 形式性和独特性原则

形式性要求求职简历必须按照用人单位规定的要求和形式制作，而不能随心所欲地布置、增删内容；用人单位没有明确说明简历的形式但是说明简历所应当包含的基本内容时，也应当按照有关要求进行；如果没有任何说明，则按照一般的形式，结合突出特长的原则选择合适的形式。独特性原则是指求职简历的形式、内容、材料结构和组合等各方面可以由法科生发挥主观能动性，按照自己的创造性思维组织和选择取舍，充分展示个人的特性。

（二）撰写要求

1. 用词精炼

求职简历应当通过最简洁的文字表达出最主要的内容，因此要尽量使用精练准确的书面语言，一句话表达一个层次的内容，不作文学化地修饰或夸大，以保证准确和客观。

2. 言辞诚恳

求职简历的语气应当诚恳和适当，其写作既不要使用第三人称，也不要使用第一人称，而应当以省略主语或将主语隐含在句子之内的方式进行：一方面，可以避免自我夸大的嫌疑，另一方面也可以使句子更加简洁、精练。写作必须排除修饰语和带有个人看法的字眼，减少强调句，并以具体明确的动词性短语、名词性短语和形容词性短语代替。

3. 语言准确，避免模糊

求职简历应当以事实为根据，因此在撰写时要用事实说话，避免使用空洞的修辞、语义不明确的语句或者具有歧义的语句。如“有显著提高”“有很大进步”等模糊性说法。

4. 布局精巧

求职简历应当构思精巧、书面整洁、详略得当、繁简相宜，最 好将所有内容控制在一页 A4 纸内，重点突出、干净整洁，可以 通过加粗、换色等方式突出重要内容。切忌出现任何拼写、语 法、标点或打印错误。

5. 明确易读

一方面提供用人单位想要的有效信息，另一方面也要排版整洁，字号适宜，便于阅读。

6. 重点突出

针对目标职位突出自己的优势，淡化不足，突出自己与其他竞争者的不同。

（三）注意事项

1. 求职简历不同于自荐信，简历叙述法科生的客观情况，自荐信则是说明法科生的主观情况和求职意向

从某种意义上说，自荐信是对个人简历的必要说明和补充。求职简历作为求职的一份重要文件，其重点在于表明个人的身份信息，展现个人的学习经历及情况、社会时间经历、工作经历、工作经验等内容，目的在于让用人单位全面了解自己，证明自己适合从事用人单位的相关工作。

同时，求职简历也不同于工作简历。后者只是个人工作的一份历史记录表，其仅仅反映自己曾经在什么时间、什么地方做过何种工作。而前者不仅要反映自己在什么时间做了什么、能做什么，还反映了做得怎么样、具有哪些素质和能力等全方位的信息，能够展现个人的综合能力和基本素质，从而给用人单位留下深刻的印象。

2. 求职简历应当减少无效表述，突出自我亮点

据有关数据统计，用人单位平均在每份简历上花费时间一般不超过 1 分钟，因此简历必须在一开始或者第一时间就向用人单位展现自己的优势与亮点，突出自己与职位的匹配度。现今不少的法科生将不必要的内容写入简历中。例如，有的法科生在自己的简历中写入“熟练使用 WPS、Office 等办公软件”“掌握民法、刑法、行政法等法律知识”等表述。信息时代下的大学生熟练使用 WPS 与 Office 是最基本的要求；民法、刑法和行政法等法学核心课程是每一名法科生的必修科目，也是法律职业资格考试的重要内容，所以简历强调这方面的内容没有意

义甚至会起到反作用。

3. 求职简历中常常出现且应当避免的问题

第一，简历过长，废话多、不精练；第二，使用一份简历应对各行各业各岗位，缺乏针对性；第三，文字功底差，语句不通顺，甚至存在语病；第四，语言不准确，过分夸大，不诚实；第五，简历版面混乱、包装欠缺，布局不当，第一印象不好；第六，盲目追求特立独行。简历制作完成后，应当一一核对是否具备上述存在的常见问题，有则改之，无则加勉。

三、英文求职简历的撰写

随着我国国际地位的提升和对外交流活动的不断扩大，尤其是近些年来涉外法治事务越来越多，许多国内外用人单位越来越重视法科生的涉外法律实务能力。同时，也有不少法科生有意愿前往外资律所或其他涉外单位应聘。此时就不止需要中文版的求职简历，往往也需要准备英文版的求职简历。由于中外之间在文化习惯、语言表达方式等方面存在着明显的差异，所以在准备英文求职简历时，切忌直接翻译了事，必须按照英文的表达习惯展现自己，以避免出“洋相”。

英文求职简历在形式、撰写原则等方面与中文求职简历差距不大，需要特别强调的是英文简历的内容、撰写要求以及英文求职简历的用语等方面与中文求职简历的不同。

（一）英文求职简历的主要内容

英文求职简历一般由基本信息与模块内容两个部分组成。

1. 基本信息

基本信息应当放在简历的头部，包括姓名、联系方式、年龄、性别等。姓名应当包含中文姓名的拼写与英文姓名，没有英文姓名可以不写，有英文姓名的建议放在中文姓名拼写后的括号里。邮箱和电话最好使用外国人习惯且容易联系的形式。

2. 模块内容

一般包含四个模块：教育经历——EDUCATION；工作经

历——PROFESSIONAL EXPERIENCE；组织与活动经历——LEADERSHIP EXPERIENCE/ACTIVITIES；其他——MISCELLANEOUS。其他模块一般列出语言、技能、荣誉证书、资质和兴趣爱好等内容。

需要强调的是，英语求职简历的标题一般全部采用大写，或者首字母大写，但所有标题的格式应当保持一致。

如果有项目经历，一般不在英文简历中单独提出，而写入工作经历当中。

英文求职简历不建议写入自我评价、求职意向和期望薪酬等信息。因为自我评价内容过于单一且没有太多有价值的信息，其往往具有拼凑字数的嫌疑，从模块内容中就可以看到个人的基本经历，不需要再进行过多的总结。将评价的职责留给用人单位，自己只需要阐述自己做过什么、具备什么样的技术和能力即可。

外国人一般将求职意向写在求职邮件或简历文件的名称当中，如“Xiao Zhong_ Wonder CV PTA Intern”。同时在用人单位的招聘官网中，一般也会填写岗位或求职意向，不需要重要。

（二）英文求职简历的撰写规范

（1）英文求职简历也应当遵循客观性与真实性、针对性与突出性、形式性与独特性的原则，撰写时应当符合简明精练、言辞诚恳、语言准确、版面合理等要求。

（2）英文简历更习惯用一页表达所有内容，因此内容应当更加简洁精准。

（3）用准动词和时态。可以从英文求职简历动词的使用上基本判断法科生是否专业，具体而言应当包括：①每段描述都应该是动词开始；②开头尽量不重复使用相同的单词3次以上；③注意使用过去时态。

（4）简历文本的具体叙述往往更多的是使用无主句。

（5）发生时间的表达一般为倒序形式，即由近到远。

（6）打印纸张一般设定为A4纸样式。

（三）英文求职简历模板

Xiao Zhong（Allen）

（86）111-222-3333 | Allen@ ha. education. com | Beijing

EDUCATION

Harvard University*Sep* 2020–*Jun* 2022

Law School Civil Law

GPA：3.6/4.0（Top 20%）

PROFESSIONAL EXPERIENCE

XX intermediate people´s court*Jun* 2020–*Aug* 2020

Assistant judge

Responsible for filing.

Coordinate civil cases with judges, their assistants and clerks.

Service of relevant documents.

Regular contact with the parties.

Be responsible for court records.

LEADERSHIP EXPERIENCE

President, The Student Union*Sep* 2020–*Sep* 2021

Hold a Legal Clinic activity to help students to learn.

Be responsible for assisting theteacher to complete various tasks.

Undertake various activities of the college.

Rewards

First class scholarship in August of 2020
Second prize of mock court competition in July of 2021
Excellent students in August of 2022

MISCELLANEOUS

Languages：IELTS 7.5，Mandarin Chinese（Native）
Skills：Legal Professional Qualification Certificate of China
Interests：Violin（Gr. 10）

【课后习题】

1. 请你根据本节所学，制作一份应聘律师事务所律师的中文简历。

2. 某外资律所招聘一名能够在美国开展业务的律师助理，请你根据自身情况制作一份相应的应聘简历。

第二节　笔　试

笔试主要适用于报名人数多的、热度比较高的或者需要具有专业知识、技术能力与文字能力的单位，最常见的如公务员考试、选调生考试、事业单位及大型国有企业招录新员工的考试等。因此，如何应对各种不同类型的笔试，是法学毕业生尤其需要注意的。本节将从笔试的类型、笔试的准备及其方法技巧等方面进行讲解。

一、笔试的类型

（一）笔试的种类

笔试的类型多种多样，根据笔试测试的目的和内容的不同，可以将笔试分为心理测试、专业测试、论文测试、作文测试和综合测试等类型。

1. 心理测试

心理测试的目的是确定法科生的心态、兴趣、动机、性格、个性等心理品质，以及此种心理品质与职业和岗位的匹配程度，从而考察其是否符合要求。心理测试一般需要完成提前编制好的标准化量表或问题，用人单位根据法科生完成的数量和质量来判断其心理状况或个性差异。心理测试的目的是用来测试求职者的心理品质与职业、职位的匹配程度。近些年，心理测试在用人单位的招录选报中发挥的作用越来越大。

2. 专业测试

对于一些特别看重法学理论、法律基础知识以及理论与知识实践的用人单位，往往会采用笔试的方法对法科生进行专业知识的考核，以检验法科生对所需要的法律、法学理论的掌握程度和法治实践能力。专业测试一般考察与所应聘岗位相关的专业法律知识，或者综合性的法律知识。

3. 论文测试

论文测试经常通过论述题的方式进行，用人单位给出固定的题目，由法科生在规定的时间内就该问题展开论述。其所考察的，主要是应聘的法科生的文字表达能力、问题分析能力和逻辑思维能力。同时，也可以考察法科生的基本文化素养。

4. 作文测试

作文测试是用人单位给出命题、半命题或某些特定的要求，由应聘的法科生完成写作，比如限时完成一篇会议纪要，拟定一份会议通知等。旨在考察求职者知识、思维、逻辑和文字表达能力。

5. 综合考试

前述的考试形式，往往专注于某一方面的素养，可能无法全面展现出求职法科生的样态，此时用人单位就可能通过将所有前述测试类型相融合的方式，对求职法科生的综合能力加以考核。综合考试是对应聘者的心理素质、阅读能力、写作能力、分析和解决问题的能力以及知识面等综合素质的全方位考察。

（二）公务员笔试

公务员考试分为国家公务员考试和地方公务员考试两种，前者面向全国进行招考，后者面向当地居民和在当地就读的大学生以及本省生源的大学生。但从 2013 年起，大部分省份放宽了户口限制，非上述条件但符合报考要求的考生也可以报名。

1. 笔试科目

国家公务员笔试题目有《行政职业能力测验》和《申论》两大类，但《行政职业能力测验》根据公共科目 A、B 类的不同分别命题。地方公务员笔试由地方自主出题，不同省份的笔试科目有所不同：北京、山东、浙江、上海和广东等省的笔试科目为《行政职业能力测验》和《申论》；黑龙江省的笔试科目为《综合基础知识》、《行政职业能力测验》和《申论》。法科生要根据所报考的地方公务员招生简章的不同，有针对性地准备复习。但从公务员考试改革的趋势来看，《行政职业能力测验》和《申论》两科正在逐渐成为各个省份的主要考试内容。

2. 笔试内容

行政职业能力测验主要通过客观题的形式考察与公务员职业密切相关的知识，以判断考生是否具备公务员职业的基本素质和能力要素，包括言语理解与表达、数量关系、判断推理、资料分析和常识判断等部分。具体试题会根据考试目的、报考群体情况，在题型、数量、难度等方面进行组合。

言语理解与表达主要测查报考者运用语言文字进行思考和交流、迅速准确地理解和把握文字材料内涵的能力，常见的题型有阅读理解、逻辑填空、语句表达等；

数量关系主要测查报考者理解、把握事物间量化关系和解决数量关系问题的能力，主要涉及数据关系的分析、推理、判断、运算等，常见的题型有数字推理、数学运算等；

判断推理主要测查报考者对各种事物关系的分析推理能力，涉及对图形、语词概念、事物关系和文字材料的理解、比较、组合、演绎和归纳等，常见的题型有图形推理、定义判断、类比推理、逻辑判断等；

资料分析主要测查报考者对各种形式的文字、图表等资料的综合理解与分析加工能力，这部分内容通常由统计性的图表、数字及文字材料构成；

常识判断主要测查报考者应知应会的基本知识以及运用这些知识分析判断的基本能力，重点测查对国情社情的了解程度、综合管理基本素质等，涉及政治、经济、法律、历史、文化、地理、环境、自然、科技等方面。

申论考试是针对给定材料或者特定的话题而展开讨论的考试，包括五种题型：归纳概括题、对策建议题、综合分析题、贯彻执行题（公文写作）和大作文。归纳概括题考察报考者的阅读理解水平和归纳概括材料中要点的能力，需要在找到要点之后对逻辑、内容、语言等进行加工。对策建议题主要考查报考者提出和解决问题的能力，需要找出材料中的问题，然后再提出相应对策措施。综合分析题要求报考者对给定材料的内容和意义进行理解，进行多角度的思考，作出自己的推论评价，一般常考解释分析和评价分析题型。贯彻执行题有不同又多样的文种，正式公文是这类题的考查重点。大作文则要求对给定的一组材料提炼加工，主要考查议论文。

二、笔试的准备

（一）身心准备

1. 保持乐观心态，以积极的态度面对笔试，给予自己积极向上的心理暗示。

2. 切忌过重的思想包袱，减轻思想负担，保持适当的压力。

3. 注意合理安排学习时间，提高学习效率，保证充足的休息和睡眠，尤其是临近考试时，避免考试精神不振，影响发挥。

4. 抽出时间从事户外运动，保持良好的身体状态，放松大脑。

（二）知识准备

1. 注重平时积累，广泛涉猎。常言道："不积跬步无以至千里，不积小流无以成江海。"学习亦是如此。良好的笔试成绩一部分来自于专业的知识学习，更重要的一部分来自平常的积累。笔试所考察的不仅仅是考生的专业知识、心理素质、语言与写作能力，更重要的是考生平常的基础素质的积累。因此，在平常的时候应该注重广泛涉猎，全方位积累知识。

2. 加强系统学习和专题练习。笔试作为一种应试考试，其并非无规律可循，考生可以通过系统学习和专题练习的方法进行集中训练，在短时间内提高自己对笔试题目的掌握程度。所谓系统学习，就是把所学内容当成是一个系统看待，力求从大方向出发指导学习，即在学习和复习的时候不是按部就班地按章节行进，而是先总体概括，再在大框架下逐步明晰细节、完善结构、针对缺陷和不足专攻的学习方法。专题练习则是对某个领域、某个热点或某个具有共性的问题进行专章专节学习，通过大量反复的阅读、背诵和做题，从而找到此类题目中的规律，以提高此类题目的应答能力。

3. 加强阅读能力，准确理解题目。笔试需要在有限的时间内，准确理解题目所表达的意思并作答，如果无法理解题目的含义，把握不清出题人的意图，就无法正确回答题目，更遑论求职应聘了。所以，考生应当重视训练自己对题目的理解和把握能力，通过大量阅读、大量思考，提高自己的阅读能力。同时，考生也可以通过比对答案，将答案的要点与题干对比，找出出题人想让考生回答的要点，以及自己的回答与这些要点的差异，从而有意识地训练自己对题目的理解能力。

4. 找出题目中的关键词，适时转换题目。在笔试中，常常有一些题目表达得比较含混模糊，或者题目问了自己并没有准备到的问题。这时候就需要考生将题目作出一定的转化，包括将复杂的题目转换成一个或几个简单的题目，从而对简单的题目分条分点的回答；或者将自己未准备到的题目转换成相同原理的自己复习过的其他题目。通过转换，既可以对题干中无用的或迷惑性的信息“祛魅”，也可以厘清答题思路，形成答题逻辑，从而提高答题质量。

三、笔试的应对

（一）针对不同笔试形式的应对

1. 专业考试的应对

专业考试是为了考察法科生对法学专业知识的掌握程度，其所涉及的法律题目相对比较基础和简单，只要知晓有关的法条规定，并运用该法条所涉及的法学理论在试卷中作答即可。需要注意的是，在准备专业考试时应当关注基础法学理论和重点热点法条的运用。

2. 职业能力测试的应对

职业能力测试的重点不在于法学专业知识，而在于考察法科生与其所报考的岗位的匹配程度，所以此类题目较专业笔试题目而言更为复杂。它不仅要考察专业知识，还要重点对法科生的心理素质、性格品质、工作态度和思维方式等方面加以考察。

3. 命题写作的应对

命题写作一般会给法科生出具一个特定的题目，使之通过论文或公文的形式写作回答。针对此类题目，法科生需要找出命题中的核心要点，并根据这一要点形成自己的论点，在论述论点时应当注意论据充分、文字通顺、逻辑严密。应对公文写作时，应当注意按照规范的格式清楚表达。如果是行政公文写作，则要注意格式规范，语言简洁，表述清晰。

4. 心理测试的应对

由于心理测试的目的是评判法科生的心理素养，所以应当实事求是，独立思考完成，不要有任何其他的想法和顾虑。心理测试要客观真实地反映自己内心的想法，否则就可能难以找到与自己匹配的职位。

（二）笔试的答题技巧

笔试不仅仅是关于知识和能力的考试，还是有关应试技巧的考试。因此，掌握正确的答题技巧，也是取得高分的关键。进言之，只有掌握了答题技巧，才能在最大程度上运用自己所学到的知识，发挥自己的真实水平。

1. 认真审题，划出题中的关键词

审题是答题的第一步，审题不准确，对题目中的关键词、关键信息掌握不到位，就无法正确回答问题。因此在读题时，应当边读边划，圈划出题干中的关键词，通过对关键词的理解和分析，明确题目的意思。

2. 先易后难，先简后繁

由于笔试题型题目多，时间又有限，所以必须合理安排答题的时间。在拿到试卷后，首先概览试题，对题目的类型、分量轻重以及难易程度作出简要区分，然后确定试卷的答题策略，不会的和复杂的题目可以先跳过，等其他题目全部完成以后，再折返完成。

3. 运用技巧，积极思考

一些试题难度较高，且从多方面考察法科生的基础知识和技能，但智者千虑必有一失，出题者在出题时总会存在一些“漏洞”，考生可以合理运用答题技巧，通过类推、推理或者其他关联方法完成题目。此外，考试时法科生也应该积极思考，努力回想法条和有关法学理论，将法条和理论相互联系、比较分析，从而得出正确的答案。

4. 心态平和，字迹工整

笔试过程中难免会遇见自己读不懂、不理解的题目，或者出现自己不会做、没有复习到或想不起来的题目，在考试时要告诉自己这是一种正常的现象，不要因为一道题目而导致思想紧张或有其他过重的思想负担，依然要给予自己积极的心理暗示，提醒自己一定能想出来，保持心态的平和。书写时，要做到字迹清晰、字体工整、卷面整洁，格式、标点正确，避免存在错别字。

（三）不同题型的答题方法

笔试存在多种题型，不同题型有着自己的答题方法，掌握这些方法，可以防止出现低级错误。具体而言，包括填空题、问答题、选择题、判断题、案例分析题和作文题等。

（1）填空题存在于大多数的试卷中，是一种最基本的题型，用来检查考生对知识的掌握情况。在做填空题时，必须看清楚题目的要求，充分明确空格前后文段、词语的意思，弄清空格在整个文段中所处的位置。阅读题目时，要明确是填写一个词语、短句还是其他内容，必须按照要求填写。

（2）问答题要求考生对试题提出的问题作出回答，包括简答题和论述题。简答题要用简单、清晰、准确的语句回答问题，避免阐述过长，否则有堆叠答案的嫌疑，必要时可以分点作答。论述题则要根据题目，分点分段进行回答，论述题不仅要就问题作出回答，还需要对问题的关联问题和涉及的重要衍生问题进行回答，答题时注意逻辑清晰。

（3）选择题也是基本题型之一，即从已经给定的几个备选答案中选择正确的答案，分为单选、多选和不定项选择。对选择题的回答，可以多运用经验法、排除法、同意重复法、假设法等方法筛选答案。但在运用方法技巧时，要关注题型是单选、多选还是不定项选择，避免使用错误的方法，得出错误的答案。

（4）判断题要求对所给的命题作出明确的是或非的回答。近些年来，一些用人单位还出现了“与题目无关”的选项，这就对考生分析材料、提炼材料观点的能力作出了更高的要求。判断题较多出自基本知识中容易混淆和误解的部分，因此在准备时可以注重此部分的学习。

（5）案例分析题要求考生运用所学的法学知识和相关法条对案例进行分析和解决。在回答此类题目时，应当准确分析题目中存在几种不同的法律关系，并找准每种法律关系的主体、客体和内容，进而正确适用法条，厘清答题思路和逻辑。

（6）作文题要求在规定的时间和空间内完成答题。作答这类题目，应当在短时间内正确审题，迅速找出作文题干中的关键词，明确写作要求。写作之前应当有简要的提纲，在此不宜浪费太多时间，只要能够反映文章基本思路即可。写作时要注意合理分配时间。写完以后也应当加强检查，看是否存在病句、错误的字词和标点符号等。

【课后习题】

1. 简述笔试的种类。
2. 简述什么是公务员考试，以及公务员考试的题型。
3. 简述应当如何准备笔试。
4. 简述笔试的题型及其答题技巧。

第三节　面　试

面试是所有用人单位招聘的必经环节，它能够突破笔试的局限性。在面试过程中，用人单位可以更直观地了解到法科生的知识掌握程度、口头表达能力、人际交往能力和实际操作能力。同时，面试过程中的举止仪态、气质风度、脾气秉性等方面的展现，也能够反映出法科生的道德品质、心理素质、行为习惯等笔试难以反映出的方面。其实，对于求职的法科生而言，面试也是一个比笔试更能展现自己的一个机会和平台，在这个过程中可以充分地展现与表现自己，力争获得求职的成功。因此，本节将着重讲解面试方面的准备和知识。

一、认识面试

（一）面试的概念与功能

所谓面试，是指在精心设计的特定场景下，通过考官与应试者面对面的观察、交谈等方式，考察应试者素质特征、能力状况以及求职动机等的人员选拔方式。

面试具有以下功能：①考察笔试难以甄别的能力和知识；②能够灵活地考察应试者的知识、能力、工作经验和其他特征；③可以补正笔试的失误，为应试者提供第二次机会，以充分展现个人才能、素养；④能够发现高分低能者和冒名顶替者；⑤可以全方位测评应试者的能力。

（二）面试的形式和种类

和笔试相同，面试也存在很多的形式，根据面试内容和要求的不同，可以将面试分为以下几种形式：

1. 结构化面试

遵循固定的程序，采用专门的题库、评价标准和评价方法，通过考官小组与应考者面对面的言语交流等方式，评价应考者是否符合招聘岗位要求的人才测评方法。在结构化面试中，是以工作分析为基础的命题，是同样类似的题目对所有应试者提出相同的测试。

2. 情景式面试

用人单位一般先预设一种情景，提出一系列问题或一项计划，然后再由求职的法科生进入此种情景之中进行角色模拟，完成面试。这样做的目的，在于考查其在具体情况下的分析问 题和解决问题的能力。面试官将会对所有候选人询问同样的问题，然后按预定的答案对被试者的回答进行评价的一种特定的面试方法。在情景面试中，常常引入公文处理、角色扮演、演讲、答辩、案例分析等情景模拟方法。

3. 无领导小组面试

无领导小组面试是一种采用情景模拟的方式对考生进行集体面试。考官通过给一组应试者一个与工作相关的问题，让应试者进行一段时间的讨论，来检测应试者的组织能力、口头表达能力、辩论能力、说服能力、情绪稳定性和团队合作能力。通过考生在给定情景下的应对危机、处理紧急事件以及与他人合作的状况来判断该考生是否符合岗位需要。

面试的种类有三种，包括：①集体面试，即多个求职者在一起进行面试；②个体面试，即用人单位单独对求职者进行面试；③随机面试，即用人单位通过非正式的、随意的面试方式考核求职者的真实情况。

二、面试的准备

当我们在接收到面试通知的时候，说明我们距离理想的 offer 仅差咫尺之遥。正因如此，才应当充分把握好面试的机会，做好面试前的准备工作，这些工作主要包括信息材料准备、礼仪准备和心理准备三个方面。

（一）信息材料准备

1. 对个人信息的进一步准备

实际上在投递个人求职简历时，我们已经较为详细地介绍了自己。但在面试的时候，还应当对自己简历上提到的信息作进一步的细化准备，这是因为用人单位很可能就其对求职简历中的感兴趣或疑问之处作出进一步的询问。另一方面，用人单位也可能会将求职者的简历和本单位的具体情形结合起来提出问题。另外，求职者要准备好自己关于求职的相关材料，如为什么要应聘该职位，你担任该职位的优势是什么，如果应聘上了会如何，这个职位存在哪些问题等。

2. 对用人单位信息和应聘岗位做进一步的了解

对于用人单位而言，更倾向于选用对自己单位有充分了解的求职者。而对于求职者来说，对这个单位了解得越多，就越能找到自己与本单位的结合点，在面试的过程中也就越能够表现自如。单位的信息包括：这个单位是做什么业务的、提供何种服务、组织规模与组织结构如何等。类似的还有本单位的领导是谁、有哪些岗位、领导们的背景和业绩如何、岗位的具体职责是什么、不同岗位之间有什么不同等。除此之外，用人单位的组织基本情况（包括单位名称、地址、电话；产品和服务；工厂、商店、批发部门、分支机构的数量；地理位置、注册地；子公司与母公司的信息等）、组织形象（包括组织在行业内的地位、国内外声誉荣誉、竞争对手、股票价格等）、财政信息（包括行业规模、潜在发展、过去 5 年内的销售及预算等）、企业文化（包括目标与价值观、组织规划等）、工作环境（包括团队工作、职位描述、精神文明环境、员工培训、收入和利益、发展道路、职工评价等等）以及其他方面也应提前进行了解。

3. 自荐材料准备

虽然在投递简历的时候已经提交过一次简历，但是人事招聘的不同环节往往由不同的人员负责，再加上一些公司招聘人员过多，主面试官可能并没有对求职者本人有过多的了解。一些面试官还可能根据求职者的个人简历提出问题，因此仍然需要准备一些自荐材料，包括个人简历、推荐表、协议书、自荐信、成绩单及有关证书等材料。

4. 进行模拟训练

建议在正式面试之前进行多次的模拟面试训练，通过模拟面试可以打磨面试的开场白、面试的自我介绍与总结，也能够根据所面试的职位，针对一些可能的面试问题并做出回答，提高正式面试时的心理素质和水平、提高正式面试的应答能力。在模拟面试中，可以请旁观的同学和老师进行点评，提出意见，从而有针对性地加以改正和练习，保证面试的顺利进行。

（二）礼仪准备

面试是求职法科生与用人单位之间面对面的有目的的面谈，是对求职者最直观的考察。因此形象礼仪、仪态礼仪、见面礼仪、应答礼仪和告别礼仪等个人的礼仪、言谈举止等行为也往往包含在考察范围之内，所以应试者应当提前就礼仪方面做好准备。

1. 形象礼仪

包含仪表和着装礼仪，前者应当以庄重、简约、简雅、大方为风格，化妆要简约、淡雅、清秀；后者应当注重职业化和正式化。

2. 仪态礼仪

由站姿、坐姿和走姿三部分构成。站姿应当挺直舒展，线条优美、精神焕发；坐姿应当高雅庄重、尊重他人；走姿应当动态可人、展现精神面貌。但不论何种姿势，都应当表现出自己的自信、自然、练达和热情。

3. 见面礼仪

包括：第一，遵守时间，诚实守约。一定要在规定的面试时间前做好面试的准备、稳定情绪，并在开始前10~30分钟到达面试单位，绝对不能迟到。第二，要放平心态、沉着冷静，不要害怕或者过于担心面试，一旦害怕就会导致词不达意、错误频出，害怕也会导致面红耳赤，给考官留下不好的印象，从而痛失良机。第三，要遵守礼仪、微笑示人，在等待面试的时候，要对工作人员礼貌有加，进入面试室的时候、听到提问的时候，也应当面露微笑，从容自信地回答问题，以平和的心态完成面试；第四，进入面试房间前要先敲门，不敲门进入房间会给人鲁莽的印象，敲门的声音和节奏也应当正确，进入面试室考官让坐的时候再坐，在考官没有说明前，不要轻易坐下。第五，应由考官先伸手，应试者切勿贸然伸手；拿取和奉送物品时，应当注意双手接取或奉送。

4. 应答礼仪

面试时的语言应当文明礼貌、言辞标准、语言连贯、内容简洁，多使用谦辞和敬语。在回答考官问题时，要先完整准确地称呼其职务，或者用“您”和其他尊称。要做到语言标准、内容完整、表达准确的书面材料，纷繁为简、简明扼要。

5. 告别礼仪

面试结束后，应当有礼貌地和面试官告别：如果被当场录取，也不要过于激动而是先感谢对方。如果需要回去等消息，则可向面试官再次简短表达对这份工作的期待和热爱。如果当场被拒绝，则保持风度，及时结束谈话，不要申辩理由，更不能用不礼貌的语言评价面试过程或对方人才的评价标准。

（三）心理准备

要想向用人单位全面、自信地展现自己，就应当保持良好的心态，做好充足的心理准备，避免因压力或心理紧张而未能良好发挥。需要做好的心理准备有如下几个方面：

1. 建立自信心，给予自己积极的心理暗示

在面试前要始终给自己树立一种信念，即用人单位之所以

通知自己参加面试，就说明自己在某一方面具有特长，符合用人单位的要求，所以只需要自己正常发挥、正常表现、大方自信就可以得到用人单位的认可。更何况，我们已经在面试前作出了充分的信息和材料准备，也对专业知识和该单位有着相当程度的了解，相信自己能够面试成功。

2. 运用合理的方法消除焦虑与恐惧

如果无论如何还是存在焦虑或者恐惧的心态，这时候就需要采用一些合理的方法将这些不良心态加以消除。实际上，面试过程中的种种不良情绪均来自于一种未知和不可控的状态，即自己不知道考官会问什么问题、不知道自己能否顺利应答这些问题、不知道自己的竞争对手是什么水平和能力范围的，等等。要消除此种未知状态，最根本的还是在于前期信息材料的充分准备，还可以通过调整呼吸、转移注意力等方法加以缓解。还有就是一定多次有意识地模拟练习，通过反复模拟面试，可以多次练习想象出来的话题和场景。等到真正面试的时候你可能发现这些问题和场景你都经历过了，你已经有足够的信心应对它。

3. 寻求他人的帮助

如果自己无论如何也克服不了心理上的负面情绪，或者在面临重大问题时，不论怎样也解决不掉，那么可以向朋友、家人、老师甚至心理专家寻求帮助，让他们给予自己合理的建议，消除自己的思想和心理负担。同时，也可以在面试前与自己的职业生涯规划导师或顾问交流讨论有关问题。

三、面试的技巧

（一）面试言谈原则

1. 展现真实自己，态度坦诚

面试时切忌伪装自己，不要刻意地表现或掩饰，真实地展现性格与实力即可。刻意伪装和掩饰会有诸多漏洞，极其不自然，很容易就被考官所发现。即便通过了面试，也可能会因为自己的表现并非真实而导致自己没有找到真正适合的岗位。因此，必须以坦诚的态度面试，不伪装掩饰。

2. 平等心态交流，展现风度

面试时固然应当保持谦逊的态度，但是也不能因此而将考官置于“高高在上”的位置，态度上谦逊，但心态上应当平等看待考官与自己。这样可以保证自己没有过多的紧张情绪，也可以抱着一起交流、讨论问题的态度来坦率交谈，展现自己的观点，从而展现自己的气质、素养与风度。

3. 展现专业水平，体现高度

在回答面试的问题时，要善于将法条、案例以及事件与法学理论结合起来，表现出自己既知其然，也知其所以然。同时，回答的逻辑性也是专业度的一种体现，杂乱无章的回答会让考官认为面试者是在胡乱堆叠答案，因此应当注意答案前后的逻辑顺序和起承转合。

4. 增强可信度，保持热度

回答面试问题不应当用模棱两可的语言，尽量减少“可能”“也许”“大概”等类似词汇的运用，这样会让考官认为面试者相关的知识储备不足，“知之为知之，不知为不知”，在遇到自己确实不知道的问题时，应当如实告知并提出其关联问题或自己的想法以及将来学习的热情。交谈中应时刻展示自己的热情，做到主动问候、精神饱满与悉心聆听。

（二）面试言谈技巧

1. 回答技巧

在回答问题时，应当抓住问题的重点和核心，条理清晰，结论在先论述在后。同时应当讲清事情的前后原委、避免空洞抽象的叙述，既要防止问什么不答什么，也要避免问什么只答什么。如果遇见自己没有理解清楚的问题，应当以礼貌谦虚的态度将问题复述一遍，按照自己的理解解释此问题并询问考官所问的是不是这样的意思，以确认问题的内容，防止答非所问。

问题回答完以后，要告诉考官自己作答完毕，并保持适当的沉默，等待考官的追问或下一步提示，并保持最佳的状态、好好思考答案。当然，在一些面试中有考官会不断追问，此时应当保持微笑、冷静对待，做到处变不惊。如果有自己不明白或说错的地方，及时承认改正，并表达自己的感谢与加强学习的态度，而不能反讽相讥，恶语相向。

2. 提问技巧

一些用人单位会设置专门的提问环节，让求职者自己提问，来判断求职者本人的需求、态度、主见和思考。对于求职的法科生而言，好的提问是推销自己的有效方式，其可能胜过一次完美的回答，所以应当注重提问的技巧。

所有的提问必须紧扣目标岗位，工作任务和职责。可以询问报考岗位的职责以及平时的挑战，在这一职位上对方的期望以及希望取得什么样的成果，这一职位与所属部门的关系、其具有代表性的工作任务是什么等。在提问完后应当礼貌地表达自己对用人单位回答问题的感谢之情。

在用人单位回答完毕之后，也不能直接结束了事，而应当就这一问题的延伸话题和自己针对这一问题的想法、做法告诉用人单位。

3. 谈话技巧

谈话中要保持尊重谦逊的态度，注意变通，不要固执己见、刚愎自用；要有问有答，不要独占话题和插话，不要说与面试主题无关的话。

谈话还应当注意对方的反应，找准谈话的氛围和时机，适时调整自己的语言和行为模式，如果对方的神态表明对某个话题或答案失去兴趣，则应当用一两句话及时收起，并转向新的方向回答。

谈话要有良好的口语习惯，即应当流利表达、语速平缓、用词得当，避免结巴。还要发音清晰、声音自然，语调得体不夸张、自然不做作，尽量减少使用语气词、口头语，多用正式语言。

4. 礼仪技巧

首先要留下良好的第一印象，如时刻保持微笑、从容自然，准时到达地点，注意礼节、善于倾听，适度赞赏对方，使用正确态势言语等。其次要着装得体，即着装正式整洁、简单大方，充分展现个人气质，头发也应当整齐清洁。

（三）面试注意事项

1. 面试过程中的注意事项

面试言谈中应当注意以下几点：①切忌迟到失约；②切忌与考官“套近乎”“拍马屁”；③切忌否认、数落、讽刺他人；④切忌说谎及长篇大论，保持客观真实以及表达精确清晰；⑤切忌逞强好胜、耍小聪明；⑥切忌使用过多俗语、口头语和语气词及无意义的词语，如“呢、啦、吧”“然后……然后……”等。

2. 面试结束后的注意事项

面试结束后要注意回顾总结，即对自己在面试过程中遇到的疑难问题进行回顾，重新思考。在面试结束时，如果有新的答案可以尝试申请再次作答，没有新的答案则可以表示自己回去以后会继续思考，并注意将思考的答案以邮件等形式回馈给对方，然后再表达感谢之情。尽量记录下所有的面试细节，万一落选了，也应当向对方表示感谢并请教有哪些欠缺，以便今后改进。

【课后习题】

假设你接到了某律师事务所的面试通知，请你在第二天上午9点到律所参加面试，根据本节的学习，请组织并参与一场模拟面试。

第十章 | 从校园走向职场

【学习目标】

1. 了解法科生和法律职业人的差异。
2. 理解法律职业角色转换的要求。
3. 掌握角色转换应提前做好的准备。

第一节 从法科生到法律职业者——角色的转变

【案例导入】

小张作为一名政法高校的法学硕士毕业生，通过多轮面试，终于进入了理想的律师事务所实习。面试官告诉他表现优异可以有机会留用。面对非常珍贵的留用机会，小张努力做好上级律师交办的各项工作。但是作为“新手”，小张在工作1个月后感受到了极大的不适应。小张通过了法律职业资格考试，认为自己有非常不错的法律功底，但是在接待当事人的时候，小张发现自己的知识和实际的需求之间存在着不小的差距。

作为一名新手律师，在一桩民间借贷的案件中，小张自以为在和当事人咨询的过程中非常妥善地问清了事件的来龙去脉、当事人的诉求、相关的证据情况。但是主管律师在阅览过相关材料后，认为小张的这次咨询是比较失败的。首先是没有和当事人确定代理意向，成了“免费”咨询；其次是对案件的细节把握完全不充分，比如出借的资金是否是自有资金？当事人之间是否有其他基础关系？主管律师告诉小张对于当事人虚假诉讼的问题必须保持绝对谨慎，之所以要更加详细地和当事人沟通，就是要判断当事人的诉讼诚信，去观察当事人表述的是否有矛盾和不合理之处，绝对不能使自己陷入当事人借贷案件引发的虚假诉讼中去。而小张的咨询虽然从大的方向上没什么问题，但是缺少很多关键细节，使得这次代理陷入了被动。

案件外小张也感受到了不适应，快节奏的工作，高强度的会议和讨论几乎吞没了小张除了吃饭睡觉的所有时间。之前一直坚持的健身这一个月也没有再去；因为没时间陪伴朋友也遭到抱怨；实习律师的工资也远没有小张设想的高。一切的压力让小张感觉自己的职业生涯“十分灰暗”。

一、法科生与法律职业者的差异

案例中小张所遇到的情况并不是个例。法科生通过法律职业资格考试之后，无论对于进入检察院、法院工作或是成为律师都有比较高的职业期待，渴望在自己选择的道路上充分施展自己的才华。但在实际的工作中，有些毕业生会发现自己的理想有“美满”，现实就有多“骨感”。事实上，法科生在学校学习甚至实习都和真正工作存在非常大的区别。学习时的自由和愉快，有很多试错机会。工作以后会发现工作中遇到的问题远比书本上的案例复杂，经验不足，考虑不周很快转换为工作之后的压力。以律师执业为例，初入律师行业，都会经历实习期、成长期，这是律师执业最艰难的时期，各方压力极大，主要压力表现为：

（1）知识能力及经验不足，不清楚部分法律实务操作流程及解决方案，业务压力较大；

（2）业务拓展能力不足，业务量小；

（3）收入水平较低，经济压力较大；

（4）时间及其他成本投入较大；

（5）业务工作多为基础性工作，相对枯燥乏味。

律师职业所面临的各种困难，很大程度上能体现出法律职业者初期所面临的困难，其背后是环境变化引发的一系列连锁反应。下面，让我们来对比校园环境和职业环境的差异，了解如何适应法律职业的起步阶段，消除对完全陌生环境的紧张感，为从事法律职业做好必要准备。

二、校园环境和职业环境的差异

环境上的差异是从校园走向职业道路上最明显的不同，无论是外在的穿着打扮、从事的工作或是心态的变化，校园环境和职业环境在许多方面都有着不同甚至是相反的倾向。因此要客观冷静地面对环境的变化，尽快适应新的环境，不可以用消极负面情绪去对抗环境变化引发的不适应感。

序号	校园环境	法律职业环境
1	压力小	压力大
2	可自由支配时间多	工作安排时间多
3	周六日，寒暑假	休息时间少
4	学习成绩是主要评价标准	业务能力是主要评价标准
5	法律学习者	法律应用者
6	模拟性质、允许犯错	事关当事人权益、不能犯错
7	任务、目标清晰	任务、目标模糊
8	人际关系简单、矛盾较少	人际关系复杂、矛盾较多

续表

序号	校园环境	法律职业环境
9	有标准答案	很少有标准答案
10	生活费为主，较少规划	需要考虑自身财产管理

（一）老师和领导比较

关于学校“老师”和单位“老板”的差异，许多人都已经做出了非常精辟的论述，但是对于法科生而言，法律职业有许多不同。对于律师而言目前比较普遍的是“师徒”模式、“团队”模式。律师执业中前辈的角色更加多样，一方面他们是领导或者老板，负责我们的薪酬、工作的安排；另一方面他们也是“师傅”“老师”，很多时候会手把手教你案件处理和律师执业技巧。当然这不能一概而论，也有不少前辈与实习律师的关系就是领导与被领导的关系。

序号	你的老师	你的领导
1	引导为主	布置任务
2	传授知识	要求完成任务
3	可以较为平等地对待不同学生	有时会有偏爱、独断
4	不传导压力、较少批评	压力传导、批评较多
5	对犯错误很包容	对犯错误很严格

（二）同学和同事的比较

同学和同事的转换体现为一种人际关系的转变。校园中同学关系是陪伴和共同成长，而工作中同事关系则微妙得多。

序号	你的同学	你的同事
1	陪伴为主	业务合作为主

续表

序号	你的同学	你的同事
2	关系亲密	彼此较为礼貌
3	较少有直接利益冲突	可能有利益冲突
4	可以选择和谁交好	无法选择同事是谁
5	包容缺点和错误	对缺点和错误较严苛

（三）法律的“纸上谈兵”和实践操作的比较

美国著名法理学家博登海默曾说：“如果法律制度的主要目的在于确保和维护社会机体的健康，从而使人民过上有价值的和幸福向上的生活，那么就必须把法律工作者视为社会医生。”由此可见，法学就像医学一样是一个高度实践性的学科，必须依赖于长期的实践和积累。作为刚刚从校园走出来的法科生，无论是作为一名法官助理、书记员抑或是实习律师、法务实习生，对法律职业工作的具体内容都知之甚少。对法律的具体运用和在社会中的实现方式存在一定的认知偏差，这与法学教育与法治实践相对脱节不无关系。

序号	法律“纸上谈兵”	法律实践操作
1	法律条文的应然规范	实际适用的客观情况
2	理论上完全规范的程序	实践中简化和变通的程序
3	对理想价值的追求	对实际权益的分配
4	主要以法律规范学习为主	包括大量操作规范
5	注重逻辑思辨	注重实际结果

第二节　法科生在校期间应做的准备

【案例导入】

小李是一名新入职的实习律师，在工作中小李认真负责，十分努力表现自己，争取了不少宝贵的锻炼机会，但是小李在学校期间并没有认真练习如何撰写法律文书。到了实际工作中，在撰写法律文书时深感力不从心，他战战兢兢完成工作后，又被主管律师发现其撰写的法律意见书、当事人委托的起诉状，出现了格式错误、错字漏字、表达不规范等许多问题。主管律师批评他说："法律文书是律师的基本功，也是律师的生命线，这种基本职业素养必须尽快达标。"小李非常惭愧，但是又不知道该如何是好……

法科生应了解法律职业对求职者能力与素质的一般要求，在校期间提前进行有针对性的准备。本节将按照"法律职业要求——在校期间准备"的结构进行梳理，帮助大家更深入地了解法律职业工作内容与要求，并为提高工作能力进行必要的准备和调整。

一、表达能力培养

（一）法律职业的表达能力

法律职业的一个重要特点即不仅需要不断"输入"各类法律知识，还要学习并掌握"输出"的能力。具体来看，法律职业人的表达能力包括文字表达能力和语言表达能力两方面，在职业发展中都占据非常重要的位置。

文字表达能力是法律职业的重要能力，但是在课堂学习中却鲜有针对的练习和培养。法律职业者无法避免的工作就是书写各类法律文书，以律师执业为例，一个律师的书面表达如何，与知识、阅历、信息接受及文化程度有关。诚然，无论是从事诉讼代理还是辩护业务，抑或是非诉讼顾问，都离不开文字表达。起诉状、代理词、辩护词、合同等都需文字表达来完成。在实务中，有时会出现律师写了大篇幅的辩护词，但是内容却不突出，逻辑混乱，甚至有些语句都不通顺。这不仅会影响实际案件处理中的效果表达，还会被相关当事人质疑专业性。语句不通顺，表意不精确，文字不精练，都是非常常见的文书表达能力不足的体现。法律文书在语言上的要求应该是精练、准确、朴实、庄重。而对于体制内的公、检、法机关来说，法律文书的规范性尤其重要，尽管你只是新入职的“小白”，但是你撰写的文书同样加盖机关单位公章并产生法律效力，因此不容半点马虎。对于企业法务来说，一点点文字错误都有可能导致企业蒙受巨大的经济损失。

法律文书是一种特殊的文字表达形式，是以文字的形式表达各方意见、权利和义务的。因此法律文书的表达有很高的要求，既要有形式上的美感也要有内容上的清晰和严谨，便于阅读和理解。法律文书的要求主要包括：

（1）专业性要求。法律文书不是写小说，不是挥洒文学天赋的地方，而是要求内容必须符合规范。内容的逻辑必须与法律对应，不能脱离“法律的准绳”，信马由缰。

（2）规范性要求。法律文书大多有一定的固定格式，必须符合固定格式要求，内容上力求准确，避免出现错别字等低级错误。

（二）表达能力培养

文字表达能力是后天能力的一种，是可以通过系统训练得到的，文字表达能力的培养绝非一朝一夕，必须在大学学习期间就开始有意识地培养。对于法律文书写作能力的培养和要求有不少专门研究，这里仅针对在校园向职业转变过程中文字表达能力的提高方法进行简要阐述。

一方面，要学会日常积累“好”的表达。在阅读文献和日常写作过程中，总是会遇到一些“好”的表达。可以通过积累日常表达，在潜移默化过程中积累“素材”。这种记录没有过多的条条框框，可以是词藻，也可以是表达结构。法律素材的积累和工作内容相关。如果是在律所工作，可以多关注律师的文书写作。如果是从事政府部门工作，则应当多关注一些好文章，多熟悉最新的精神、政策、方针，用最新的理论成果武装头脑。

另一方面要训练法律思维，运用法律思维进行写作。无论是批判性思维，“三段论”的基本论证结构，抑或是法律规范术语的表达，都是法律思维在写作中的运用，必须学习掌握。

第三就是勤加练习。对于法律人而言，无论是律所文件的起草、法学论文写作，还是政府公文，在写之前的第一步一定是模仿，因此一定要善于模仿。模仿的前提和关键是要找到好的模仿对象，在律所，带你的律师就是最好的模仿对象。当然，最重要的还是要勤于练笔，不要有畏难情绪，在日常工作中积极承担一些文字工作，好文笔都是写出来的。

语言表达能力是法律职业的重要要求。学生阶段，我们“抛头露面”，展示自己的观点和看法的机会并不多，但是作为法律职业者，我们需要解答当事人的法律困惑；作为一个团队负责人，我们需要展示项目成果，分享经验，向领导阐述。这一切都有大量的语言表达能力要求。培养语言表达能力的方法与文字表达类似，都需要勤加练习，这就需要我们在学校学习期间主动参与相关活动，例如辩论比赛、课堂展示、模拟法庭等，以此来实现个人语言表达能力的精进。

二、抗压能力培养

法律职业的压力，一方面来源于工作本身，比如一天时间里突然有好几个客户都有很紧急的事情需要你处理，或者一个案件或项目在很短的时间内需要完成等。另一方面，也来源于当事人和律师自身。当事人往往会对法律职业者抱有很高的信任和期待，希望他们能够充分维护其权益，实现其期待的结果，这往往会让法律职业人承受着不能负人之托的压力。以律师职业为例，有一些很有能力的律师经常是同时进行十几个项目导致连续几个月睡眠不足，有的可能需要一天十几个小时盯着电脑写作；有的可能需要连续开会数十个小时。就我们法科生自身而言，压力则来源于自身发展的需求，在处理复杂繁重的日常工作之外，还要不断学习提升自我，思考职业发展的路径等。面对这些压力，法律职业者需要有条理、准确地完成各项任务，这就需要良好的时间管理能力。

作为法律职业人，随着年龄的增加，还会叠加多重身份。舒伯基于原有的发展阶段理论，结合角色与生涯发展阶段互相影响的不同状况，提出了一个全面的概念：生涯彩虹图。在我们走向社会的过程中，基于身份的扩充，来自各方的压力也陡然变大，这时候我们不仅需要消化工作带来的压力，还需要去努力平衡生活中的压力，这就更加需要我们管理好时间。然而抗压能力的培养绝非一朝一夕可以完成的，需要在校期间就着重培养。

三、情商培育

（一）法律职业的人际交往

人际关系是人与人通过动态的相互作用形成的一种社会性关系。对于法律职业人来说，相关的专业知识是必备的工具，同时基于“法律职业调整社会关系”的基本定位，处理好人际关系也至关重要。从校园走向社会，一个很大的不同就是需要直面纷繁复杂的人际交往。个人事业的成功，如果单靠自己的力量去努力是一分耕耘一分收获，如果借助别人的力量，可以一分耕耘，数倍收获。美国有句谚语：一个人能否成功，不在于你知道什么（what you know），而在于你认识谁（whom you know）。对于法律职业中的律师工作来讲，人际关系尤其显得重要，律师要增加业务收入，需要有取得业务的机会，而业务机会的取得，则需要广泛的人脉。所以律师要走出自我封闭的小圈子，多参加社会交往活动，建立有效人际关系网络。在与人相处时，要学会接纳不同性格的人，多站在对方立场上考虑问题。

作为职场人，我们还应当注意人际交往的“退化”。综合起来，导致关系退化的原因有很多，包括空间上的分离、新朋友替代了老朋友、不喜欢对方的行为或者性格上的某些缺点、交换回报水平的变化、没表现出信任或情感支持等。工作中的人际交往更多停留在表面接触阶段，因此就要求必须得体、适度、得当。

（二）在校期间的情商培育

从校园走向社会，面对更加复杂多变的职场环境，最需要我们调整的就是人际交往中的“情商”。所谓情商实际上并无具体的定义，只是形容人在情绪、情感、意志、认知、抗压等方面的调节和适应能力，情商反映的是个人与社会能否达到一种和谐的关系，包括在与社会中的人交流、往来过程中，能否让人感到舒适。大量研究显示，情商较高的人在人生的各个领域都具有较大的优势，而学者基于“能力模型”进行分析，发现情商是高绩效者与普通绩效者的重要差距。与智商不同，随着环境的不断变化和经历的不断丰富，我们可以不断地吸取教训，变得越来越善于管理个人情绪，善于自我激励，善于更加真诚、明智地与他人相处，也就是所谓的变得“成熟”。因此，作为在校学生，必须有意识地在这个“小社会”里去培育情商。

作为一名法科学生，首先我们需要培养情绪的自我管理能力。因为在法律职业工作中，往往不允许过多地掺杂个人情绪，这会给我们的专业判断和选择带来负面影响。工作中的人际交往尤其要求情绪控制，不能像对待同学、老师一样表达自己的焦虑和不满。作为成年人需要在工作上表现出专业态度，例如在与律师同事的交流中，即使对方冷嘲热讽，我们也要克制、谦让。从长期来看，提升情绪管理能力首先需要提高个人情绪的认知能力。其次，我们还需要提高识别他人情绪的技巧。善解人意往往被认为是高情商的一个表现。能够感受到对方的想法、感受可以有效帮助我们理解对方、实现和他人的和谐共处。在法律职业中，我们需要准确识别老板、同事、朋友的情绪并作出不同的应对，有效的工具包括积极聆听，谨言慎行、协调安排等方法。在步骤上来看，包括主动接纳、感受，然后给予一定回应的过程。最后，在情商的培养过程中，还是“纸上得来终觉浅，绝知此事要躬行”，这就需要我们积极主动去参与人际交往而不是固步自封。在与他人的交流、合作的过程中实现情商的不断提高。

我们在情商培育中还需要格外注意：①功利原则。心理学家霍曼斯指出，人与人的交往本质上是一种交换的过程，更加功利的说法是一种互相的“利用”。在此基础上，不值得的交换是没有理由去实施的，不值得交往的关系也没有理由去维持。如果基于此理论进行分析很容易发现，在工作中的人际交往，更多了一份“功利”色彩。对于此问题，我们也不必焦虑，充实自我才是人际交往的第一法则。②自我保护。在人际交往中，要注重自我保护，在工作场景下，存在对方基于各种冲突或者不满而针对行为，也有可能会在你背后“打小报告”等情况，因此必须学会自我保护，要学会不要被他人的恶意所影响。

第三节　法律职业生涯的启航

【案例导入】

小白是一名刚刚入职的实习律师，她的主管老师是一名资深的涉外法律师。小白有着出色的工作能力和时间管理能力，但是在工作一段时间之后感受到了巨大的沮丧和不适应，主要是因为老师布置给她的任务和想象得相差甚远，一是工作量大，经常需要紧急熬夜完成；二是有大量英文工作需要翻译，过程十分痛苦；三是付出得不到应有的回报；四是主管老师非常冷漠、严厉而少有赞赏。这种痛苦又负面的情绪时刻萦绕着她，加之还有生活中的琐碎小事需要处理，让她的情绪时常崩溃。那么小白该如何调整呢？

作为即将步入职场的法科生，如何积极准备、应对和适应法律职业可能的挑战就成为重要的问题。对此，我们可以按时间线分为两段进行有侧重的准备，在初入职场、刚刚进入工作岗位时，我们应当努力适应环境，积极工作、努力学习；而在工作一段时间之后，则要做一些进阶的准备，从能力和心态等方面积极地进行调整，这样才可以实现“学习—工作”的完美接轨。

一、步入职场时的“初阶准备”

法科生在校期间学习的知识和所做的准备与实际工作会有不小的差距，尽管在步入法律职业前已经做好了心理准备和职业指导，但是当对职业的憧憬变为现实的工作时，依然会感到迷茫和不适应。在这种情况下，如何进行调整以适应变化的职业环境，完成从法科生向法律职业者的身份转变，就成为我们在职业生涯起点上的重要课题。

(一) 适应环境、融入组织

法科生初入职场的最大的课题就是如何适应工作环境。环境的适应有方方面面，但是核心还是要融入组织，成为单位的一分子，找到归属感。以工作的融入为核心才能帮助我们形成新的社交圈、新的生活节奏。那么，如何才能有效地融入一个组织呢？

1. 理解并遵守组织的规范和要求

作为一名新员工，应当认真对待入职培训。培训的内容除了基本的业务知识外，更重要的是组织规范的培训。认真参加培训对于了解单位历史、组织文化有重要的作用。遵守组织的规范和要求需要我们在日常工作中做到谦虚谨慎。身处一个陌生的环境，谦虚谨慎是必不可少的。在对单位领导、身边的同事还不够熟悉的情况下，不要急于表现自己，给人锋芒毕露、不够含蓄的感觉，不利于我们开展工作。

2. 行为举止要落落大方

作为刚刚工作的法科生，很多时候会表现得比较腼腆，羞于交流。谦虚不代表过度的封闭自己，要大方地和同事打交道，亲切地打招呼，尽可能多地和身边的人沟通。在这个过程中自然而然地就可以和同事熟络起来，自然也就会了解每个人都在做什么，你的工作岗位在单位承担什么样的角色等。在一个法律职业人的世界里，通过以自己为中心不断认知身边的人和事，自然而然地就会对自身所处的环境和工作熟悉起来。随着与同事相处越来越融洽，慢慢地我们也就接纳和适应了自己的工作岗位。

3. 增强团队合作意识

法律工作往往不是单打独斗可以完成的，无论是律师工作还是公检法的相关工作，一般都需要上下级、相关同事密切配合。初到工作单位，由于对新的工作内容不熟悉、对新的团队不了解，我们往往会产生一定的戒备心理，担心自己出丑，既想展示自己又害怕出错。主动融入团队，首先需要在心理上认同身边的同事，核心是要“主动”，主动认识同事、主动与他们交流、主动为团队做贡献等。在主动的过程中，并不是要求你过于自我，而是强调主动中的全局观念，要努力实现个人利益和集体利益、个人价值和团队价值的双赢。

（二）端正态度、完成任务

作为一名刚毕业的法科生，刚开始从事专业工作，往往会感受到茫然无措，甚至被各种各样的困难难倒。为了积极应对初入职场的不适与困难，我们应当从以下方面进行准备：

1. 积极主动

在刚开始的时候，法律职业者往往不会参与到核心工作中，更多的是处理一些平凡琐碎的事，例如法规检索、案情梳理、程序性材料的整理等。对于此类工作我们也需要有积极主动的精神，虚心请教、不怕困难、积极热情地开展工作，发挥自己的能动作用，主动解决工作中的各种问题。

2. 脚踏实地、摆正心态

正所谓“满招损，谦受益”。如果想提升职业能力，可以先把自己想象成“一个空着的杯子”，而不是骄傲自满，固步自封。初出校门，我们很多时候都充满了激情和抱负，想要成就一番事业。但我们在单位工作的实际情况往往琐碎、繁杂，于是可能会产生迷茫。此时，就必须摆正自己的心态，踏踏实实从头开始。作为新人，就是需要一步一个脚印、一丝不苟地完成每一个任务，这样才能积累宝贵的经验，为成长积蓄力量。

3. 有责任感

同样的工作由不同的人负责往往会有不同的结果。可能有人敷衍了事，有的人就细致严谨，这就是对待工作有无责任感的区别。法律职业者必须树立比较强的责任意识，法律本身的严谨性及法律职业往往关系他人的权利义务的特征，要求我们不能出现纰漏和失误。在工作中，我们每一个小的失误都可能造成无法挽回的损失，因此对待法律工作，事无大小，都要认真细致、准时准确，体现一名法律职业人的专业能力。

（三）学会做事、学会做人

任何法律工作都不是孤立的，作为法律人本身也是“社会人”。法律工作内容大多是人和人相关的利益关系，从这种意义上说，法律职业不仅是做事，更是做“人”。学会做事做人对于我们适应工作环境、提高工作效率有重要意义。

1. 要重视第一印象，打好人际关系基础

职场的新人往往是单位同事关注的重点，给同事留下好印象是十分重要的，不仅是简单的给其他人的印象和感觉，更会深刻地影响之后的工作开展和职业发展。因此，在刚刚到达工作岗位时，一定要注意自己的言谈举止。比如作为一名律师，你的衣着打扮是否符合职业素养的要求、你的发型、发色是否符合法律人的要求，工作态度是否端正积极，能否给人专业、职业的感觉都是你第一印象的重要影响因素。

2. 处理好与同事的关系

在单位中领导和同事都是我们重要的人际交往资源，同事的经验或教训都将是我们职业生涯中的宝贵财富。与领导同事相处融洽对工作顺利的开展具有重要意义。在法律职业中，尽管很多时候都是扁平化管理结构，但还是会出现和领导意见有分歧以及细枝末节安排上的“矛盾”。这时候切不可到处宣泄表达不满，这些闲言碎语被传来传去，到了领导耳边往往就会走样，这会对我们产生不好的影响。如果在工作的内容上有一些分歧，应当辩证地处理和对待，不仅要克服困难、迎难而上地完成工作，也要适当和领导表达自己的意见和看法，最好根据领导的性格和脾气在合适的时间、地点去沟通，讲究说话的艺术和方法。在和同事相处中，我们也需要虚心请教，不要戴有色眼镜看待他人，做到互相尊重，换位思考，积极配合，不设障碍。

3. 减少计较、避免冲突

作为新入职的员工，要尽量避免和他人产生冲突。有时候要有“吃亏是福”的心态。需要思考，你的冲突是否会对他人的工作、团队的工作产生负面影响？当你的冲突多了，你在同事眼中的形象也就会发生变化，最后往往会使自己变得孤立。因此，作为新人很多时候要学会豁达、宽容，适时退让，豁达的人生态度无疑会赢得身边人的好感，也会带给你一些“无形的回报”。法律职业的人际关系处理也是职业生涯发展中的重要课题。

二、职业适应期的“进阶指南”

进入职场度过最初适应期之后，职场新人也需要开始考虑职业发展的问题，初入职场如何使得职业生涯发展步入正确的轨道也是 法科生需要面对的重要课题。在日复一日的工作中，法科生会逐渐发现工作给自身带来的潜移默化的变化，这时候就需要一些“进阶”的锦囊妙计，来进一步提高工作能力，实现职业生涯的完美启航。

（一）不断提升工作能力

合抱之木，生于毫末；百丈之台，起于垒土。在法律工作中，无论从事法官助理、实习律师抑或是其他法律职业，做好本职工作都是十分重要的。提高业务能力可以从以下几方面开展。第一，认真参与岗位相关的培训。初入职场都会安排岗前培训，旨在帮助新入职员工充分了解单位文化，认识工作内容。第二，要保持学习，学无止境，无论在哪个行业，不学习很容易就会被淘汰，就算在学校学习了很多专业知识，也可能没办法应对新出现的情况，培养终身学习的意识可以让自己在职场中变得更加优秀。特别对于法科生而言，法律是有生命力的，法律条文都在快速立、修、废，各种司法解释层出不穷，各种新制度应运而生，如果不坚持学习就无法适应法律的变化，终将会被淘汰。第三，重视经验的积累。首先，我们需要认识到经验积累的误区：它不是简单地对已发生事情的分类归档。同时，也不是单纯收集工作信息。经验积累能力可以尝试运用ORID焦点讨论法不断思考。通过四个层次循序渐进的提问，引导回答者从事情的表象开始进行深层次的思考，并最终作出总结的过程。

Objective——事实，也即在工作中所看到与听到的客观事实。

Reflective——感受，记录下自己在面对事实时的情绪反应。

Interpretive——反思，从价值观、目的、意义、观点等侧面对着反思这些感受的根本来源。

Decisional——决定，自己下一步的行动或规划。

通过进行ORID的循环，对工作中的事件进行经验积累，可以有效地促进我们学习进步。

所谓“学习工作化，工作学习化”，就是要在学中干、在干中学，两手抓、两不误、两促进。因此经验积累和工作并不矛盾，经验积累对工作有很大的促进作用。在经验总结的基础上，我们在工作中还要学会复盘。总结和复盘有比较大的区别，具体来说，总结是对过去事件的梳理，对已发生的行为和结果进行描述、分析和归纳，它关注一些关键点和里程碑。复盘除了包含总结的所有动作外，它还对未发生的行为进行虚拟探究，探索其他行为的可能性和可行性，以找到新的方法和出路。

复盘和总结最显著的一个区别是推演，复盘的关键是推演。总结是静止的，复盘是动态的。总结是平面的行为，复盘是立体的行为。复盘主要有6大步骤：回顾目标、叙述过程、评估结果、分析原因、推演规律、形成文档。6个步骤中，最核心的是“分析原因”和“推演规律”。分析原因需要我们有问题意识，首先找到不一致的地方，然后针对这些不一致的地方提出一个问题：这是为什么呢？问出这个“为什么”，我们就进入了研究分析的轨道。推演规律总结出来的符合因果关系的具有普遍性和一致性的规律，具有解释和指导的功能。在我们推演的过程中，要通过多个证据链条来交叉证明，帮我们得到更多有价值的结论，并有意识地运用总结的规律指导实践。

作为法科生，我们从事的法律工作很大程度上也是经验性的，而办理案件本身就是一个不断积累、总结、复盘的过程。

根据上图，不难发现在复盘的过程中，我们要秉持一种积极、开放的心态，真诚叩问自己的内心，接受他人的批评，这对于我们适应工作内容、处理好同事关系都具有非常重要的意义。

（二）工作中追求卓越

想要成为一名优秀的法律工作者，就需要在业务能力上下功夫，有追求卓越的目标。有时候我们会困惑，为什么别人完成工作有条不紊、又快又好？因此，作为一名进阶的法律工作者，需要我们掌握在工作中做到精益求精。

首先，要追求精细化。很多时候我们都是抱着一种“差不多”的心态去完成工作任务。胡适还写过一篇寓言故事叫《差不多先生》，鲁迅曾专门讽刺过“差不多”现象，这位“差不多先生”做事马马虎虎，经常犯错却不以为然，最终因为找错医生而一命呜呼。故事虽然滑稽，但其背后的寓意发人深省。在法律工作中，尽管有时候我们会面临非常复杂的局面，但是若干个小的“差不多”，集中起来就会导致“差很多”，正所谓差之毫厘、谬以千里。因此一定要有精益求精的认真的意识，时时刻刻注重细节，从点滴着眼，养成严肃、严格、严谨地对待工作的习惯。

其次，做事要有规划。凡事预则立，不预则废。越是面对复杂的工作内容越是需要要有规划。有规划包含两方面内容：一是万事有安排，要善于将工作具体化、阶段化。可以根据工作的难易程度、轻重缓急来分门别类，将工作具体化、阶段化，每天给自己制定一个小的目标，计划好今天要完成的事情。二是事事有核查，日清月结。光有安排还不够，还要自我检视自己的任务有没有完成。每过一段时间就及时“回头看”，检查审视一下自己的工作，确保任务不拖延、事情不遗漏。如果事情总是不能按计划完成，那一定是“日日待明日，明日何其多”，工作就永远拎不清主次，完成的效果也差。我们要拒绝拖延，因为过度拖延会累积许多压力，影响个人心态。我们要统筹规划、有条不紊，不轻视怠慢眼前和当下的工作，把今天该做的做好，把明天要做的计划好、准备好，这样才能从容不迫地应对复杂局面。

最后，工作心态要好。良好的心态主要包括两个方面：一是要有恒心也有耐心。相信事情会完成，也明白事情必须一件一件地做，不能急躁。“心急吃不了热豆腐”，很多工作都不是一蹴而就的，不能急于求成。要有钉子精神，咬定青山不放松，通过一件一件小事积累，久久为功、绵绵用力，逐渐接近完美。二是要沉着，学会“急事缓办”。工作中遇到“急事”“突发事件”是非常普遍的事情。如果我们急事急办可能会忙中出错，造成无法挽回的损失。做到习总书记说的“每逢大事有静气”，应当从容应对，先让自己冷静下来，考虑周全后再去妥善办理。

（三）积极调整个人情绪

除了做好必要的物质和能力储备外，我们还需要积极调整个人情绪。个人情绪的调整首先要进行个人情绪自我评估，其次根据评估结果自我调节。

自我评估能够帮助评估人充分认知当前个人情绪的成因、影响因素、发展趋势，是情绪调整的首要步骤。在我们感到心理不适的时候，就需要判断自己当前是何种状态。如果我们感受到了较大的负面情绪，我们就要进一步寻找引发负面情绪的人和事，再结合具体的人和事进行更深入地自我剖析：我为什么会为此事困扰？如果不被它困扰我就能快乐吗？有时我们自己可能无法充分把握自己的状态，或者我们已经陷入某种情绪无法自拔，这时候我们就需要家人、朋友的帮助，敞开心扉的沟通和交流也是帮助我们认知个人情绪的重要方法。

在了解情绪状态和成因之后，我们就需要调整。在个人情绪的调整上，有心态上的调整和若干实用的具体方法。在心态上，首先须知“每一朵花都有自己的花期，每个人都有自己的人生节奏。”很多时候我们需要的是用一种舒缓的、包容的态度去审视自己和身边的人和事。过分的苛责只会带来更多的内耗。例如案例中的小白，很多时候会陷入老师对她的不满和批评引发的自我怀疑和沮丧里，如果用“我已经尽力了，那么没有做好也没有关系”的想法来调整自己，就会形成“老师对我的不满和批评，仅仅是出于对工作成果的不断打磨和提高的要求，这是一个非常正常的过程”这样正向积极的认知。其次，要明白“如果一件事情你无法理解它，那就去感受和适应它。”有时候我们需要的不是一个钻牛角尖的态度，而是“Let it go”的从容。调整心态有很多具体的方式方法可以参考。常见的有：

①呼吸放松调节法。深呼吸是一种非常有效的放松方法，它是一种以腹部作为呼吸器官的方法。首先，找一个合适的位置站或坐好，身体自然放松；其次，慢慢地吸气，吸气的过程中感到腹部慢慢地鼓起，到最大限度的时候开始呼气；呼气的时候感觉到气流经过鼻腔呼出，直到感觉前后腹部贴到一起为止。②音乐调节法。音乐对于人的心态有重要的改善作用。运用音乐调节法时，应该因人、因时、因地、因心情的不同而选择不同的音乐。适宜的音乐，常可取得很好的效果。③运动宣泄法。据心理学专家温斯拉夫研究发现，最好的情绪调节方法之一是运动。因为当人们在沮丧或愤怒时，生理上会产生一些异常现象，这些都可以通过运动，如跑步、打球等方式得以恢复原状。生理得到恢复，情绪自然也就恢复正常。

丰富多彩的文化娱乐活动能够放松神经，改善情绪，调整我们的精神面貌。参加体育锻炼可以帮助我们尽快入眠，改善身体机能。但关键在于要合理安排时间，决不可偏废。最有效的措施是，一要严格执行自己的作息时间表，按时起居、锻炼、学习和娱乐。二要控制放松，娱乐不能过于放纵。可以自备一个“时间账本”，每天记载各种活动耗费的时间，并检查是否合理。可以一周小结一次，及时发现问题和漏洞，督促提醒自己进行改正。

作为一名法律职业者，要学会认清自己，认识生活，面对现实。只有对生活有一个科学合理的认知，我们才能更好地去对待生活、感受生活、享受生活，进而创造美好生活。做生活和情绪的主人，给生活更多的选择，给人生更多的色彩。